아동관찰 및 행동연구

연미희 · 한은경

태영출판사

머리말

아동관찰 및 행동연구는 영유아를 지도하는 현직 유아교사나 장차 영유아를 지도해야 하는 예비 유아교사들에게 매우 필수적이며 중요한 일이다. 관찰을 통해서 영유아의 발달 및 기본생활습관 등을 평가하여 유아교육기관에서 영유아의 생활지도를 하거나 가정연계를 위해 부모상담에 활용할 수도 있기 때문이다. 따라서 본 서는 현직교사와 예비유아교사를 위해 아동관찰 및 행동연구의 이론과 실제를 포함하고 있다.

1부는 아동관찰 및 행동연구의 이해를 돕기 위한 내용을 포함하고 있다. 1장에서는 아동관찰 및 행동연구의 역사, 아동관찰 및 행동연구의 필요성과 목적, 아동연구의 윤리적 문제 등을 다루고 있다. 2장은 아동관찰의 기초적 개념 및 특성, 관찰의 절차, 관찰의 종류, 신뢰도와 타당도를 포함하였다. 3장에서는 실습생들이 관찰할 때 유의해야 할 예절 및 유의사항을 다루고 있다.

2부는 아동관찰 및 행동연구의 방법으로 4장에서는 아동관찰의 다양한 유형, 5장은 포트폴리오 평가의 개념 및 유형과 절차를 포함하고 있다.

3부는 유아관찰과 행동연구의 실제 및 활용편을 다루고 있다. 그리하여 6장은 유아관찰과 행동연구의 실제편으로 흥미영역별 관찰 및 평가, 대 · 소집단 활동 관찰 및 평가의 내용을 포함하며, 7장에서는 유아관찰 및 행동연구의 활용편으로 3-5세 연령별 누리과정 평가에 관한 내용과 실제를 다루고 있다.

부록으로 표준보육과정에 기초한 영아관찰척도와 3-5세 누리과정에 기초한 유아관찰척도를 제시하여 유아교육현장에서 영유아를 관찰할 때 활용할 수 있게 하였다.

본 서가 유아교육을 전공하는 학생들의 유아관찰 및 행동연구에 도움이 되길 바라며, 여러모로 부족한 부분이 있어서 조심스러운 면이 있으나 앞으로 시간을 두고 보완해 나갈 계획이다.

이 책이 나오기까지 애써 주신 태영출판사 사장님과 편집 관계자 여러분들의 노고에 진심으로 감사를 드린다.

2017년 2월

저자일동

차 례

제1부 아동관찰 및 행동연구의 이해

제1부

아동관찰 및 행동연구의 이해

제1장

아동관찰 및 행동연구의 이해

1. 아동관찰 및 행동연구의 역사
2. 아동관찰 및 행동연구의 필요성과 목적
3. 아동관찰 및 행동연구의 윤리문제

이 장에서는 아동관찰 및 행동연구의 역사적 배경, 아동관찰 및 행동연구의 목적 및 필요성 그리고 아동연구의 윤리적 측면을 살펴봄으로써 아동관찰 및 행동연구에 대한 전반적인 개념 및 이해를 도모하고자 한다.

Ⅰ. 아동관찰 및 행동연구의 역사

아동을 어떤 존재로 여기는가에 따라 아동연구의 목적과 방법은 달라질 수 있다. 고대로부터 현대에 이르기까지 아동을 보는 관점은 다음의 네 가지로 볼 수 있으며, 이러한 아동관은 아동연구에 영향을 미치고 있다(김이영 외, 2015).

첫째, 생물학적 존재로서의 아동관에서는 아동이 기본적으로 정신능력이 없는 생물적 존재로 간주되므로, 이 시기 아동은 생물학적 욕구와 안전의 욕구를 충족시키는 것이 중요하였다.

둘째, 성인의 축소판으로 보는 아동관에서는 아동은 성인에 비해 크기만 작을 뿐 일반적인 특징은 성인과 다른 점이 없다는 견해이다. 따라서 아동의 기본적인 사고과정을 비롯한 여러 가지 발달과정이 성인과 크게 다르지 않다고 여겨서 아동을 성인과 구분해서 연구할 필요성이 대두되지 않았다.

셋째, 수동적 존재로 보는 아동관에서는 모든 아동은 성인의 도움에 의해 성장발달이 이루어진다고 여겨서 모든 교육이 아동을 배제한 상태에서 성인에 의해 계획되고 이루어졌다.

넷째, 아동을 독자적 가치를 지닌 존재로 보는 현대적 관점에서는 모든 아동은 각자 독특한 가치를 지닌 존재로서 개개인은 자신만의 특성과 능력을 가지고 있다. 따라서 이 관점에서는 아동의 특성 및 능력이 중요시되고 있다.

아동연구의 역사를 세 단계로 구분하면 초기(17-18세기), 중기(19세기), 후기(20세기)로 나누어 살펴볼 수 있다(김이영 외, 2015).

1) 아동연구의 초기

(1) 17세기의 아동연구

17세기 이전까지 아동은 성인의 축소판이나 수동적 존재로 여겨졌기 때문에 성인의 관심이나 배려가 요구되는 특별한 존재로 인식되지 않았다. 그러나 17세기 코메니우스(Comenius)가 '대교수학'(Didatica Magna, 1628)을 통해서 아동을 각자의 능력에 따라 양육시킬 필요가 있다고 주장하면서 아동연구에 대한 관심이 유발되었다. 그는 성인중심의 교육방식을 지양하고 아동의 능력과 특성을 이해하고 그에 맞는 방식으로 아동양육 및 교육이 이루어져야 한다고 강조하였다.

(2) 18세기의 아동연구

코메니우스의 아동연구에 이어 18세기 후반부터 철학자, 교육학자, 생물학자들은 자신의 어린 자녀를 대상으로 관찰하여 아동에 대한 새로운 지식을 발견하게 되었다. 스위스의 교육자인 페스탈로치(Pestalozzi)는 유아기의 아들을 관찰한 기록을 1774년 출간하여 어린 아동의 발달에 관한 최초의 과학적 기록으로 인정받고 있다. 페스탈로치의 일상적인 생활에서 아동을 관찰하고 아동의 발달을 기록하는 직접적 관찰방법은 아동에 관한 많은 유용한 정보를 줄 수 있다는 것을 확인시켜 주었다.

그 후 독일의 의사 티이드만(Tiedemann)도 자신의 아들을 대상으로 생후 2세 반까지의 감각, 운동, 지능, 언어발달을 관찰하여 일기 형태로 기록한 『아동의 정신적 발달에 대한 관찰』(1787)이라는 저서를 발표하였다.

2) 아동연구의 중기

(1) 유아전기

19세기 후반에 의학의 발달로 아동의 신체적 건강이 중요시되기 시작하고,

전통적인 양육방식에 대한 과학적 연구가 시작되면서 여러 사람들의 유아 전기 저서들이 출간되었다.

그 중에서 다윈(Darwin)은 자신의 아들을 대상으로 분노나 즐거움같은 정서표현을 관찰하였으며, 독일의 생물학자 프라이어(Preyer)는 아들의 지적 발달을 생후 3년 동안 관찰하여 기록하였다.

이 시기 아동에 대한 과학적 연구에 가장 영향을 미친 사람은 다윈으로 그의 저서 『종의 기원』(The Origin of Species, 1895)은 아동심리학을 하나의 과학적 학문으로 이르게 하는데 가장 중요한 초석을 마련하였다. 다윈은 유아의 관찰을 통해 종족자체의 발달에 대한 중요한 단서를 발견할 수 있다고 함으로써, 진화론의 입장에서 아동에 대한 과학적 흥미를 발견했을 뿐 아니라 자신의 아들을 관찰하고 기록함으로써 아동연구방법에도 크게 기여하였다.

(2) 질문지법

아동 개인에 관한 전기들이 여러 학자에 의해 출간되면서 19세기 말에는 아동이 집단의 일원으로 연구되기 시작하였다. '아동연구의 아버지'라고 불리는 심리학자 스텐리 홀(Stanley Hall)은 1890년 초등학생들에 대한 대규모의 조사를 통해 『아동의 정신내용』(Contents of Children's Minds, 1891)을 출간하였다. 그는 저서에서 아동은 성인의 축소판이 아님을 강조하고 인간을 이해하기 위해서는 아동의 발달을 연구해야 한다고 주장하였다.

홀은 유아 전기의 한계를 인식하고 아동에 대한 철저한 객관적 사실을 수집하기 위해 다수의 아동을 대상으로 행동을 측정하여 연령에 따라 평균을 계산하고 이 평균값을 전형적 아동발달의 규범으로 간주하였다. 그는 많은 아동을 체계적으로 연구하기 위해서 질문지법을 개발하여 아동 및 청소년의 행동, 태도, 흥미 등을 조사하였다.

또한 홀은 1893년 전국아동연구협회(National Association for Child Study)를 결성하여 아동연구운동의 주도적 역할을 하며, 듀이(Dewey), 게젤(Gesell), 터먼(Terman) 등과 같은 학자들을 배출하였다.

3) 아동연구의 후기

(1) 검사법

프랑스의 심리학자 비네(Binet)는 1903년 최초로 지능검사 도구를 만들어 아동의 지능을 측정하였다. 이전에는 주로 이론적인 추구에 치우쳐 경험적인 자료가 부족하고 단순히 아동의 발달을 기술하는데 그치는 정도였으나 비네의 지능검사는 아동에 대한 경험적 자료의 질적 수준을 높이는데 크게 기여하고, 검사운동을 일으키는 결정적 역할을 하였다. 비네 이후로 아동연구에서 지능검사를 개발하고 활용하는 연구들이 많아졌으며, 검사법은 지능연구에서 태도나 성격 등 발달의 모든 영역으로 확대되고 연령수준도 확장되었다.

1920년대에 이르러 아동에 관한 과학적 연구의 토대가 이루어지고 아동발달 연구를 가능하게 하는 체계적이고 조직화된 연구분위기가 확산되었다. 그리하여 기업에서는 연구기금을 제공하여 주었으며 아동에 대한 연구를 수행하기 위한 대학 부설 연구소들이 설립되고, 아동발달과 부모교육에 관한 연구가 촉진되었다.

(2) 행동주의적 접근

왓슨(Watson)은 행동주의 심리학자로서 관찰가능한 행동만을 연구하는 행동주의적 연구방법과 과학적 연구로 크게 기여하였다. 그러나 인간의 선천적 특성을 무시하고 행동주의 원리에 의해 아동을 원하는 어떤 유형의 인간으로 만들 수 있다는 행동주의자들의 극단적 환경론은 많은 비판을 받았다.

(3) 종단적 접근

게젤(Gesell)은 왓슨과 달리 인간발달에 대한 유전적 입장을 지지하였다. 게젤은 통제된 실험실 상황에서 아동의 행동에 관한 관찰연구를 수행하였다. 특히 게젤은 일방경(oneway mirror)과 영사기를 사용하여 종단적 연구를 수행하여 종단연구의 개척자로 불리며, 아동발달을 위한 규준도 제작하였다.

(4) 면접법

피아제(Piaget)는 관찰과 개별화된 면접을 사용하여 아동의 사고과정을 연구하였으며, 아동의 사고내용이 발달수준에 따라 질적인 변화를 보인다는 점을 강조하였다. 그는 임상적 방법을 통해 어떤 과제의 수행여부뿐 아니라 과제를 수행할 때 아동의 사고내용을 면접을 통해 조사함으로써 아동의 인지발달 연구에서 새로운 연구방법을 제시하였다.

2. 아동관찰 및 행동연구의 필요성과 목적

1) 아동관찰의 목적 및 필요성

관찰은 아동을 대상으로 하는 연구나 평가 중에 가장 오랜 역사를 가지며, 가장 타당성을 인정받고 있는 방법 중 하나이다. 관찰은 아동의 행동, 사물 현상, 동태 등을 주의깊게 살펴보는 것으로 자신이 관찰되는 것을 덜 의식하는 아동에게 많이 사용된다. 유아교육현장에서 아동을 대상으로 하는 관찰의 목적을 구체적으로 살펴보면 다음과 같다(안선희 외, 2015).

첫째, 아동의 흥미를 파악하여 교사는 아동의 흥미에 기초하여 교육적 경험을 계획하고 실행할 수 있다.

둘째, 교사는 아동 개개인의 발달수준을 발달 규준에 비추어 파악하고 기록할 수 있다.

셋째, 아동 개개인의 발달정도에 대한 지식은 개별화된 교수방법의 계획 및 운영을 가능하게 한다.

넷째, 아동의 반응을 통해 교사 자신의 교수법을 평가하고 교사로서의 전문성 계발에 도움을 준다.

다섯째, 교실상황에서 다양한 문제들을 분석하고 해결방안을 찾는데 도움을 준다.

여섯째, 관찰 기록은 동료교사, 부모, 원장간의 의견교환을 위한 유용한 자료로 활용될 수 있다.

일곱째, 교사는 특정 발달영역에서 지연을 보이는 아동을 발견함으로써 조기 중재 및 치료의 효과를 극대화시킬 수 있으며, 아동이 보이는 문제행동의 원인을 파악할 수 있다.

2) 행동연구의 목적 및 필요성

행동연구는 인간의 행동을 중심 대상으로 하고 있다. 인간의 행동을 학문적으로 설명해 보려는 노력은 고대로부터 끊임없이 이루어져 왔다. 과거 고대에서 중세까지는 철학적 · 신학적 관점에서 인간의 행동을 탐구하였다면 근래 과학의 발달과 함께 인간의 행동을 설명하는 탐구 방식에 다양한 변화가 있어 왔다. 인간행동에 대한 설명이 어려운 이유는 인간의 외현적 행동은 직접 관찰이 가능하지만 그 행동의 원인들은 직접 관찰이 불가능한데서 연유한 것이다, 모든 행동에는 원인이 있으나 그 원인은 외부로 드러나는 것과 드러나지 않는 것이 있다. 따라서 인간의 행동을 정확하게 이해하기 위해서는 그 행동을 유발한 동기와 욕구가 무엇인지를 파악하는 것이 중요하다(안선희 외, 2015).

아동행동연구는 아동을 이해하기 위한 출발점이다. 아동행동연구를 통해 축적된 지식은 아동의 성장과 발달, 학습에 관한 기존 이론의 개선 및 발전에 도움이 된다. 또한 아동의 성장과 발달의 관련요인과 과정에 대한 지식은 아동양육과 교육의 기초가 되므로 아동행동연구는 이론적 · 실제적으로 의의가 있다(이순형 외, 2008).

3. 아동관찰 및 행동연구의 윤리문제

1) 연구의 윤리

연구자가 연구를 하게 되면 간혹 연구에 참여하는 대상들이 지니고 있는 감정을 무시하는 경향이 있다. 즉, 연구자가 연구를 과학적으로 하고자 하는 목적과 연구 참여자의 권리 사이에 일종의 갈등관계가 생긴다. 특히 아동을 연구대상으로 했을 때에는 성인 연구대상과 달리 아동에게 심리적 또는 신체적 해가 될 수 있거나 부당한 행동을 강요당할 수 있으므로(Graue & Walsh, 1998) 다각적인 보호 단계가 필요하다. 얼마 전까지만 하더라도 윤리에 대한 가치관에 별로 주목하지 않고 개개인의 연구자의 양심에 따라 연구가 이루어졌다. 다음은 미국의 아동학회(Society for Research in Child Development)에서 제시한 연구자가 지켜야 하는 중요한 윤리적 지침이다(조복희, 2010).

첫째, 아동의 권익은 연구자의 연구 목적보다 우선이다. 연구가 아무리 중요하다 하더라도 연구를 하는 과정에서 참여하는 아동이 신체적·심리적으로 상처를 입어서는 안 된다. 예를 들어 특정 영양소가 아동의 신체발달에 어떤 효과를 보고자 하기 위해 그 영양소의 섭취를 중단한다는 것은 아동의 발달에 큰 영향을 주는 위험한 발상이다.

둘째, 연구대상은 연구의 성격을 미리 알고 자발적으로 연구에 참여해야 한다. 본인이 모르는 사이에 연구되어서는 안 되며, 연구대상이 되도록 강요당해서도 안 될 뿐만 아니라 연구대상자는 연구의 도중에 그만둘 수 있는 권리가 있다.

셋째, 연구자는 연구를 위해 연구대상자를 속여서는 안 된다. 예를 들어 수학문제를 풀지 못하는 실패의 경험이 아동에게 어떤 심리적 영향을 주는지에 대한 연구를 실시한다고 할 때 연구대상 아동이 실패할 때까지 기다리는 시간이 필요하다. 아동이 실패하지 않았는데도 불구하고 잘못 풀었다고 알려준 뒤 그 후의 행동을 관찰하는 연구를 진행한다면 잘못된 것이다. 비록 연구가 끝난 뒤 그것이 아니라고 말해 준다고 하더라도 그 동안 아동은 자아 존중감에 상처를 받은 경험을 하게 되기 때문이다.

넷째, 연구자는 연구에 참여한 대상으로부터 얻은 정보에 대해서는 비밀을 보장해야 한다. 대부분의 질문지의 서문에서 밝히고 있듯이 과학적 목적으로만 연구자료가 사용되어야 한다. 그러나 연구대상인 아동이 심각한 문제가 있어 부모가 아는 것이 자녀에게 도움이 된다고 여겨졌을 때에는 부모에게 정보를 제공할 수 있다.

2) 편견

아동의 발달연구에는 성에 대한 편견이나 인종에 대한 편견이 개입될 수 있다. 즉, 아동연구에서 남녀 성별 차이를 규명하는 가설을 설정할 때 편견을 갖고 시작하는 경우가 허다하다. 예를 들어 여아들은 남아들보다 감성이나 정서적인 발달이 우세하다거나 수학적 능력이 떨어진다는 가설을 흔히 본다. 유명한 콜버그의 도덕성 발달연구는 그 연구대상이 주로 남자였다는 지적을 받고 있다. 인종에 대한 편견도 연구에서 주의해야 할 점이다. 다문화 사회에서는 인종에 대한 편견이 연구의 결과를 오도할 수 있다고 보고 있다. 단일민족으로 구성된 우리나라 아동의 연구에서는 인종에 대한 편견이 없을 것으로 여겨져 왔지만, 최근의 국제결혼의 증가는 이 같은 문제에 봉착하게 될 가능성을 가지고 있다. 특히 소수인종은 사회적 계층과 같이 맞물려 있어 연구결과를 고정 관념화하는 잘못을 저지를 수 있다.

3) 연구 결과의 오도

연구의 결과는 경우에 따라 다르게 해석될 수 있다는 것을 연구자는 염두에 두어야 한다. 아동에 대한 정보는 신문이나 방송매체와 같은 언론기관에서 선호하는 주제이다. 그러나 언론기관의 특성, 즉 시사적이면서 소비자의 구미에 맞는 주제를 선정하면서 시간과 지면의 제약을 받는 신문이나 방송에서는 연구에 대한 논리적인 과정을 자세히 보여줄 여유가 없다. 그러므로 연구자는 연구결과를 언론에 보도하고자 할 때 이 점을 유의해야 할 것이다. 연구의 결과가 잘못 해석되는 두 번째의 이유는 한정된 연구대상으로 진행된 결과를 일반화하는 데 있다. 모든 연구는 밝히고자 하는 연구 주제를 모집단을 대상으로 연구하지 않는다. 그럼에도 불구하고 연구자는 연구의 결과를 과잉 일반화하는 경향이 있다. 마지막으로, 아동연구에서 흔히 하고 있는 상관연구를 인과연구로 해석하는 경우다. 한부모 밑에서 자란 아동이 청소년 비행의 비율이 높다는 연구가 있다고 가정할 때 한부모 가정의 환경이 청소년 비행의 원인으로 해석되어서는 안 된다. 한부모 가정의 환경은 저소득, 양육시간의 부족, 양육자의 스트레스 증가 등 여러 가지 제 3의 변인이 있을 수 있으므로 연구에서 다루지 않았던 변인까지 충분히 밝혀지지 않았다면 상관연구로 만족해야 할 것이다.

표 1-1

APA 윤리규정 요약

1 연구계획은 IRB(Institutional Review Board)의 승인을 받아야 하며, 연구자는 승인된 범위 내에서 연구가 진행되어야 한다.

2 동의서에는 다음과 같은 내용이 포함되어야 한다.

① 연구의 목적, 기대되는 기간, 연구과정
② 연구 시작 후에도 그만둘 수 있는 권리
③ 그만두었을 때 예상되는 결과
④ 연구과정에서의 위험성이나 불편함으로 참여의지에 영향을 줄 수 있는 요인
⑤ 연구를 통해 얻어질 수 있는 이익
⑥ 비밀보장의 한계
⑦ 연구참여자의 보상
⑧ 연구에 대한 의문점이나 참여자의 권리에 대한 것을 의논할 사람의 성명

3 실험연구에서의 처치나 중재연구자는 다음과 같은 내용을 알려 주어야 한다.

① 처치의 성격
② 통제집단 참여자가 받을 수 있는 서비스 또는 받을 수 없는 서비스
③ 실험집단 또는 통제집단의 배치방법
④ 연구 시작 후 참여자가 그만두게 될 때의 서비스
⑤ 연구 참여를 통한 보상

4 다음과 같은 경우에는 언어로 동의서를 받을 수 있다.
① 연구가 공공의 장소에서 자연 관찰로 이루어질 때, 관찰 대상의 신분노출을 꺼리거나 해가 있을 수 있어 녹음이 어려울 때
② 연구설계를 정확히 밝힐 수 없을 때
③ 연구설계 : 자료 사용의 동의

5 연구대상이 병원 환자, 상담 내담자, 학생일 때 연구자는 이들이 연구 도중 그만두고자 할 때 불이익이 없도록 해야 한다. 특히 수강과목을 통해 연구가 진행될 때 참가자에게는 알맞은 대안을 주어야 한다.

6 동의서는 다음과 같은 경우에 받지 않아도 된다.
① 연구가 연구대상자에게 해가 되지 않을 때
- 정상적인 교육현장에서 연구 시
- 아무런 해가 없는 범위 내에서 익명의 질문지, 관찰, 문서연구 시
- 연구대상자의 불이익을 주지 않는 조직에서 연구 시

② 여러 법규가 허용되는 범위 내에

7 연구자는 연구 참여를 위한 과도한 권유를 위해 금전 등을 주지 말아야 한다. 참여를 위해 전문적 서비스를 주게 될 때에는 서비스의 성격, 위험부담이나 한계 등을 분명히 사전에 인지되도록 한다.

8 연구에서 속임수는 연구의 가치가 속임수 방법으로만 가능할 때 해야 한다.

9 ① 연구 대상자는 연구의 성격, 결과, 결론에 대한 정보를 알 권리가 있다.
② 과학적인 가치나 인간적인 가치로 정보를 누출하지 않을 경우에는 학자는 그 위험을 줄일수 있는 측정도구를 사용해야 한다.
③ 연구자는 연구과정에서 연구대상자를 해칠 수 있다는 것을 의식하여 그 해가 최소화하도록 단계를 밟아야 한다.

* 출처: 조복희, 2010, p. 31.

제2장

아동관찰의 기초

1. 관찰의 개념 및 특성
2. 관찰의 객관성
3. 관찰의 절차
4. 관찰의 종류
5. 신뢰도 및 타당도

1. 관찰의 개념 및 특성

관찰의 사전적 정의는 '사람, 사물, 또는 현상을 주의하여 자세히 살펴보는 것'이다. 관찰은 인간이 삶을 영위하면서 매순간 의식 또는 무의식적으로 하는 행동이다. 유아교육기관에서도 관찰은 일상적으로 이루어진다. 교사들은 영유아들의 말과 행동을 보면서 어떻게 지도할 지를 순간적으로 판단하기도 하고, 관찰한 것을 기록하여 다양한 목적으로 사용하기도 한다(김희진 외, 2014).

관찰에 임하는 모든 사람들은 주관적 요소를 배제하고 객관적으로 관찰하려고 한다. 그러나 사람들은 관찰하려고 하는 사건이나 사물의 한 특성에만 관심을 가지다 보면 다른 특성은 지나쳐 버리는 수도 있기 때문에 주관적 요소는 항상 고려해야 하는 요인이다. 한 상황에서 모든 일을 동시에 관찰하기란 불가능한 일이고, 한 가지 속성에 초점을 맞추다 보면 다른 부분은 놓쳐 버리기 때문이다. 따라서 관찰을 잘 수행하기 위해서는 같은 상황에서 기록한 다른 사람과 관찰기록표를 통해 다음의 사항을 비교해 보아야 한다 (김지은, 2008).

첫째, 각자 관찰한 상황들
둘째, 각자 어떤 순서로 관찰했고 어떻게 다른가?
셋째, 관찰한 사건들은 어떻게 선택했는가?
넷째, 상황을 관찰하기 위해 어떤 전략이 사용되었는가?
다섯째, 관찰기록표가 관찰하는데 어떤 영향을 주었는가?

2. 관찰의 객관성

관찰에는 다양한 주관적 특성이 반영되는데 예를 들어, 이전에 관찰했던 일,

태도, 즉흥적인 감정이나 기분, 자신의 흥미나 직업 등이다. 그러나 관찰한 것을 기초로 결론을 이끌어 내거나 결정을 내리기 위해서는 관찰을 객관적으로 하는 것이 필요하다. 따라서 관찰의 객관성을 높이기 위해서 관찰자는 '무엇을 관찰하려고 하는가?' 그리고 '관찰의 목적은 무엇인가?'와 같은 질문들을 생각해 보아야 한다(김지은, 2008).

1) 객관적 관찰

객관적 관찰은 관찰자가 자신의 주관을 배제하고 최대한 객관적으로 관찰을 하는 것으로 여러 사람이 동의할 수 있다. 예를 들면, 방안에 있는 책상이나 의자의 숫자, 물체의 색깔이나 크기 등이다.

2) 주관적 관찰

주관적 관찰은 관찰자의 느낌이나 판단을 포함하는 관찰로 여러 사람이 동의할 수 없는 독특한 지각, 편견 등의 개인적 관점들이 개입되어 있다. 예를 들어, 동일한 상황에서 개개인의 체감온도의 차이에 따라 '방안이 덥다 혹은 춥다'와 같이 지각되는 상황을 기술하는 것이나 '그 아이는 귀엽다'와 같이 개인의 특징에 초점을 맞추는 것 등이다.

3. 관찰의 절차

아동을 관찰하고자 할 때 관찰자는 먼저 무엇을 어디서부터 어떻게 관찰할 것인가를 생각해야 한다. 특히 아동관찰에서의 관찰대상은 아동의 발달 상황을 보편적으로 관찰하고, 아동뿐만 아니라 교사의 교수행동, 환경, 교사와 아동의 상호작용까지 보게 된다. 교육현장에서의 관찰은 목적이 있어야 하고 체계적이며 정확하고 상세해야 한다. 즉 관찰 계획에서부터 실제 관찰, 관찰결과의 활용 등이 유기적으로 조직되어야 한다(황해익, 2000).

1) 관찰 전 활동

아동을 관찰하기 위한 관찰 전 활동은 관찰에 대한 계획을 세우는 것이다.

(1) 관찰목적 설정

관찰계획에는 우선 관찰목적을 설정하는 것이 포함된다. 관찰의 목적은 아동의 발달수준, 친구관계, 문제행동의 원인을 파악하기 위해서 등 다양하다. 분명한 목적을 가지고 관찰하는 것은 중요하다. 왜냐하면 관찰의 목적에 따라 관찰의 대상, 장면, 상황, 방법, 기간 등이 달라지기 때문이다.

(2) 관찰행동 표집

두 번째로 관찰계획에는 관찰행동의 표집이 포함된다. 관찰행동 표집이란 참여대상을 선정하여 그 대상의 행동을 범주화하고 행동단위를 결정하는 것이다. 이때 관심있는 행동을 가장 대표할 수 있는 표본을 얻도록 하는 것이 중요한데, 시간적 차원에서 연속성과 공간적 차원에서 대표성을 고려해야 한다.

시간적 차원의 연속성은 관찰을 언제 하느냐 또는 얼마나 오래 하느냐에 관한 문제이다. 예를 들어 아동의 식습관에 관한 관찰을 할 때 아침식사 시간에 할 것인지 또는 점심식사 시간에 할 것인지, 관찰 시간은 20분 계속 관찰하면서 기록할 것인지 또는 1분 관찰한 후 30초간 기록할 것인지 시간적 차원의 연속성에 대한 결정을 내려야 한다.

공간적 차원의 대표성은 한번 관찰할 때 대상의 어떤 행동에 초점을 두며 행동단위를 얼마나 세분화할 것인가에 관한 문제이다. 예를 들어, 아동의 공격성을 신체적 공격성과 언어적 공격성을 모두 포함할 것인지 또는 둘 중 한 가지만 초점을 맞출 것인지와 만일 신체적 공격성에만 초점을 맞춘다면 그 행동에 포함되는 구체적인 내용의 하위 행동범주를 설정해야 한다.

(3) 관찰장면 선정

세 번째로 관찰행동 표집에 이어 관찰 장면이 선정되어야 한다. 즉 관찰자가 보고자 하는 행동이 가장 잘 발생하는 장소와 상황을 선택하는 것이다. 예를 들어 아동의 친사회적 행동이 빈번하게 나타나는 장소가 실외놀이터인지와 실내의 미술영역인지를 결정해야 하며, 미술영역이라면 조형물을 구성하는 상황인지 또는 협동화를 그리는 시간인지를 선택을 결정해야 한다.

(4) 관찰기록방법 선택

선택관찰 장면이 선정되면 그 관찰 장면을 기록할 방법을 선택해야 한다. 직접 관찰하여 기록할 것인지 또는 매체를 통해 기록할 것인지 그리고 일화기록을 할 것인지 또는 사건표집을 할 것인지 등을 결정해야 한다.

관찰기록방법에는 서술형, 약호형, 기계에 의한 기록이 있다. 서술형은 고정된 양식이 없어 행동과 사건의 전모를 그대로 이야기하듯 기록하는 방법으로 아동전기, 일화기록 등이 여기에 해당된다. 약호형은 관찰기록을 위해 사전에 특정 양식을 미리 준비하여 기록하는 형태로 행동목록, 평정척도, 시간표집 등이 해당된다. 기계에 의한 기록은 녹음기, 사진기, 비디오. 카세트, 컴퓨터 등의 장비를 이용하여 간편하고 신속하게 관찰의 결과를 기록해 두는 방식으로 널리 이용되고 있다.

2) 관찰활동

(1) 관찰

관찰행동은 관찰 계획시 결정한 목적에 따라 관찰 장면과 상황을 선정하여 관찰을 실제로 실시하고 기록하는 단계이다. 우선 관찰장면을 주의깊게 살펴보는 시각적인 관찰이 주된 방법이지만 청각 · 후각 · 촉각 · 미각 등 모든 감각기관을 이용하여 살펴볼 수도 있다. 아동들이 노는 모습을 보고, 말소리를 듣고, 아동들 주변에서 나는 냄새를 맡고, 아동들의 몸의 열기를 느끼고, 아동들이 만든 음식의 맛을 보는 것 모두가 관찰의 방법이다. 이때 직접 관찰하거나 녹화 또는 녹음을 실시할 수도 있다.

(2) 기록

기록은 관찰과 동시에 실시할 수도 있고, 관찰 후 기록할 수도 있다. 그러나 관찰기록은 가능한 한 행동 발생 당시에 기록하는 것이 좋다. 즉각적인 기록이 이루어지지 못해서 기억에 의존하여 기록을 할 경우, 인상적인 장면만을 기억하거나 시간이 경과함에 따라 기억이 희미해지는 등의 오류가 발생할 수 있기 때문이다.

기록을 할 때 도움이 되는 몇 가지 준비물에는 작은 수첩, 접착식 메모지, 목걸이형 펜, 주머니 달린 앞치마, 미니 녹음기 등이 있다.

3) 관찰 후 활동

관찰 후 활동은 관찰 계획에 따라 수집한 자료에 대한 정리, 요약, 활용 등으로 구체적으로 관찰기록에 대한 추론과 평가, 결과 활용을 말한다.

(1) 추론

추론은 객관적 서술을 넘어 관찰한 행동의 원인, 그 행동을 할 때의 감정 등을 추측해 보는 것으로 어떤 행동이나 사건의 원인, 개인적 동기, 행동의 목적을 설명하려는 시도를 말한다. 즉 실제로 보지 못한 이면에 대해 추측하는 단계이다.

추론 단계에서는 참여대상에 대한 사전 정보나 발달이론에 대한 지식이 관찰자에게 영향을 미치게 된다. 따라서 추론의 단계는 관찰자의 주관이 개입될 위험이 많으므로 추론이 가능한 근거행동을 명확히 하고 한 가지 행동이 아닌 다양한 상황에서 나타나는 행동에 근거하여 신중하게 추론을 내려야 한다.

(2) 평가

평가는 객관적으로 관찰기록한 자료의 내용이 아동의 어떤 특성을 나타내는지를 결정하는 것이다. 수집한 자료들을 교육과정 영역별로 그리고 시간순으로 편집하여 아동이 어떻게 발달하고 있는지와 발달수준이 어느 정도인지 판단한다. 평가는 매우 중요한 단계로서 아동의 행동에 가치를 부여하는 것으로, 아동의 행동이 바람직한지 또는 바람직하지 않은지와 정상적인 발달인지 또는 발달지체인지를 판단하기 때문이다.

(3) 결과활용

결과활용 단계는 관찰 자료에 근거한 교육적 개선을 위한 추후 활동 단계로, 모든 관찰 자료는 다양한 교육활동에 피드백되어야 한다. 즉 관찰한 것을 바탕으로 아동에게 필요한 교육활동을 준비하거나 교수법을 바꾸거나 부모와의 면담에 이용하거나 추후 아동을 다른 기관에 의뢰할 때 기초 자료를 제공하는 등의 방식으로 활용할 수 있다.

4. 관찰의 종류

관찰은 관찰하려는 행동 장면을 인위적으로 통제하느냐의 여부에 따라 자연관찰과 통제관찰로 구분되며, 관찰자가 직접 행동 장면에 참여하느냐의 여부에 따라 참여관찰과 비참여관찰로 분류된다(김지은, 2008).

1) 관찰 장면의 통제 유무에 따른 유형

(1) 자연관찰

자연관찰은 관찰 장면을 조작하거나 인위적으로 어떤 특별한 자극을 주지 않고,

자연스런 상황에서 관찰하는 방법이다. 따라서 관찰 장면에서 발생하는 행동과 사건을 있는 그대로 관찰하는 것이다. 자연관찰은 대체로 숙련된 관찰자나 연구문제의 탐색단계에서 많이 사용한다. 그러나 관찰의 신뢰도 검증에 어려움이 있고 행동이 일어나는 시점까지 기다려야 하지만, 조사결과를 일반화하기 쉽다는 장점이 있다. 자연관찰의 사용에 있어서 고려해야 할 사항은 다음과 같다.

첫째, 문제를 분명히 설정해야 한다. 관찰 장면이 관찰자의 통제하에 있지 않기 때문에 장차 일어날 사건을 예상하거나 준비할 수 없다.

둘째, 관찰 장면을 선택해야 한다. 모든 사건을 빠짐없이 관찰할 수 없으므로 관찰의 목적에 비추어 관찰하고자 하는 특징이 가장 두드러지게 나타날 장면을 선택해야 한다.

셋째, 개개의 행동을 전체 장면과 관련시켜 관찰해야 한다. 개별적 행동도 전체적 맥락속에서 관찰하게 되면 그 행동의 의미를 충분히 객관적으로 파악할 수 있다.

넷째, 외형적인 행동의 관찰에만 집중하지 말고, 그 행동을 발생시킨 상황이나 조건과 관련지어 관찰하는 일이 중요하다.

(2) 통제관찰

통제관찰은 관찰 장면에 일종의 통제가 가해지는 관찰방법으로 두 가지 종류가 있다. 첫째는 통제의 의미가 실험적 조작을 뜻하는 것으로 관찰 장면, 시간, 행동 등을 의도적으로 관찰자가 밖에서 들여다볼 수 있도록 장치된 방 안에서 아동이 놀도록 하고 아동의 놀이행동을 관찰하는 것으로 실험실 관찰법이라고도 한다.

또다른 통제관찰은 관찰하려는 행동이나 시간을 미리 일정한 형태로 계획해 놓고 특정한 영역의 행동에 대해서만 관찰하는 방법이다. 이 경우의 통제는 실험적 조작의 의미보다 관찰에서 연구자가 갖는 체계와 구조화를 의미하는 것으로 대부분 일상생활의 자연스런 현장에서 이루어진다. 통제관찰은 결과해석의 과정에서 주의를 하여야 하지만 자연관찰에 비해 신뢰도 검증이 비교적 용이하고 관찰훈련을 통해 다양한 연구가설에 적용할 수 있다.

2) 관찰자의 참여 유무에 따른 유형

(1) 참여관찰

참여관찰은 관찰자가 관찰대상의 집단에 들어가서 그 집단적 구성원으로서의 역할을 하면서 관찰하는 방법이다. 예를 들어, 유아교육기관에서 유아교사들이 관찰자이자 교사의 역할을 하는 경우다.

참여관찰은 관찰의 기회가 많고 다량의 정보를 수집할 수 있으며, 또 관찰대상을 자연적인 상태에서 파악할 수 있다는 장점이 있다. 반면에 시간의 소비가 많고, 관찰 장면에 관찰자가 참여하기 때문에 자신도 모르는 사이에 감정적 요인의 영향을 받아 객관성을 잃기 쉽다. 또 관찰자가 집단 구성원의 역할을 하면서 관찰해야 하므로 관찰활동이 제약을 받게 된다.

(2) 비참여관찰

비참여관찰은 관찰자가 관찰 장면에서 일어나는 활동에 참여하지 않고 관찰만 하는 방법이다. 대부분의 관찰은 비참여관찰로 이루어지는데 가장 좋은 예는 일방경을 통하여 행동을 관찰하거나 비디오로 촬영하여 관찰하는 방법을 들 수 있다.

비참여관찰은 관찰자가 관찰에 전념할 수 있고, 관찰대상에 영향을 미치지 않게 관찰이 이루어져서 객관성을 유지하기 쉽고, 관찰을 조직적이고 계획적으로 할 수 있다는 장점이 있다. 그러나 관찰의 기회가 적고 심층적인 자료를 얻기 어려우며 관찰이 피상적으로 되기 쉬운 단점이 있다.

실습이나 참관의 목적으로 학생이 현장에 나가 비참여관찰자로서 관찰을 할 때에 다음 사항에 유의해야 한다.

첫째, 관찰로 인해 교실에서 진행되고 있는 활동을 방해하지 않아야 한다.

둘째, 아동의 행동을 정확하고 객관적으로 관찰해야 한다. 만일 아동이 무엇을 하고 있는지 물어 보면 간단하고 정직하게 대답을 한다.

셋째, 아동의 행동이나 활동에 감정적인 반응을 보이지 않도록 한다.

넷째, 관찰을 통하여 얻어진 자료들은 절대로 외부에 나가 그 누구에게라도 이야기해서는 안 된다.

5. 신뢰도 및 타당도

1) 신뢰도

관찰의 신뢰도란 관찰대상을 여러 번 관찰했을 때 일관된 결과가 나오는 정도를 말한다. 즉 측정의 일관성을 말한다.

(1) 관찰자 신뢰도

관찰자 신뢰도는 관찰자 내 신뢰도(intra-observer reliability)와 관찰자 간 신뢰도(inter-observer reliability)의 두 가지 종류가 있다. 관찰자 내 신뢰도는 한 관찰자가 같은 상황을 한번 이상 관찰함으로써 자신의 관찰기록 간의 일관성을 알아보는 방법이다. 관찰자 간 신뢰도는 같은 장면을 두 명 또는 그 이상의 관찰자가 독립적으로 관찰하고 기록해서 산출한다. 명확한 구분없이 관찰자 신뢰도라고 할 때는 후자의 관찰자 간 신뢰도를 말한다.

두 명의 관찰자 간에 행동에 대한 동의가 일치할수록 관찰자 간의 신뢰도나 일관성은 증가한다. 관찰자 간의 동의 정도는 일반적으로 신뢰도 계수로 나타내며, 범위는 0(관찰자 간 동의가 없음)에서 +1.0(관찰자 간 완전한 동의)까지이다. 대체로 신뢰도 계수는 +.70에서 +.95로 보고된다. 신뢰도 계수가 +1.0에 가까우면 신뢰도가 증가하고 관찰자 간에 신뢰성있는 관찰이 이루어졌다고 볼 수 있다.

(2) 관찰자 간 신뢰도

신뢰도= $\frac{A}{B} \times C$

A=관찰자 간에 서로 동의한 관찰 빈도
B=각 범주에 대한 관찰자들의 총 관찰 빈도
C=관찰자 수

표 2-1

관찰자 간 신뢰도 산출방법

단 계	예: 중학교 1학년 사회 수업에서 교사의 질문 유형		
	범주	관찰자 A	관찰자 B
1. 관찰자 A와 B의 각 범주에 대한 관찰 빈도	교사의 질문 유형: 특정한 사실 의견 응용	 卌 // //// /	 卌 /// //
2. 관찰자 A와 B의 총 관찰 빈도	합계	12 + 10 = 22	
3. 두 관찰자 간에 서로 동의한 관찰 빈도	동의한 관찰 빈도: 특정한 사실 의견 응용 합계	 5 3 1 9	
4. 관찰자 간에 동의한 빈도를 총 관찰 빈도로 나눈다.		$\frac{9}{22} = .41$	
5. 4번의 결과에 관찰자 수를 곱한다(이 사례에서는 2이다).	신뢰도(일치비율) 2 × 41 = .82		

* 출처: 김지은, 2008, p. 66.

2) 타당도

관찰의 타당도는 본래 관찰하려고 한 것을 어느 정도 정확하게 관찰했느냐의 문제이다. 관찰의 타당도는 기록한 것이 실제로 발생한 행동을 얼마나 잘 대표하느냐에 달려 있다.

행동에 대한 관찰의 타당도는 적어도 다음의 두 가지 조건에 좌우된다.

첫째, 측정할 행동의 대표적인 표본이 관찰되어야 한다.

둘째, 관찰행동에 대해 완전하고 정확한 기록이 이루어져야 한다.

추론과 해석을 하고 관찰 자료를 근거로 일반화를 할 때에 여러 가지 유형의 타당도(공인타당도, 내용타당도, 예언타당도, 구성타당도) 중 하나를 고려해야 한다.

(1) 공인타당도(concurrent validity)

관찰한 행동은 검사결과, 학업 성적 기록, 부모의 보고서와 같은 외적인 준거와 상관이 있는가? 이때 타당성의 준거를 현재에서 찾는다. 예를 들어, 산수능력의 측정검사가 학교 산수성적과의 상관관계가 높으면 공인타당도가 높다고 할 것이다.

(2) 내용타당도(content validity)

관찰은 관심의 대상이 되는 행동을 적절하게 표집하고 대표하는가? 관찰의 질문은 충분하게 다듬어졌는가? 관찰의 범주는 직접 관련된 문제를 모두 포함했는가? 내용타당도는 관찰절차를 위한 가장 기본적인 타당도 형태이며, 관찰자 자신이 검토하거나 전문가 집단에게 의뢰하는 등의 주관적 판단에 의존한다.

(3) 예언타당도(predictive validity)

관찰의 결과가 미래의 학업성적과 연관되어 예측가능한지를 살펴보는 타당도로 현재의 관찰결과가 미래의 행동이나 발달과 상관이 높을수록 예언타당도가 높다고 한다. 즉 타당성의 기준을 미래에서 찾는다. 예를 들어, IQ 테스트가 학교 성적을 예측할 수 있다면 예언타당도가 높다고 할 것이다.

(4) 구성타당도(construct validity)

구성타당도는 실제로 관찰하려는 목표행동이 관찰자가 특별히 관심을 갖는 심리학적 개념이나 이론적 구성요인을 얼마나 잘 나타내는가 하는 것이다. 예를 들어, 지능검사가 언어능력, 추상적 사고능력, 적응력으로 구성되어 있다면, 이 세 요인이 전체를 어느 정도 적절하게 측정하느냐에 관한 것이 구성타당도이다. 최근의 요인분석은 구성타당도를 검사하는 유용한 방법으로 널리 쓰이고 있다(조복희, 2010).

제3장

관찰실습생의 예절 및 유의사항

1. 관찰실습생의 예절
2. 관찰실습생의 유의사항

1. 관찰실습생의 예절

여기에서는 예비교사인 관찰실습생이 교육현장을 관찰할 때 지켜야 할 예절에 대하여 알아보고자 한다. 즉 관찰실습생이 관찰에 임하기 전에 갖추어야 할 태도와 말씨, 용모에 대해 살펴보면 다음과 같다(양명희 · 임유경, 2014).

1) 관찰실습생의 기본적 태도

첫째, 관찰할 실습기관을 방문하기 전에 기관의 주소, 연락처, 위치, 교통편을 파악하여 자신의 거주지에서 관찰실습기관까지 걸리는 예상 소요시간 등을 예측한다.

둘째, 관찰실습기관의 연혁, 교육 철학 및 목표, 운영방침, 연간 교육계획, 수업시간, 시설, 학급 수, 원아 수 및 교직원 수 등의 정보를 수집하여 관찰할 유아교육기관에 대한 기본 정보를 파악한다.

셋째, 전화로 방문 시간을 약속하고 미리 준비해야 할 사항이나 주의사항을 파악한다.

넷째, 약속한 방문 시간을 엄수하여 교육현장에 차질을 주거나 자신이 관찰해야 할 중요한 부분을 놓치지 않도록 한다. 약속시간보다 5분 정도 일찍 도착하여 준비하는 것이 바람직하며, 너무 일찍 도착하는 것도 기관이 준비가 되어 있지 않아서 어려움을 겪을 수 있으므로 좋지 않다.

다섯째, 관찰실습기관의 모든 교직원들에게 밝은 표정으로 인사하며, 겸손한 태도를 갖는다. 대학에서 배운 내용처럼 이루어지고 있지 않은 현장의 문제를 지적하거나 자신은 관찰만 하고 가면 된다는 자세를 보이는 것은 바람직하지 않다. 대학 후배들을 위해서 좋은 인상을 남기도록 노력해야 한다.

여섯째, 사전 예고 없이 방문 약속을 어기지 않아야 한다. 부득이하게 실습기관에 갈 수 없을 때는 반드시 관찰실습기관에 미리 연락하여 사정을 말하고 양해를 구한 후 다른 날짜를 약속해야 한다.

일곱째, 실습기관에 도착하면 벗은 신발을 바르게 정리한다. 신발장이 있는 경우 방문자 자리에 정리한다.

여덟째, 휴대전화가 관찰을 방해하지 않도록 실습기관에 도착하면 전원을 반드시 꺼 놓는다.

아홉째, 사진촬영은 사전에 허락받는다. 언제 어느 상황에서 사진을 찍어도 되는지 물어 보고 촬영하며, 허락없이 촬영해서는 안 된다.

열 번째, 관찰실습기관을 방문할 때 입안에 음식물이나 껌을 씹고 있어서는 안되며, 마시던 음료수를 들고 가는 것도 좋지 않다.

2) 관찰실습생의 언어

첫째, 정확한 발음으로 표준말을 사용하도록 노력하며, 유행어, 외래어, 비속어, 은어 등은 사용하지 않는다.

둘째, 같은 대학의 친구들과 함께 실습을 갔을 때 친구의 이름을 부르거나 반말을 사용하지 않으며, 사적인 대화는 가능한 삼간다.

셋째, 부드럽고 상냥한 말씨를 사용하여 오해가 생기지 않도록 한다.

넷째, 정확한 발음 및 적절한 속도를 유지하여 의사전달을 명확히 한다.

마지막으로 관찰실습기관의 교직원이 설명할 때는 끝까지 잘 듣고, 질문은 상대의 말이 끝난 후에 한다. 너무 많은 질문을 하지 않도록 주의하고, 관찰실습과 관련없는 질문은 하지 않도록 한다.

3) 관찰실습생의 용모

관찰실습생의 외모는 관찰실습기관을 방문했을 때 다른 사람의 눈에 가장 쉽게 띄는 것이므로, 다른 사람의 눈에 거슬리지 않고 실습기관에 적절히 어울리며 유아의 수업활동에 방해가 되지 않아야 한다.

첫째, 머리는 단정하게 빗고, 지나친 파마나 원색적인 염색은 피한다.

둘째, 앞머리는 눈을 가리지 않도록 하며, 긴 머리는 단정하게 묶는다.

셋째, 화장은 엷게 하며 진한 향이 나는 향수나 화장품은 사용하지 않는다.

넷째, 눈에 띄는 요란하거나 큰 귀걸이는 착용하지 않으며, 입 냄새가 나지 않도록 유의한다.

다섯째, 손톱은 짧고 청결하게 관리하며, 원색의 메니큐어는 바르지 않고, 반지나 팔찌 등의 장신구는 착용하지 않는다.

여섯째, 발톱은 깨끗하게 관리하며 맨발로 다니지 않고, 스타킹은 커피색과 살색으로 착용하며 반 스타킹은 맨살이 보이지 않도록 주의한다.

일곱째, 의복은 색상이나 디자인이 화려하지 않은 옷으로 요란스런 목걸이나 머리띠 등의 장신구를 부착하지 않는다.

여덟째, 가슴이 너무 파인 옷, 신체에 달라붙은 옷, 비치는 옷, 길이가 짧아서 신체가 노출되는 윗옷이나 반바지, 길이가 길어서 바닥에 끌리는 바지는 피하고 단정하며 깨끗하고 활동이 편한 옷을 입는다.

2. 관찰실습생의 유의사항

관찰실습생이 유의해야 할 사항은 다음과 같다(양명희 · 임유경, 2014).

첫째, 필기도구와 관찰기록지는 항상 휴대한다. 이때 휴대한 도구들을 사용하기 좋도록 준비해야 한다. 필기도구는 볼펜보다 연필을 준비하면 실수한 것을 수정하기가 쉽다.

둘째, 관찰실습기관에 대한 전체적 이해를 가지고 관찰에 임한다. 교육현장에 도착하여 교직원이 교육기관을 안내하면서 기관에 대해 설명을 할 때 내용을 기록하며 안내자의 지시를 잘 따른다.

셋째, 사진은 허락된 장소에 허락된 시간에만 찍는다. 활동하는 유아들의 사진을 찍는 것은 금하는 곳이 많음으로, 교실의 물리적 환경은 유아들이 하원한 이후에 찍는 것이 좋다.

넷째, 관찰실습기관의 규정을 알고 지켜야 하며, 특히 기관의 금지 사항을 엄수해야 한다.

다섯째, 관찰할 때 교사의 수업에 방해되지 않도록 구석에 서 있거나 앉고, 가능하면 수업 중에는 많이 움직이지 않아야 한다.

여섯째, 관찰실습생은 자기가 관찰하는 유아들의 행동에 대해서 표정이나 태도로 감정적 반응을 보이지 않도록 조심해야 한다. 관찰 도중에 유아를 지나치게 응시하여 유아가 불편함을 느끼도록 해서는 안 된다.

일곱째, 교사를 대상으로 할 때는 사전에 미리 교사에게 관찰의 목적을 충분히 설명함으로써 교사의 이해와 양해를 구하도록 한다.

여덟째, 관찰실습생은 객관적이고 중립적인 입장에서 관찰하고 기록해야 한다.

아홉째, 유아나 부모 또는 외부인 앞에서 관찰한 내용에 대해서 언급하지 말아야 한다. 관찰실습에서 알게 된 유아의 관한 내용은 절대 외부에서 이야기하지 않아야 한다.

마지막으로 관찰실습이 끝나면 관찰실습기관의 지도교사 또는 관찰실습 책임자에게 보고하고 인사한 뒤에 귀가하도록 한다.

제2부

아동관찰 및 행동연구의 방법

제4장

아동관찰의 유형

1. 일기기록법
2. 일화기록법
3. 표본기록법
4. 행동목록법
5. 평정척도법
6. 시간표집법
7. 사건표집법

이 장에서는 유아의 행동을 관찰하고 일어난 행동을 객관적으로 묘사하며 서술하는 관찰기록법을 알아보고자 한다. 행동을 묘사하는 관찰기록법은 관찰된 행동의 결과를 수량화할 수 없다는 단점이 있다. 그러나 기록을 보면 행동이 발생한 현장에 있듯이 어떤 행동이 발생했는지 뿐만 아니라 행동의 전후 맥락까지 알수 있기 때문에 반복된 기록을 통하여 행동을 분석할 수 있다는 장점이 있다(양명희 · 임유경, 2014).

I. 일기기록법(diary recording)

아동연구의 가장 오래된 방법인 일기는 생활에서 경험하는 중요한 생각과 사건들을 기록하며 아동전기에 주로 사용되었던 관찰법이다. 아동의 성장과 발달을 일기로 기록하는 방법은 오랜 기간을 필요로 하기 때문에 흔히 아동과 가까이 있는 부모나 친척, 관찰자가 주로 기록한다(김지은, 2008).

일기기록법은 매일 일어나는 일을 일기를 쓰듯이 기록자의 주관적 해석과 함께 있었던 사건을 기록하는 방법이다. 즉, 자연스러운 일상생활에서 경험하는 유아의 발달에 대해 매일 기록하는 것이다. 같은 유아에 대한 매일의 관찰기록은 유아의 발달 변화를 보여 줄 수 있다. 유아에 대한 유명한 일기기록으로는 페스탈로치의 '한 아버지의 일기'와 피아제의 세 자녀에 대한 일기기록이 있다(양명희 · 임유경, 2014).

일기기록법의 장점은 다음과 같다(김지은, 2008).

첫째, 상세하고 영구적인 기록을 제공하며 발달의 연속과정을 묘사한다.

둘째, 행동의 계속성을 고려할 수 있으며 환경과 관련하여 아동의 행동과 발달을 여러 각도에서 확인하게 해 준다.

일기기록법의 단점은 다음과 같다(김지은, 2008).

첫째, 관찰자는 대부분 애정과 관심이 많은 부모들이므로 편중된 관찰로 객관성이 결여되어 있다.

둘째, 한 아동을 관찰한 내용으로 모든 아동들의 행동발달을 결론내릴 수 없으므로 사례가 너무 적어 일반화하기가 어렵다.

셋째, 부모나 관찰자가 아동을 매일 관찰하거나 1년 정도 관찰하는 일은 시간과 비용이 많이 소요된다.

2. 일화기록법(anecdotal records)

일화기록법은 짧은 내용의 사건, 즉 일화에 대한 서술적인 기록으로 한 가지 행동이나 상황에 초점을 맞춘다. 초기의 일화기록은 스탠리 홀이 정규교육의 한 과정으로 사범학교 학생들에게 아동을 관찰하고 일화기록을 제안한데서 비롯되었다(김지은, 2008).

일화기록은 최근까지도 유아교육현장에서 가장 많이 사용하고 있는 관찰의 한 형태이다. 유아의 사회 정서적 특성이나 한 집단 내에서의 인간관계를 연구할 때 유용하게 사용할 수 있는 방법이다. 일화기록법은 올바르게 준비하고 해석하기 위해서는 다음과 같은 절차를 고려해야 한다(김지은, 2008).

첫째, 관찰한 행동이나 사건에 대해 사실적 또는 객관적으로 기술해야 한다. 따라서 일화가 발생한 후 가능한 빨리 기록해 두는 것이 좋다. 중심인물의 행동과 말을 기록하고, 그 상황에서 있었던 다른 사람들의 반응도 기록한다. 특히 피관찰자가 한 말은 그대로 인용부호(" ")속에 삽입하여 기록한다.

또한 사실적인 기록을 하기 위해 녹음기를 사용하거나 유아의 작업결과와 사진 등의 참고자료를 같이 사용할 수도 있다.

둘째, 객관적 사실과 이에 관한 관찰자의 해석이나 처리방안을 명확히 구분하여 기록한다. 구체적이고 특수한 사건을 기록하고, 일반적이거나 평가적인 서술은 피한다. 실제로 발생한 사실의 기록과 관찰자의 의견이나 해석에 관한 내용은 구별하여 기록한다.

셋째, 여러 시기에 발생한 서로 다른 일화들을 총괄적으로 기록하지 말고 각각의 일화를 독립적으로 기록한다. 일화는 사건이 일어난 순서대로 기록하는 것이 바람직하다.

넷째, 여러 사건이나 여러 명의 아동이 참여한 사건을 기록하려고 할 때 일화기록을 하는 방법은 대체로 한 번에 한 가지 사건만을 취급한다.

표 4-1
일화기록의 예

관찰아동: ○○○ **생년월일:** 2000. 4. 19(남 · 여)
△△△ 2001. 2. 10(남 · 여)
관 찰 일: 2005. 9. 16
관 찰 자: □□□
장 면: 등원시간에 엄마 떨어지기(8 : 55AM)
기 록: △△이가 교실 문 앞에서 엄마의 무릎을 잡고 울고 있다.
책을 읽고 있던 ○○가 책을 놓고 △△이에게 다가온다.
오른손으로 눈물을 닦아 주며 "괜찮아" 하고 말한다.
△△이가 ○○를 쳐다보며 잠시 눈물을 그치자 △△이의 손을 잡아 준다.
△△이의 엄마가 교실을 떠난다.
발달영역: △△(엄마와 떨어지기)
○○(친사회적 행동)

* 출처: 김지은, 2008, p. 84.

3. 표본기록법(specimen recording)

표본기록법은 제한된 시간과 상황 하에서 연속적인 행동을 관찰하고 자세하게 기록한다는 점에서 일기기록법과 차이가 있다. 연구자는 관찰대상, 장면, 시간을 미리 선정한 후 그 장면에서 일어나는 아동의 행동과 상황을 모두 집중적으로 기술한다. 따라서 현장에서 관찰할 때 어떤 부분만을 선택하는 것이 아니라 '전체'를 기록하는 것이다. 발생한 모든 일을 기록하기 때문에 표본기록법을 '연속기록법' 또는 '지속적 기록법'이라고 부르기도 한다(김지은, 2008).

표본기록법은 관찰자가 한 유아의 행동을 관심있게 관찰하면서 정확하게 묘사하는 것이 가능하지만, 관찰자가 빨리 쓸 수 없기 때문에 대상의 행동을 모두 기록하는 것은 불가능하다. 그러나 발생했던 일에 대해 나중에 다른 사람이 그 기록을 읽어서 당시의 광경이나 사건을 분명하게 기억할 수 있게 한다. 또한 모든 장면을 아주 자세하게 기록해 놓음으로써 아동에 대한 많은 정보를 얻을 수 있고, 아동이 가지고 있는 문제행동을 해결하거나 학기 초 유아를 이해하는데 도움이 되는 방법이기도 하다. 이 기록법의 작성양식에 아동 이름, 생년월일, 관찰일과 관찰시간, 관찰일 현재 아동의 연령, 관찰자이름, 관찰 장면 등을 기록할 수 있어야 하며, 해석과 제언, 요약 등을 할 수 있도록 구별해 두어야 한다.

4. 행동목록법

행동목록법(checklists)은 관찰자가 일련의 행동목록을 사전에 준비하고, 목록에 있는 각 행동이 나타나는 지를 관찰하여 체크로 표시하는 방법이다. 따라서 이 방법은 사건이나 행동의 발생 여부에만 관심이 있을 때 사용하는 것이 바람직하다. 행동목록은 어떤 장면에서 흔히 나타날 것으로 예상되는 행동의 목록을 열거하여 구성한다. 이러한 행동목록은 관찰자가 사전에 관찰의 목적에 입각하여 작성하게 된다. 행동목록을 작성할 때의 일반적인 지침은 다음과 같다(김지은, 2008).

첫째, 행동목록에 포함할 문항은 가능한 한 관찰 가능한 구체적 행동들을 명확하게 정의해야 한다.

둘째, 행동목록은 관찰하려는 특정 영역에 관해서 가능한 한 포괄적이고 대표적인 목록으로 구성해야 하며 문항 간 서로 중복이 없어야 한다.

셋째, 가능한 한 논리적으로 행동목록표를 조직해야 한다. 예를 들어, 관찰행동의 종류에 따라 분류하여 배열하거나 또는 인지 영역의 경우 문항 곤란도 순으로 목록을 제시하는 방법 등이 이에 속한다.

행동목록법의 장점과 단점은 다음과 같다(김지은, 2008).

장점은 첫째, 여러 가지 행동에 관한 자료가 신속하고 효율적으로 기록된다는 것이다. 둘째, 행동목록을 계속적으로 또는 누가적으로 사용함으로써 행동발달의 단계 및 아동 개인의 단계적인 발달상을 관찰하고 기록하는데 도움이 된다. 셋째, 행동목록법의 작성방법은 훈련없이 기록할 수 있는 가장 단순한 관찰방법이다.

그러나 가장 큰 단점은 관찰한 행동의 출현 빈도나 지속성 또는 행동의 질적 수준에 대한 정보를 제공하지 못하는 점이다. 또한 행동의 출현여부는 파악되지만 '어떻게' 그 행동이 일어났는지에 대해 전혀 알 수 없다. 또한 행동목록표를 작성하기 위해 사전에 시간과 노력이 많이 든다는 것이 단점이다.

표 4-2 아동의 쓰기 준비도

이　　름: ____________________
성　　별: ____________________
생년월일: ____________________
관 찰 자: ____________________
관 찰 일: ____________________

지시: 다음의 행동이 관찰되면 '예'에, 관찰되지 않으면 '아니오'에 ∨로 표기하시오. 단, '아니오'에 해당되는 행동이 추후에 관찰되면 관찰된 날짜를 기록하시오.

과 업	예	아니오	행동이 처음 나타난 날짜
1. 손목과 손가락을 자기가 원하는 대로 움직일 수 있다.	____	____	____________
2. 눈과 손의 협응이 가능하다.	____	____	____________
3. 필기도구를 바로 잡고 쓸 수 있다.	____	____	____________
4. 글자의 기본적인 획(직선, 곡선, 사선)을 그을 수 있다.	____	____	____________

5. 각 철자의 모양을 구별할 수 있다(글자 지각 능력).	____	____	________
6. 글씨를 왜 써야 하는지 그 이유를 이해한다.	____	____	________

* 출처: 김지은, 2008, p. 94.

5. 평정척도법

평정척도법(rating scales)은 행동목록법과 마찬가지로 관찰자가 미리 관찰하려는 행동영역을 알고 있을 때 사용한다. 그러나 평정척도법은 어떤 행동의 출현 유무뿐 아니라 행동의 질적인 특성 정도나 행동 출현 빈도의 정도를 평가하고자 할 때 사용할 수 있는 방법이다. 평정에 사용하는 척도의 종류는 수집하려는 자료의 성격과 관찰의 목표에 따라 결정된다.

평정척도를 작성하기 위해서는 특별한 목적이 없는 한 단일 차원에서 평정하도록 작성하는 것이 좋다. 평정의 단계는 일반적으로 3, 5, 7단계의 척도가 많이 사용된다. 그리고 척도의 표시도 언어, 숫자, 그림 등 여러 형태로 나타낸다. 또한 관찰자가 관찰하지 못한 문항에 대해서는 이를 무리하게 평가하도록 하기보다는 판단을 보류할 수 있도록 척도의 한편에 '관찰 못함'이라는 칸을 만들어 두도록 한다. 그리하여 관찰자가 관찰기간을 더 연장할 수도 있고, 문항 자체가 관찰 불가능한 것인지 다시 검토해 볼 수도 있다.

평정척도를 사용하는 관찰자는 다음의 사항을 유의해야 한다(김지은, 2008).

첫째, 평정을 하기 전에 아동에 대한 의견을 물어 보지 않는다.

둘째, 평정을 하기 전에 모든 항목을 다 읽어 본다.

셋째, 평정을 할 때 아동에 대한 전반적인 인상으로 영향을 받지 않도록 한다.

넷째, 평정척도 양식 마지막에 아동의 발달에 대한 요약을 간단하게 기록한다. 평정척도의 대표적인 유형으로는 기술평정, 숫자평정, 도식평정, 표준평정 등이 있다.

1) 기술평정척도

기술평정척도(category rating scale)는 행동의 한 차원을 연속적인 몇 개의 범주로 나누어 기술하고 관찰자로 하여금 대상의 행동을 가장 잘 나타내는 진술문을 선택하게 하는 방법이다. 대개 한 행동에 대해 3-5개의 기술적인 범주에 따라 평정을 하게 된다.

2) 숫자평정척도

숫자평정척도(numerical rating scale)는 각 척도치에 숫자를 부여함으로써 이루어진다. 이때 숫자는 일종의 점수로써 평정된 자료를 수량화하고 통계적 분석을 가능하게 한다. 기술평정의 각 범주에 일련의 숫자를 배정함으로써 기술평정척도는 숫자평정척도로 바꾸어 사용할 수 있다. 숫자를 배정하는 일반적인 규칙은 가장 긍정적인 척도치에 가장 높은 점수를 주는 것이다. 즉 5점 척도인 경우에 5, 4, 3, 2, 1로 나누어 배정한다. 또다른 방법은 +와 −로 나누어 배정하는 것인데 5점 척도의 경우 +2, +1, 0, −1, −2로 만드는 것이다(김지은, 2008).

표 4-3

아동의 자조성 평정척도

관찰아동: ________ 생년월일: ________ (남 · 여)
관 찰 자: ________ 관 찰 일: ________

지시: 아동의 자조성에 대해서 다음과 같이 1~5로 평가하여 해당 숫자에 O표 하시오.

	1. 아주 못함	2. 못함	3. 보통	4. 잘함	5. 아주 잘함	n/o: 관찰 못함
옷 입기	1	2	3	4	5	n/o
간식 먹은 책상 치우기	1	2	3	4	5	n/o
손씻기	1	2	3	4	5	n/o
장난감 치우기	1	2	3	4	5	n/o
자신의 의사 표현하기	1	2	3	4	5	n/o
활동을 스스로 선택하기	1	2	3	4	5	n/o
갈등상황 해결하기	1	2	3	4	5	n/o

요 약:

* 출처: 김지은, 2008, p. 102.

3) 도식평정척도

도식평정척도(graphic rating scale)는 관찰자의 판단을 돕기 위해 기술적인 유목에 어떤 선을 첨가시킨 형태를 말한다. 이때 선은 일반적으로 횡축을 많이 사용한다. 또한 선의 형태도 동간으로 나누어진 선 또는 나누어지지 않은 선, 그리고 연속선 또는 점선 등으로 다양하게 사용한다. 도식평정에서 동일한 간격은 평정의 각 단계가 동일한 급간임을 암시하게 된다. 도식평정의 대표적인 예는 성격 및 태도의 측정에 사용되고 있는 의미분석척도(semantic differential scale)에서 찾아볼 수 있다. 의미분석척도의 문항은 양극적인 형용사 군으로 구성되며 대개 5-7단계 척도로 이루어진다(김지은, 2008).

4) 표준평정척도

표준평정척도(standard rating scale)는 관찰자에게 평정의 대상을 다른 일반 대상과 비교할 수 있도록 구체적 준거를 제시하는 방법이다. 이 유형은 기술평정에서의 각 범주를 보다 객관적인 유목으로 기술한 형태라고 할 수 있다.

평정척도는 작성하기가 비교적 용이하고 수량화하기에 편리하여 다양한 범위의 행동연구에 많이 사용된다. 그러나 관찰결과에 따른 판단을 요구하므로 개인적 편견이나 오류의 개입 가능성을 배제하기가 어렵다. 따라서 연구자는 평정척도가 갖는 오류에 대하여 알 필요가 있다(이은해, 1985).

첫째, 가장 많이 범하는 것으로 후광효과(halo effect)를 들 수 있다.

이것은 사물이나 사람에 대한 선입견 또는 인상이 평정의 타당성을 저해하는 요인이라고 할 수 있다.

둘째, 관용의 오류와 엄격성의 오류가 편견의 원인이 된다. 관용의 오류는 지나치게 관대한 평정, 즉 거의 모두 높게 평정을 하는 경향이다. 엄격성의 오류는 이와 반대로 거의 모든 대상에게 엄밀하고 낮은 평정을 하는 경향이다.

셋째, 중앙집중의 오류이다. 이는 평정을 할 때 척도의 양극단 점수를 회피하고 대체로 중앙에 평정점수를 많이 주게 되는 경향을 말한다.

6. 시간표집법

시간표집법(time sampling)은 특정 행동을 특정 시점에 관찰하는 방법으로, 일정한 시간간격으로 잠시 행동을 관찰하여 그 결과를 기록하는 방법이다. 즉, 시간표집은 관찰하는 시간을 통제하는 방법으로 관찰의 시간단위, 시간간격, 관찰 횟수 등은 연구목적과 관찰하는 행동특성에 따라 적절히 변화시킬 수 있다. 관찰시간이 짧고 관찰방법도 용이하여 행동수정 연구에 널리 활용되고 있다(김지은, 2008).

관찰자가 시간표집법을 사용할 때는 다음의 제한점을 유의해야 한다.

첫째, 시간표집법은 비교적 자주 일어나는 행동(적어도 15분에 한번 정도 나타나는 행동)의 연구에 적절하다. 아동행동 중 자주 일어나는 행동에는 미소, 대화, 놀이행동 등이 있다. 둘째, 시간표집법은 관찰이 가능한 외현행동의 연구에 적합하다. 내적 행동, 즉 사고나 정신기능 등 인간의 내적 기능과 활동은 시간표집법에 의해 연구될 수 없다.

시간표집에서 관찰기록을 편리하게 하기 위해서 간략한 형태로 만들거나 부호화해서 사용하는 것이 중요하다. 시간표집에서 체크(✓)나 세기(／)표는 특정한 행동의 발생 유무를 알려 주거나 또는 관찰시간 동안 발생한 행동의 횟수만을 알려 준다. 시간의 총 빈도나 총시간은 시간표집 결과를 분석하는데 가장 많이 사용되는 수치이다.

시간표집법은 통제관찰의 한 접근방법으로 관찰하기 전 계획 단계부터 상당한 시간과 노력을 들여야 한다. 즉, 목표행동을 분명하고 관찰 가능한 행동으로 기술하고, 관찰의 행동범주를 나누고 부호화하는 부호체계를 표집 전에 계획하고, 기록양식을 만들어야 한다. 또한 적절한 시간단위와 관찰대상의 수, 관찰 횟수 등도 결정해야 한다.

시간표집법의 장점과 단점은 다음과 같다(김지은, 2008).

장점은 다른 관찰 유형에 비해 시간과 노력이 덜 들고, 자료수집 면에서도 효율적인 방법이다. 또한 수량화가 용이하고, 신뢰도 및 객관성이 높다. 그러나 시간표집법은 비교적 높은 빈도의 관찰이 가능한 외현행동에만 적합하다. 또한 관찰범주가 미리 정해진 후 관찰이 이루어지기 때문에 관찰의 내용을 편견으로 이끌 가능성이 있다. 그러므로 관찰자는 관찰범주가 완성되기 전에 여러 장면에서 충분한 예비관찰을 한 후 본 관찰에 임해야 한다.

표 4-4

아동의 놀이행동 시간표집법

관찰일: ___________ 관찰자: ______________

놀이행동: 비참여 행동, 방관자적 행동, 단독놀이, 병행놀이, 연합놀이, 협동놀이

각 표적행동의 조작적 정의:
- 비참여 행동(비): 어떤 놀이에도 참여하지 않는다.
- 방관자적 행동(방): 다른 친구들의 놀이를 바라보기만 한다.
- 단독놀이(단): 친구와 상관없이 혼자서만 논다.
- 병행놀이(병): 다른 친구들과 비슷한 놀이를 하지만 서로 접촉이나 간섭이 없다.
- 연합놀이(연): 친구들과 함께 놀기는 하지만 놀이 내용이 조직적이지 않다.
- 협동놀이(협): 지휘권이 있는 아이가 있고 역할을 분담하여 공동 목표를 가지고 노는 조직적 놀이 형태다.

- 시간간격을 알리는 벨 소리가 들리면 세 명의 유아를 관찰하고 위에 기록된 놀이 행동 중에 한 가지 이상의 행동을 하는 경우, 해당 시간간격의 표적행동 첫 글자에 ○표 하세요. 관찰 후 유아마다 표시된 첫 글자의 수를 기록하고 전체 관찰한 시간간격의 수에 대한 첫 글자가 표시된 시간간격 수의 백분율을 기록하세요.

유아	시간간격					요약		
수진	1	2	3	4	5	비 3/10 (30)%	방 4/10 (40)%	단 3/10 (30)%
	(비) 방 단 병 연 협	(비) 방 단 병 연 협	비 (방) 단 병 연 협	(비) 방 단 병 연 협	비 방 (단) 병 연 협			
	6	7	8	9	10	병 0/10 (0)%	연 0/10 (0)%	협 0/10 (0)%
	비 (방) 단 병 연 협	비 (방) 단 병 연 협	비 (방) 단 병 연 협	비 방 (단) 병 연 협	비 방 (단) 병 연 협			
진영	1	2	3	4	5	비 1/10 (10)%	방 3/10 (30)%	단 4/10 (40)%
	비 방 (단) 병 연 협	비 방 (단) 병 연 협	비 방 (단) 병 연 협	(비) 방 단 병 연 협	비 (방) 단 병 연 협			
	6	7	8	9	10	병 2/10 (20)%	연 0/10 (0)%	협 0/10 (0)%
	비 (방) 단 병 연 협	비 (방) 단 병 연 협	비 방 단 (병) 연 협	비 방 단 (병) 연 협	비 방 (단) 병 연 협			
영범	1	2	3	4	5	비 2/10 (20)%	방 2/10 (20)%	단 3/10 (30)%
	비 방 (단) 병 연 협	(비) 방 단 병 연 협	(비) 방 단 병 연 협	비 방 (단) 병 연 협	비 방 (단) 병 연 협			
	6	7	8	9	10	병 3/10 (30)%	연 0/10 (0)%	협 0/10 (0)%
	비 (방) 단 병 연 협	비 (방) 단 병 연 협	비 방 단 (병) 연 협	비 방 단 (병) 연 협	비 방 단 (병) 연 협			

* 출처: 양명희 · 임유경, 2014, p. 117.

7. 사건표집법

사건표집법(event sampling)은 시간표집과는 달리 관찰의 단위가 시간간격이 아니라 어떤 행동이나 사건 그 자체에 있다. 따라서 사건표집법은 관찰자가 단순히 행동이나 사건을 기록하거나 또는 사건이 발생할 때마다 사건의 범주를 기록하는 것이다. 사건이 일어날 때마다 관찰자는 사건을 기술하고 필요하면 사건 이전의 상황도 기술한다.

사건표집법으로 관찰을 수행할 때의 유의사항은 다음과 같다.

첫째, 연구자는 관찰하고자 하는 행동이나 사건을 조작적으로 정의한다.

둘째, 관찰하고자 하는 행동이나 사건에 대해 연구자는 충분히 이해하고 있어야 하며, 행동이나 사건을 언제, 어떤 장면에서 관찰할 것인지 결정해야 한다.

셋째, 기록하고자 하는 정보나 자료의 종류를 결정한다.

넷째, 관찰기록용지는 가능한 한 사용하기 쉽게 만든다.

마지막으로 행동특성을 자세하게 기술해야 할 필요가 있기 때문에 관찰결과를 기록하기 위하여 녹음기나 비디오 등의 영상 기록매체를 사용하기도 한다.

표 4-5
아동의 분류행동 사건표집법

관찰아동: ________　　생년월일: ____________　　성별: 남 · 여
관 찰 자: ________　　관찰일자: ____________
관찰행동: 분류행동　　현재연령: ____________

분류	동일성		유사성		재분류	
영역 \ 성공 · 실수	성공	실수	성공	실수	성공	실수
적목 영역	V		V			V
미술 영역	V			V		V
언어 영역		V		V		V
과학 영역	V		V		V	
수 영역		V		V		V
블록 영역	V		V			V
기타						
계	4	2	3	3	1	5

요약:

지침:
① 아동이 위의 활동 영역에서 분류행동을 보였을 때 해당하는 란에 V자로 표시한다.
② 영역을 더 줄이거나 늘이거나 관찰하고 싶은 영역을 선택하여 선택적으로 관찰할 수 있다.

* 출처: 김지은, 2008, p. 124.

제5장

포트폴리오 평가

포트폴리오(portfolio) 평가란 개별 유아의 발달적 측면 및 학습적 측면과 관련된 다양한 정보를 반영할 수 있는 각종 기록, 작품, 데이터를 조직적 · 체계적으로 수집하여 유아의 지식, 기술, 태도 등의 변화 과정을 검토할 수 있도록 변화와 우수성 등에 관해 평가하는 것이다(양명희 · 임유경, 2014).

1. 포트폴리오 평가의 개념

예술가의 포트폴리오는 최고의 작품을 대표적으로 선정한 것이며, 세일즈맨의 포트폴리오는 업무를 수행할 수 있는 능력의 근거를 제시하는 목록이다. 포트폴리오 개념을 교육에서 활용하게 된 것은 1980년대 후반부터 1990년대에 들어선 이후다. 교육현장에서 포트폴리오는 학습자의 학습, 성장, 발달, 진전 등의 근거가 되는 학습자의 작품, 수행결과, 기록물 등의 모음집으로 통용되어 오고 있다. 유아교육에서 포트폴리오는 광범위한 맥락에서 유아를 관찰하고 정보를 수집하여 유아의 지식, 기술, 태도 등의 변화 과정을 검토할 수 있으므로 유아를 효과적으로 평가하는 도구로서의 가치가 높다고 할 수 있다.

포트폴리오 평가의 특성을 살펴보면 다음과 같다.

첫째, 포트폴리오 평가는 유아중심의 활동이기 때문에 학습을 자기 주도적으로 이끄는 것이 가능하다.

둘째, 포트폴리오 평가는 유아의 발달과 학습에 대한 다양한 정보를 제공한다.

셋째, 포트폴리오 평가는 유아의 장점에 초점을 맞추어 평가한다.

넷째, 포트폴리오 평가는 결과에 대한 자연스러운 공유를 가능하게 한다.

표 5-1 포트폴리오 평가 규정의 예

포트폴리오 평가 규정의 예

본 기관에서 포트폴리오 평가를 실시하기 위한 규정은 다음과 같다.

- 포트폴리오 평가는 유아의 발달수준 평가와 발달에 적합한 실제를 제공하기 위해 개별 유아에 대한 다양한 자료를 수집한다.
- 본 기관에서는 전반적인 포트폴리오 수행 과정과 방법에 대한 사항을 협의하기 위해서 포트폴리오 협의회를 둔다.
  - 포트폴리오 협의회는 연 2회를 기본으로 한다.
  - 기관의 여러 사정과 부모의 편의에 따라 일시와 장소는 변경될 수 있다.
  - 포트폴리오 협의회에는 원장, 교사, 부모, 유아를 포함시킨다.
- 포트폴리오에 수집된 항목은 누리과정 영역별로 구분하여 수집한다.
- 포트폴리오에서 수집될 항목은 연3회(학년 초, 1학기 말, 2학기 말)에 걸쳐 수집하여 평가한다.
- 파일 하나에 시간의 흐름에 따라 수집될 내용을 추가해 나간다.
- 포트폴리오에 수집될 내용은 유아의 작품, 활동 결과물, 활동사진, 비디오나 오디오 녹화물, 관찰기록지 등을 포함시킨다.
- 유아의 작품에는 유아, 교사의 논평을 첨가하고, 부모의 논평이 필요할 때는 유아의 작품을 가정으로 보내어 부모의 논평을 기록한다.
- 포트폴리오에 포함시킬 내용은 유아가 선정하는 것을 원칙으로 한다.
- 포트폴리오에 넣을 자료에는 반드시 날짜를 기록한다.
- 다음 해로 인계할 포트폴리오에 넣을 항목은 유아, 교사 및 부모가 함께 결정한다.
- 교사는 학기 말에 포트폴리오의 내용을 서술적으로 요약하여 유아의 가정으로 보낸다.
- 학기 말에 유아의 학습활동 포트폴리오는 유아가 가정으로 가져가고, 인계할 포트폴리오는 유치원에 보관한다.
- 유아의 개인 정보들은 공개되지 않아야 하므로 유아의 학습활동 포트폴리오와 분리해서 보관한다.

* 출처: 양명희 · 임유경, 2014, p. 187.

2. 포트폴리오 유형

1) 활동과정의 수준에 따른 분류

어떤 활동과정 전체를 마친 후 마지막 결과로서의 작품을 모을 것인지, 아니면

활동과정 자체를 보여주는 작품을 선정할 것인지에 따라 분류한다는 의미이다.

2) 내용의 질적 수준에 따른 분류

내용의 질적 수준에 따라 포트폴리오 제작의 완성도 수준에 따른 분류를 의미한다. 수준미달, 초보적, 정상적, 완숙한 포트폴리오의 4유형으로 분류된다.

3. 포트폴리오 평가의 장 · 단점

포트폴리오 평가의 장 · 단점은 다음과 같다(양명희 · 임유경, 2014).

1) 장점

첫째, 포트폴리오 평가를 통해 학습의 발달과정에 대한 정보를 얻을 수 있다.
둘째, 포트폴리오 평가는 유아의 자존감을 높여 줄 수 있다.
셋째, 포트폴리오 평가는 모든 일과와 수업과정의 평가를 포함하는 총체적 평가이다.
넷째, 포트폴리오 평가는 유아의 장점에 초점을 맞춘다.
다섯째, 포트폴리오 평가는 평가과정에 부모와 가족을 참여시킨다.

2) 단점

첫째, 포트폴리오 평가는 비용과 시간이 많이 소요된다.
둘째, 포트폴리오 평가는 단순히 감상적인 기억물 보관이 될 수 있다.
셋째, 포트폴리오 평가는 기록물을 보관하기 위한 충분한 공간을 요구한다.

넷째, 포트폴리오 평가는 교사의 편견이 작용할 가능성이 높다.

4. 포트폴리오 평가의 절차

포트폴리오 평가의 일반적 절차는 포트폴리오 계획, 포트폴리오 자료수집, 포트폴리오 조직과 관리, 포트폴리오 해석과 활용의 4단계이다(양명희 · 임유경, 2014).

1) 1단계: 계획단계

계획단계에서는 포트폴리오 평가를 실시하기 위한 규정을 정하고, 관련된 모든 참여자들의 이해를 돕기 위해 유아와 가족에게 포트폴리오 평가를 위한 안내 및 연수를 제공해야 한다. 포트폴리오 평가를 위해 가장 먼저 해야 할 것은 포트폴리오를 만드는 목적을 정하고 그 목적의 달성여부를 알 수 있는 규정을 만드는 것이다.

2) 2단계: 자료수집단계

포트폴리오 계획을 효율적으로 수행하기 위해서는 활동시간에 따른 개별 유아의 활동 결과물을 포함한 다양한 평가 자료를 체계적으로 수집해야 한다. 시간의 경과에 따른 작업표본, 유아의 활동계획표 및 평가표, 다양한 맥락에서의 관찰자료 등 다양한 자료를 수집해야 한다.

표 5-2
포트폴리오 평가 관련자료

- **배경 정보**: 가정환경조사서, 건강기록부, 가족질문지, 발달검사자료 등
- **기준 작품**: 학년을 시작할 당시의 발달수준을 반영한 작업 표본들
- **작업 표본**: 도표나 그래프 복사한 것, 아동이 쓴 글, 그림, 도서일지, 아동이 읽은 도서목록, 수학활동 자료, 사진, 아동의 활동과정을 녹화한 것, 노래나 대화를 녹음한 것, 아동이 이야기한 것, 아동이 직접 쓰거나 교사가 받아쓴 것, 협동 작품 등
- **아동의 활동 계획표 및 평가표**
- **면접자료**: 아동-교사, 아동-교사-부모 협의회를 녹음·녹화한 자료
- **교사의 관찰자료**: 체크리스트, 평정척도, 일화기록, 아동 일과표 등
- **논평**: 아동의 작업에 대한 교사, 부모, 아동 자신의 견해를 기록한 것

* 출처: 김지은, 2008, p. 140.

3) 3단계: 조직과 관리단계

개별 유아의 포트폴리오 평가를 위한 자료가 수집되었다면 교사는 포트폴리오 내용 목록에 따라 포트폴리오를 조직하게 된다. 이때 유의할 사항은 다음과 같다.

첫째, 포트폴리오를 조직하는 기준을 생활영역별, 흥미영역별, 활동 종류별 등과 같은 것으로 정할 수 있다.

둘째, 자료의 내용마다 날짜를 기록한다.

셋째, 평가가 하루 생활의 정규적인 일부가 되게 한다.

넷째, 유아의 주요 작품을 학기 초부터 수집해 놓는다. 수집된 자료를 보다 잘 관리하기 위해서는 개별 유아마다 보관함을 준비한다. 자료는 파일 폴더, 종이 상자나 봉투, 플라스틱 상자, CD-ROM 으로 보관하기도 한다.

4) 4단계: 해석과 활용단계

마지막 단계는 수집된 자료를 바탕으로 조직하여 교사는 포트폴리오 요약서를 준비하여, 학기 말이나 학년 말의 시기에 총괄평가 및 학부모 면담자료로 사용될 수 있다.

표 5-3
포트폴리오 평가요약서의 예

<table>
<tr><td>유아명</td><td colspan="2">정하은(여)</td><td>생년월일</td><td>2009년 4월 6일(만 5세)</td></tr>
<tr><td>기록자</td><td colspan="2">파랑반 교사</td><td>기록일</td><td>2013년 7월 9일</td></tr>
<tr><th colspan="3">구분</th><th colspan="2">내용</th></tr>
<tr><td colspan="3">신체운동 · 건강</td><td colspan="2">신체발달 수준이 만5세 유아의 평균보다 높은 편임. 자신의 신체를 인식하고 조절하는 능력이 우수하며, 특히 대근육 조절과 통제 능력이 우수함.</td></tr>
<tr><td colspan="3">의사소통</td><td colspan="2">질문과 상황에 적절하게 자신의 생각과 느낌을 말할 수 있으며, 다른 사람의 이야기를 듣는 태도가 좋음. 반면 자신의 생각을 글로 옮기는 것은 조금 힘들어 하는 편임.</td></tr>
<tr><td colspan="3">사회관계</td><td colspan="2">또래 친구들이 어려움에 처할 경우 위로하고 도와주는 친사회적 행동이 자주 나타남. 또래와 협동이 잘 일어남.</td></tr>
<tr><td colspan="3">예술경험</td><td colspan="2">자신의 경험, 생각, 느낌을 창의적으로 표현함(생각하는 시간은 반드시 필요함).
단순한 그리기보다 만들기, 꾸미기를 더 좋아함. 타인의 작품에 대한 감상능력이 좋음. 악기를 연주하는 것은 즐거워하나 음악에 맞춰 몸으로 표현하는 것은 어려워함.</td></tr>
<tr><td colspan="3">자연탐구</td><td colspan="2">1–20까지의 수 세기와 서열화 기능, 단순한 패턴은 만들 수 있음. 꽃과 식물은 좋아하는 반면, 동물은 무서워함.</td></tr>
<tr><td colspan="3">전반적 발달에 대한 요약</td><td colspan="2">하은이는 대근육 조절능력이 우수하며, 언어표현력과 구사력이 좋은 편임.
또래와 우호적인 관계를 형성할 뿐 아니라 대인관계 능력이 뛰어남. 동물에 대한 두려움이 탐구적 태도에 부정적 영향을 미치는 것으로 사료됨.</td></tr>
<tr><td rowspan="3">부모님 의견</td><td colspan="2">가정에서 발견되는 발달사항</td><td colspan="2">책 읽기를 좋아하고 즐거워하는데, 쓰기를 여전히 어려워하는 것 같아 보입니다.</td></tr>
<tr><td colspan="2">관심 있는 주제</td><td colspan="2">하은이가 가장 잘하는 것이 무엇인지 알고 싶습니다.</td></tr>
<tr><td colspan="2">유치원 활동에 대한 제언사항</td><td colspan="2"></td></tr>
</table>

* 출처: 양명희 · 임유경, 2014, p. 198.

제3부

유아관찰과 행동연구의 실제 및 활용

제6장

유아관찰 및 행동연구의 실제

1. 자유선택활동 흥미영역 환경구성
2. 흥미영역별 관찰 및 평가
3. 대 · 소집단 활동 관찰 및 평가

I. 자유선택활동 흥미영역 환경구성

자유선택활동이라는 용어는 교육기관에 따라 자유놀이 시간, 영역별활동, 코너학습 등으로 다양하게 불리지만 일반적으로 유아가 개별적인 흥미, 욕구 및 발달수준에 따라 스스로 선택한 놀이 활동에 자유롭게 참여하는 시간을 의미한다(이숙재, 1998).

자유선택활동은 놀이의 특성을 가장 많이 담고 있어 유아 개인의 발달수준과 단계별 학습 및 통합된 경험이 이루어지는 시간이며 활동을 통해 생활규범을 익히고 자율성과 책임감을 기르며 인간관계 형성의 기술을 배우게 되므로 교육적 가치가 높은 놀이 활동이다. 자유선택활동은 흥미영역에 따라 구분 · 배치되고 놀이 간의 경계가 뚜렷하여 방해받지 않고 놀이에 몰두할 수 있으며 각 영역별로 놀잇감과 공간이 제공되어 발전된 형태의 놀이가 이루어지기 쉽다. 또한 활동을 스스로 선택함으로 인해 의사결정 능력과 자율성 및 독립심이 증진시키는 특성을 가지고 있다.

따라서 효과적인 자유선택활동을 위하여 실내 · 외 공간이 충분히 확보되고 각 영역별로 교재 · 교구가 풍부하게 비치되어야 하며, 활동적인 교재와 사고증진을 위한 교재가 준비됨과 동시에 안전하고 튼튼한 것이어야 한다. 또한 고정시설과 유동적 설비가 적절히 조화를 이루어야 하고 유치원의 교육목적과 유아 성장 발달단계에 맞게 제공되어야 하며 영역별 환경과 전체적인 환경의 조화를 고려한 교육적 환경의 구성이 매우 필요하다.

1) 자유선택활동의 교육적 의의

① 유아 스스로 선택하고 결정하는 경험을 제공한다.

② 개별적 흥미, 욕구, 관심에 따라 놀이하므로 자율적이고 적극적인 학습이 이루어진다.

③ 의도된 목표 없이 편안한 상태에서 즐겁게 놀이할 수 있다.
④ 놀이에 집중하여 점차 놀이가 발전한다.
⑤ 의사결정 능력 및 책임감 증진에 도움이 된다.
⑥ 개별적인 상호작용 및 또래와 사회성 증진에 도움된다.
⑦ 양보, 질서, 배려 등 사회적 기술이 습득된다.
⑧ 자발적인 통합교육과정이 이루어진다.

2) 자유선택활동의 종류

(1) 언어(도서)영역

① 기능 : 여러 형태의 언어적 매체를 접할 수 있는 곳
② 위치 : 교실의 조용한 곳, 밝고 아늑한 곳
③ 자료 :
- 말하기 자료(융판, 융판 자료, 여러 가지 인형, 극틀, 이야기 꾸미기 자료)
- 듣기 자료(녹음기, 테이프, 헤드폰, 전화기)
- 쓰기 자료(다양한 색과 모양의 종이, 칠판, 필기구)
- 읽기 자료(동화책, 그림책, 학습 과제물, 여러 가지 그림 자료, 사전)

(2) 미술(작업)영역

① 기능 : 구성활동을 통해 자신의 세계를 재구성
② 위치 : 물 사용과 가까운 곳, 색감을 잘 구별할 수 있는 밝은 곳
③ 자료 : 자료보관함(명패나 그림), 마른 걸레, 물걸레, 앞치마, 청소도구, 다양한 종이류(모양, 색, 질감, 크기, 두께), 비닐류, 화구, 필기구, 다양한 점토류, 붙이거나 자르는 도구류, 폐품, 자연물

(3) 과학(탐색)영역

① 기능 : 자연 현상과 물리적 현상에 대한 탐색을 격려하는 곳

② 위치 : 밝고 조용한 곳, 실내외 공간을 연결해서 구성

③ 자료 : 수집과 탐구, 자료의 교체, 탐색에 대한 이야기 나누기, 동·식물류, 사육 재배를 위한 기구, 표본류, 탐색 자료(곤충, 씨앗, 곡식, 돌), 실험 자료(거울, 확대경, 자석), 측정 자료, 분해와 조립을 위한 가전제품 등

(4) 조작영역

① 기능 : 상징적, 논리·수학적인 교구를 다루어 보는 곳

② 위치 : 개별적으로 탐색활동을 많이 하므로 조용한 영역에 배치

③ 자료 : 조작적 활동을 위한 자료(그림 맞추기, 퍼즐), 구성활동을 위한 자료(레고, 코코, 모자이크 블록), 일상생활 활동을 위한 자료(지퍼 올리기, 단추 끼우기, 끈꿰기, 나사 조이기, 옮겨 담기, 구슬 꿰기)

(5) 쌓기영역

① 기능 : 블록으로 만들고 무너뜨리고 다시 쌓는 과정을 경험하는 곳

② 위치 : 넓게 트인 공간, 통행이 많이 있지 않는 곳에 배치

③ 자료 : 카펫, 적목장, 적목과 소품

(6) 역할(극놀이)영역

① 기능 : 생활 경험을 재현해 보고 여러 역할을 상상해서 연기하는 곳

② 위치 : 활동적인 놀이영역에 위치

③ 자료 : 가전제품, 주방용품, 모형 음식, 가정 비품, 가구, 의류, 인형, 인형 소품(유모차, 우유병, 인형 옷), 극놀이 자료(미용실, 병원, 시장, 은행 등)

(7) 수영역

① 기능 : 수학적 개념(분류, 수세기, 수의 조합, 기하학적 도형의 크기, 측정 등을 인식)을 폭넓게 경험하는 곳

② 위치 : 조용한 곳

③ 자료 : 수 개념 준비 단계(분류, 대응, 비교, 서열), 수 개념 활동 단계(수 세기, 수의 순서, 쓰기, 연산, 측정, 돈, 공간 등)

(8) 음률(음악과 신체)영역

① 기능 : 음악에 맞춰 신체표현, 악기를 사용하고 음악을 듣고 감상하는 곳

② 위치 : 넓은 공간

③ 자료 : 악기 종류(생활 악기, 일반 악기, 리듬 악기 등), 음향기기

3) 자유선택활동의 운영

(1) 놀이 계획

유아가 어느 영역에서 어떤 놀이를 하고 싶은지 계획하는 것으로 교사가 놀이영역을 소개한 후 교실에 준비된 활동을 둘러 본 후 이루어진다. 놀이 계획은 말로 표현하는 방법도 있고, 용지에 기록하는 방법도 있다. 유아의 발달 수준에 맞추어 교사가 적절한 안내와 도움을 주어야 한다.

(2) 놀이 실행

자신이 계획한대로 놀이하는 것으로 유아가 자신이 선택한 놀이를 의도했던 대로 집중하여 점차 발전된 놀이를 할 수 있다. 교사는 놀이 과정을 관찰하며 놀이가 잘 이루어질 수 있도록 적절한 언어 개입, 자료 첨가 등 다양한 방법으로 도움을 주어야 한다.

(3) 놀이 평가

평가는 놀이 후에 이루어진다. 유아가 자신이 놀았던 놀이를 회상하고 놀이 계획과 관련지어 어느 영역에서 어떤 놀이를 어떤 방식으로 놀았는지를 말해

볼 수 있게 한다. 평가하기는 유아 스스로 놀이의 내용과 방법의 질을 확장해 가는 데 도움이 되며, 자신의 선택과 책임에 대해 생각하게 해 준다.

4) 자유선택활동의 놀이 지도

유아가 자유선택활동 시간을 어떻게 보낼 것인가를 스스로 결정하도록 놀이 계획을 세우게 하며, 자유선택활동의 놀이과정은 각 유아가 놀이 계획에 따라 놀이를 하도록 유아의 놀이를 인정하고 격려한다. 놀이상황에서 겪게 되는 갈등을 원만히 해결하도록 하며 정리 · 정돈 시간을 미리 예고하여 유아들이 스스로 개인 또는 협동을 통해 정리하도록 한다. 자유선택활동의 계획과 과정을 거쳐 놀이가 끝난 직후 하루 일과가 끝난 후 귀가 전에 연령이나 발달단계, 교육적 필요에 따라 대집단, 소집단, 개별적인 평가를 실시하여 다음 자유선택활동 시간에 반영되도록 한다.

5) 자유선택활동 지원을 위한 교사 역할

유아의 자기 조절적 사고 형성을 위해서는 긍정적 자아개념 형성과 학교가 선택한 문화, 학습자가 선택한 개별 학습활동 간의 사회적 상호작용이 이루어질 때 가능하다. 자기조절력 향상을 위한 자유선택활동 지원을 위해 필요한 교사의 역할을 살펴보면 다음과 같다.

① 유아가 자신의 생각과 행동을 조절, 활동을 스스로 설정할 수 있는 시간을 일과에 포함시켜야 한다.

② 유아에 의한 다양한 계획 및 평가활동이 이루어지도록 한다.

③ 교사가 유아의 자유선택활동을 돕거나 안내하지만 유아의 자유선택활동을 방해하거나 교사가 의도하는 방향으로 유아의 생각을 몰고 가서는 안 된다.

④ 개방적이고 흥미영역 중심으로 구성된 공간이 필요, 학습 자료는 직접적, 구체적 경험을 풍부히 할 수 있는 것으로 준비하고 배치한다.

⑤ 교사는 개별유아의 발달수준에 대한 평가결과를 반영하여 교육경험이나 활동을 계획하고 조직한다.

⑥ 유아 스스로 놀이를 선택하고 놀이계획을 생각하여 말할 수 있도록 언어화를 강조하는 수업기법을 적용한다. 언어적 계획 및 평가는 유아의 자기조절력 기초 형성에 효과적이다.

⑦ 교사는 자유선택활동에 어려움이 있는 유아에게 영역의 활동을 관찰하는 기회를 제공하고, 활동에 대한 구체적 설명을 해 주도록 한다.

⑧ 자유선택활동을 도와주는 보조 자료를 사용한다.

⑨ 또래의 놀이 관찰, 또래와 협동놀이 등이 이루어질 기회를 제공한다.

6) 자유선택활동 흥미영역 운영 관찰 및 평가

유아교육기관의 물리적 환경은 교육의 질을 좌우하는 주요 요인으로 유아의 신체, 인지, 정서, 사회성 등 제 영역의 발달에 영향을 미친다. 특히 적절한 흥미영역의 구성은 자유선택활동의 효율적 운영을 위한 가장 기본적이고 중요한 요인이다.

(1) 흥미영역 구성의 기본 원리

흥미영역의 구성 시에는 유아의 연령과 발달수준, 시기(학기 초 또는 학기 말, 계절 등), 학급의 공간적 크기나 유아 수 등을 고려해야 한다. 또한 흥미영역 구성 시 가장 중요한 기본 원리는 활동성과 물의 사용 여부를 고려하는 것이다. 즉, 정적인 활동과 동적인 활동을 구분하여 구성하여서 활동 간 방해와 충돌, 소음을 피해야 하며 물의 사용 여부에 따라 영역을 구분하여야 한다.

프로스트(Frost & Kissinger, 1976)에 의하면 유아 학급의 실내 환경은 조용하고 건조한 곳, 활동적이고 건조한 곳, 조용하고 물이 있는 곳, 활동적이고 물이 있는 곳 등의 네 가지 공간으로 구분하여 구성하는 것이 효율적이다.

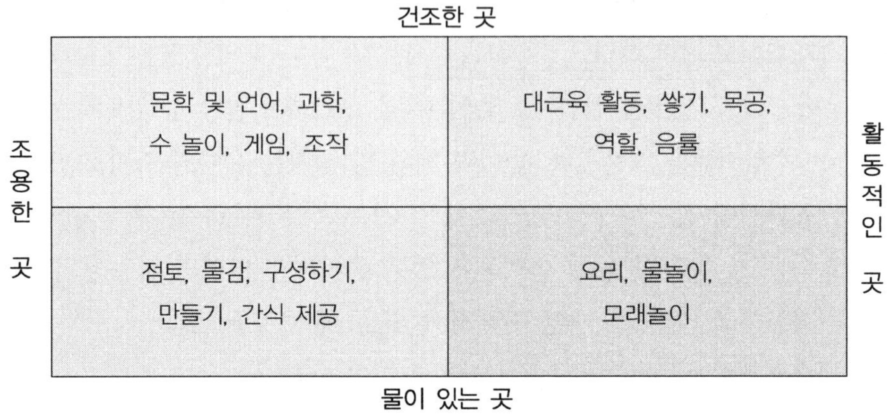

[그림 6-1] 프로스트(Frost & Kissinger, 1976) 환경구성의 원리

그 밖에도 흥미영역의 구성 시 고려해야 할 원리를 정리하면 다음과 같다(이영자 · 이기숙 · 이정욱, 2009).

첫째, 유아의 건강과 안전을 최대한 유지할 수 있도록 구성한다.
둘째, 충분하고 다양한 공간, 창의적인 공간, 심미적인 공간으로 구성한다.
셋째, 유아가 자유롭게 탐색할 수 있도록 구성한다.
넷째, 학습내용과 계절, 유아의 흥미에 따라 변화를 주어 구성한다.
다섯째, 영역 간 구분과 영역 간 이동 통로가 확실하도록 구성한다.

(2) 흥미영역 환경구성 관찰 및 평가

학급에 어떤 흥미영역이 어떻게 구성되어 있는지를 관찰, 평가해 보는 것은 유아교육기관 현장 관찰 및 평가에 있어 가장 기본적이 단계로 흥미영역이 기본 원리에 맞게 구성되어 있는가가 우선적인 기준이 되어야 한다.

관 찰 자	○ ○ ○	관찰 일시	20 년 월 일 요일
관찰 기관	○○유치원	관찰 학급	○○반(만 세)
흥미영역 환경구성			

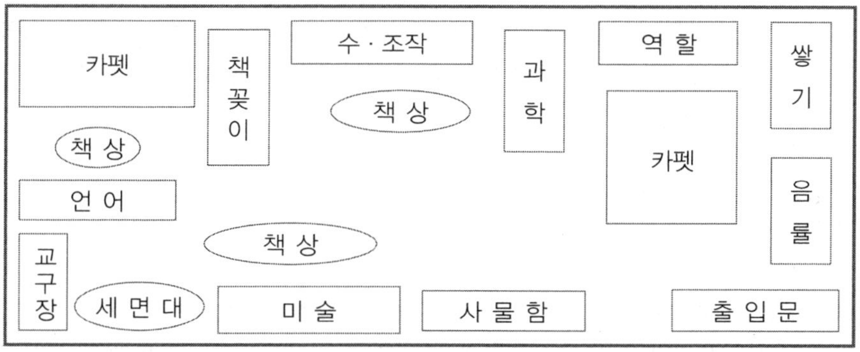

기준 \ 영역	쌓기	역할	언어	수 · 과학	조작	미술	음률	기타
흥미영역 유무	○	○	○	○	○	○	○	
유사 영역과의 접근성	○	○	○	○	○	○	○	
영역 구분의 명확성	○	○	○	○	○	○	○	
영역 구분의 유연성	○	×	○	○	○	○	○	
공간 크기	○	○	○	○	○	○	○	
필요 설비와의 접근성	○	○	○	○	○	○	○	
연령 고려한 설비 (교구장, 책상, 의자)	○	○	○	○	○	○	○	
소음 방지	△	○	○	○	○	○	○	
정리 · 정돈 편리성	○	○	○	○	○	△	○	
놀잇감의 위생과 안전성	○	○	○	○	○	○	○	
유아 주도 선택 여부	○	○	○	○	○	○	○	
교재 · 교구 적절성 (수준, 주제 고려)	○	○	○	△	△	○	○	
놀이 규칙의 제시	○	○	○	○	○	○	○	
이동 통로의 명확성	○	○	○	○	○	○	○	

(* 흥미영역 구성과 활용이 충분함 ○, 부족함 △, 미흡함 ×)

*** 관찰내용 평가하기**

관찰 학급 유아들의 연령과 발달수준, 생활주제, 유아 수 등을 고려해야 흥미영역을 구성하고 있다. 영역 간 활동성이 확보된 가운데 유아들이 자신의 흥미를 바탕으로 놀이를 선택하여 활동하고 있으며 미술영역 가까이에 물을 사용할 수 있는 공간이 마련되어 있음. 쌓기나 역할 영역과 같은 동적인 활동은 이웃하여 출입구 가까이에 배치하였고 책 보기, 언어영역 등의 정적인 공간이 필요한 공간은 조용한 곳에 위치하고 있음. 동적인 활동과 정적인 활동 공간을 구분하여 구성함으로써 활동 간 방해와 충돌, 소음을 피하려는 배려가 보임.

Tip

다음의 사항을 확인하여 자유선택활동 흥미영역을 구성한다.

1. 연령, 수준, 생활주제 등을 고려하여 필요한 영역이 구성되어 있는가?
2. 어느 위치에서나 교사가 모든 영역을 한눈에 볼 수 있게 구성되어 있는가?
3. 쌓기영역, 역할영역 등이 근접하여 배치되었는가?
4. 흥미영역이 교구장 등에 의해 구분되어 배치되었는가?
5. 영역 공간 크기는 유아 수와 활동성을 고려하여 충분하게 확보되었는가?
6. 소음이 많은 영역(쌓기, 목공 등)은 소음방지를 위해 카펫 등을 사용하였는가?
7. 정리, 정돈이 편리하도록 그림(사진) 이름표, 바구니 등으로 표시하였는가?
8. 화장실, 식수대, 미술영역과 싱크대 등이 가까이에 배치되어 있는가?

(3) 흥미영역 놀이참여 관찰 및 평가

관 찰 자	○ ○ ○	관찰 일시	20 년 월 일 요일
관찰 기관	○○유치원	관찰 학급	○○반(만 세)
흥미영역 놀이 참여 관찰 및 평가			

관찰 사항	관찰 내용	평 가		
		그렇다	보통이다	그렇지 않다
놀이 계획	유아의 수준에 알맞게 계획하는가?	○		
	다양한 놀이를 계획하도록 안내하는가?	○		
	놀이계획을 수시로 확인할 수 있는가?	○		
놀이 지도 / 교사 개입	유아와 대화하는가?	○		
	유아의 놀이에 참여하는가?	○		
	현재 놀이가 진행되도록 보조하고 돕는가?	○		
	놀이 중단 시 대안이나 새 활동방향을 제시하는가?		○	
	놀이의 적절한 과정을 시범 보이는가?	○		
	적절한 칭찬을 하는가?	○		
	사실, 개념, 과정을 설명하고 가르치는가?		○	
놀이 관찰	유아의 놀이를 관찰하고 기록하는가?	○		
놀이 평가	놀이계획과 관련지어 평가하는가?	○		
	어떤 방식으로 어떻게 놀았는지 평가하는가?	○		
생활 지도	정리, 협동, 양보, 갈등을 지도하는가?	○		
안전 관리	유아들을 안전하게 관리하는가?	○		

*** 관찰내용 평가하기**

유아들이 자신의 놀이를 계획하여 놀이에 적극 참여하고 즐거워함. 하나의 흥미역역에서 오래 머무르는 유아에게 교사가 개입하여 다른 놀이를 권유하기도 함. 교사가 역할놀이에 공동 참여자로 들어가 유아들과 함께 극놀이를 하는 모습도 볼 수 있었음.

2. 흥미영역별 관찰 및 평가

유치원의 실내 환경은 대체로 흥미영역을 중심으로 구성된다. 흥미영역은 활동영역이라고도 하며 교실에 비치하는 흥미영역은 일반적으로 쌓기영역, 역할영역, 언어영역, 수 · 조작영역, 과학영역, 음률영역, 미술영역 등이다.

이 장에서는 누리과정 5개 흥미영역별 환경구성과 자유선택활동이 진행되는

가운데 유아들에게서 볼 수 있는 놀이 모습, 친구관계, 놀이 선호도 등을 관찰하고 평가할 수 있는 다양한 형태의 관찰기록 자료를 3-5세 연령별 누리과정(2012)과 누리과정 컨설팅장학 운영 매뉴얼(2013)에서 제시하는 평가 양식을 기초로 재구성하여 제시하고자 한다.

1) 쌓기영역

(1) 점검 사항

- 쌓기영역이 언어영역 등 조용한 공간과 분리되어 있는가?
- 소음을 줄이기 위한 매트 등이 바닥에 깔려 있는가?

(2) 활용 방법

- 활동적이면서 다소 넓은 공간을 확보한다.
- 조용한 영역과 떨어진 공간에 배치한다.
- 출입문 가까이나 사물함 근처 등 활발한 활동이 이루어지는 곳에 배치한다.
- 쌓기영역에 필요한 비품

① 쌓기 교구장

영아반은 2단, 유아반은 3단 교구장이 적합하다. 교구장을 'ㄱ'자 혹은 'ㅡ'자로 배치할 수 있다.

② 매트

영역 바닥에 매트를 깔아 두면 안락하면서도 소음을 줄일 수 있고 영역의 한계를 지어주므로 편리하다.

(3) 쌓기영역 환경구성의 관찰 및 평가

<table>
<tr><td>관 찰 자</td><td>○ ○ ○</td><td>관찰 일시</td><td>20 년 월 일 요일</td></tr>
<tr><td>관찰 기관</td><td>○○유치원</td><td>관찰 학급</td><td>○○반(만 세)</td></tr>
<tr><td colspan="4">쌓기영역 환경구성</td></tr>
<tr><td colspan="2"></td><td colspan="2"></td></tr>
</table>

<table>
<tr><td colspan="2" rowspan="2">관찰 내용</td><td colspan="2">관찰 내용</td></tr>
<tr><td>교재 · 교구 및 자료</td><td>사용 유아 수</td></tr>
<tr><td rowspan="17">블록
종류</td><td rowspan="5">끼우기</td><td>큰 레고 블록</td><td>5 명</td></tr>
<tr><td>트위스트 블록</td><td>명</td></tr>
<tr><td>차일드 블록</td><td>2 명</td></tr>
<tr><td>도형 블록</td><td>5 명</td></tr>
<tr><td>기타</td><td>명</td></tr>
<tr><td rowspan="7">쌓기</td><td>종이벽돌 블록</td><td>5 명</td></tr>
<tr><td>삼각형 종이벽돌 블록</td><td>4 명</td></tr>
<tr><td>카프라 블록</td><td>2 명</td></tr>
<tr><td>유니트 블록</td><td>5 명</td></tr>
<tr><td>공간 블록</td><td>4 명</td></tr>
<tr><td>스펀지 블록</td><td>1 명</td></tr>
<tr><td>기타</td><td>명</td></tr>
<tr><td rowspan="5">소품</td><td>꽃</td><td>명</td></tr>
<tr><td>사람 모형</td><td>3 명</td></tr>
<tr><td>자동차</td><td>2 명</td></tr>
<tr><td>동물 인형</td><td>3 명</td></tr>
<tr><td>기타</td><td>명</td></tr>
<tr><td rowspan="2">평가
내용</td><td>진열(제시)</td><td colspan="2">블록이 유아들이 사용하기 쉽게 전시되어 있고 정리가 용이하도록 사진과 이름이 교구장에 제시되어 있음</td></tr>
<tr><td>블록의
종류와
사용</td><td colspan="2">다양한 블록이 종류별, 크기별로 전시되어 있고 생활주제와 연계하여 유아들이 놀이를 구성해 나갈 수 있도록 적절하게 구성되어 배치됨. 또한 유아들이 놀이를 연계하여 확장해 갈 수 있도록 쌓기와 역할영역이 근접해 있음. 오늘 놀이에 참여한 유아는 다섯 명으로 놀이시간이 30분 이상 지속됨</td></tr>
</table>

Tip

다음의 사항을 확인하여 관찰, 평가한다.
- 블록을 사용한 유아는 몇 명인가?
- 블록과 놀잇감을 어떤 규칙으로 제시하고 있는가?
- 놀잇감 사용 시 발생하는 소음을 줄이기 위하여 어떤 방법을 사용하고 있는가?
* 영역에 제시되어 있는 블록의 종류, 소품 등을 종류별로 기록한다.

(4) 쌓기영역 놀이참여의 관찰 및 평가

쌓기영역은 자연스럽게 다른 유아와의 사회적 놀이가 이루어지기 쉬운 흥미영역으로 사회적 놀이의 수준을 관찰하고 평가하기에 적절하다. 유아의 사회적 놀이 참여과정의 범주별 정의는 〈표 6-1〉과 같다(이원영, 2006 재인용; 박찬옥 · 정남미 · 곽현주, 2011).

표 6-1 사회적 놀이의 참여과정 정의

사회적 놀이 참여과정	정 의
혼자 있기	다른 친구 놀이 지켜보기
또래 집단놀이에 관심 보이기	친구들이 놀이하는 영역 배회하기, 자기가 관찰한 유아의 놀이 모방하기
1-2명 친구에게 다가가기	병행놀이처럼 상호작용하거나 말없이 곁에 있기, 친한 친구 발견하기, 다른 친구들과 좀 더 가까워지려고 시도하기
1-2명 친구와 놀이하기	수동적으로 따르기, 1~2명의 친구에게 아이디어 제안하기
또래 집단놀이에 참여하기	참여하려는 강한 열망, 적극적으로 놀이하며 주도자 되기

쌓기영역에서 놀이하고 있는 유아를 관찰하여 사회적 놀이의 참여 과정과 놀잇감 사용에 대하여 기록해 보시오.

관 찰 자						관찰 일시											
관찰 기관						관찰 학급											(만 세)
유아명 / 관찰 횟수 / 놀이참여		1.				2.				3.				4.			
		1	2	3	4	1	2	3	4	1	2	3	4	1	2	3	4
사회적 놀이 참여 과정	혼자 있기																
	또래 집단놀이에 관심 보이기																
	1~2명 친구에게 다가가기																
	또래 집단놀이에 참여하기																
혼자 놀이																	
놀잇감 사용	한 가지 놀잇감 사용																
	여러 가지 놀잇감 사용																
	만든 후 역할놀이 하기																
평가 내용																	

Tip

다음의 사항을 확인하여 관찰, 평가한다.

- 구성물을 만든 후 전시하는가? 놀이 확장에 사용하는가?
- 놀이를 확장한다면 어떤 놀이로 확장하는가?

* 관찰은 유아 한 명씩 1회 10초 관찰과 10초 기록, 약 4명의 유아를 1회씩 관찰, 다시 첫 번째 유아부터 같은 방법으로 반복하여 총 4회까지 관찰하고 기록함
* 사회적 놀이의 참여과정과 놀잇감 사용에 대한 관찰은 쌓기놀이 영역 외에 다른 영역에서도 할 수 있음

2) 역할영역

(1) 점검 사항

- 시끄러운 영역인 쌓기 영역이 인접하여 배치되어 있는가?
- 역할영역이 언어영역 등 조용한 공간과 분리되어 있는가?
- 소음을 줄이기 위한 매트 등이 바닥에 깔려 있는가?

(2) 활용 방법

- 모든 연령의 영유아들이 선호하는 영역임을 염두에 두어야 한다.
- 교실이 충분히 넓지 않다면 역할영역과 쌓기영역을 통합하여 구성한다.
- 조용한 영역과 떨어진 공간에 배치한다.
- 역할영역에 필요한 비품

① 역할 교구장은 영아반은 2단, 유아반은 3단 교구장이 적합하다. 교구장을 'ㄱ'자 혹은 'ㅡ'자로 배치할 수 있다.

② 놀이집, 화장대, 싱크대 등을 활용하면 역할놀이가 활성화될 수 있다.

(3) 역할영역 환경구성의 관찰 및 평가

관 찰 자	○ ○ ○	관찰 일시	20 년 월 일 요일
관찰 기관	○○유치원	관찰 학급	○○반(만 세)
역할영역 환경구성			

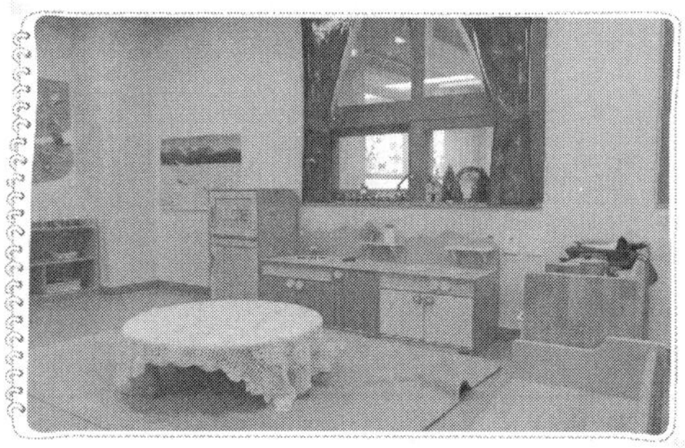

관찰 내용	관찰 내용			관찰 내용	관찰 내용		
	자료	유무	성역할 고정성		자료	유무	성역할 고정성
가정 용품	침대	○	×	병원 용품	침대	×	×
	탁자와 의자	○	×		가위	○	×
	옷장	○	×		의사 옷	○	×
	싱크대	○	×		주사기	○	×
	컵	○	×		약통	○	×
	그릇	○	×		병원놀이 세트	○	×
	전기포트	×	×		수술모자	○	×
	피자모형	○	×		처방전	○	×
	아이스크림	×	×		가방	○	×
	음식 모형	○	×	식당 용품	햄버거 세트	○	×
	과일 모형	○	×		뒤집개	○	×
	접시	○	×		포크	○	×
	냄비	○	×		칼	○	×
	프라이팬	○	×		음식 모형	○	×
	토스트기	○	×		요리사 모자	○	×
	커피포트	×	×		앞치마	○	×
	수저통	○	×		도마, 칼	○	×
	장신구	○	×		카트	○	×
	화장품류	○	×	직업 용품	소방관옷	×	×
	신발	○	×		경찰옷	×	×
	인형	○	×		군인 모자	×	×
	가방	○	△		의사 옷	○	×
	모자	○	×		간호사 옷	○	△
	화장대	○	×		직업 소품	○	×
평가 내용	역할영역에 있어야 할 기본적인 놀잇감(소꿉놀이 세트, 인형류 등) 외에도 다양한 의상과 소품이 생활주제와 관련하여 역할놀이를 할 수 있게 준비되어 있으며 영역이 쌓기영역과 이웃하게 배치되어 있어 놀이 연계, 확장이 가능함						

Tip

다음의 사항을 확인하여 관찰, 평가한다.

- 역할놀이 영역이 다른 영역과 연계하여 놀이를 확장할 수 있도록 배치되어 있는가?
- 일상생활에서 일어나는 상황을 극화할 수 있도록 다양한 놀잇감이 구비되어 있는가?
- 생활주제와 관련한 교재 · 교구 및 소품이 제시되어 있는가?

(4) 역할영역 놀이참여의 관찰 및 평가

역할영역은 유아의 상징놀이 발달을 관찰하고 평가하기에 적절한 영역으로 상징놀이의 단계별 특징 및 행동 사례는 〈표 6-2〉와 같다.

표 6-2 상징놀이의 단계별 특징 및 행동 사례

단 계	놀이의 특징	행동 사례
전 상징기	가상 행동에 참여하는 것 같지만 뚜렷한 증거가 없다.	전화기를 잠시 귀에 댄다.
자기 상징기	가상 행동에 참여하는 것이 분명해지며 주로 자신의 신체나 일상 행동을 가상한다.	빈 컵을 들고 마시는 흉내를 낸다.
타인 상징기	가상 행동을 다른 대상에게 적용하거나 다른 사람의 행동을 모방하여 가상한다.	인형을 안고 젖먹이는 흉내를 낸다.
대체기	사물을 실제와는 다른 방식으로 가상 행동에 사용한다.	점토를 빚어 햄버거라고 한다.
가상적 대행기	어떤 사물이나 사람, 동물이 실제로 있는 것처럼 가상한다.	오토바이를 탄 것처럼 소리를 내며 돌아다닌다.
적극적 대행기	놀잇감이 적극적인 주체가 된다.	인형이 직접 말하는 것처럼 한다.
복합적 상징기	한 상징 행동을 여러 대상에게 적용하거나 한 대상에게 여러 상징 행동을 적용한다.	인형에게 뽀뽀하고 침대에 눕힌 후 재운다.
계획적 상징기	상징놀이가 사전에 계획된다.	보물섬 놀이를 제안, 지도와 보물을 가지고 역할을 분담한다.

*자료 : Gowen(1995), Rogers & Sawyers(1988), 박찬옥 · 정남미 · 곽현주(2011). The early development of symbolic play. 인용.

연습 1. 역할영역에서 놀이하고 있는 유아를 관찰하여 어떤 유형의 놀이를 하고 있는지 관찰 내용을 기록해 보시오.

관 찰 자				관찰 일시				
관찰 기관				관찰 학급				(만 세)
시간 \ 놀이주제	소꿉 놀이	병원 놀이	여행 놀이	가게 놀이	인형 놀이	지켜 보기	혼자 놀이	기타
09:30	명	명	명	명	명	명	명	명
09:40	명	명	명	명	명	명	명	명
09:50	명	명	명	명	명	명	명	명
10:00	명	명	명	명	명	명	명	명
10:10	명	명	명	명	명	명	명	명
10:20	명	명	명	명	명	명	명	명
10:30	명	명	명	명	명	명	명	명
계	명	명	명	명	명	명	명	명
상호작용 사례	* 소꿉놀이 : * 가게놀이 :							
역할 선정 방법								
평가 내용								

Tip

다음의 사항을 확인하여 관찰, 평가한다.

– 시간대별로 같은 놀이에 몇 명의 유아가 참여하는가?

– 역할은 어떻게 정해지고 있는가?

* 역할 선정의 방법과 상호작용의 사례를 에피소드 중심으로 그대로 기록한다.

연습 2. 역할영역에서 상징놀이를 하고 있는 유아를 관찰하여 기록하시오.

관 찰 자					관찰 일시											
관찰 기관					관찰 학급											(만 세)
유아명	1.				2.				3.				4.			
놀이참여 \ 관찰횟수	1	2	3	4	1	2	3	4	1	2	3	4	1	2	3	4
전 상징기																
자기 상징기																
타인 상징기																
대체기																
가상적 대행기																
적극적 대행기																
복합적 상징기																
계획적 상징기																
평가 내용																

Tip

다음의 사항을 확인하고, 유아의 상징놀이 단계를 관찰, 평가한다.

- 1~4번 각 유아를 20초 관찰하고 10초 기록한다.
- 같은 방법으로 각 유아를 4회 반복하여 관찰하고 기록한다.

3) 수 · 조작영역

(1) 점검 사항

- 유아의 발달수준과 흥미에 적합한 놀잇감을 선정하였는가?
- 놀잇감은 유아의 눈높이에 맞게 혼란스럽지 않게 적당량을 진열하였는가?
- 놀잇감은 일정기간이 지나면 교체하고 유아 능력, 시기, 계절 등을 고려해 적절한 놀잇감 종류를 선별해서 제공하는가?

- 놀잇감은 플라스틱 바구니나 상자에 담아서 진열하는가?
- 조작놀이에 집중하도록 다른 놀이영역과 분리 · 배치하고, 편안한 좌석과 적절한 조명을 마련하였는가?
- 조각들이 섞여 있어도 분류가 쉽게 뒷면에 같은 색칠을 하거나 일정 표시를 하였는가?

(2) 활용 방법

- 개인차가 있지만 10~20조각 정도의 퍼즐이 적절하며, 도형 퍼즐, 숫자 퍼즐 등 특정 개념을 학습시킬 수 있는 퍼즐도 제공한다.
- 다양한 짝 맞추기가 가능한 놀잇감을 준비한다.
- 옮기는 활동 시 도구의 다양화를 통해 난이도를 높이거나 분류활동으로 확대시킨다.
- 끈 끼우기 이외에 바느질이 가능하도록 플라스틱 바늘과 실, 부직포 등을 제공한다.
- 다양한 게임 자료를 비치한다.
- 놀잇감의 사용법, 활동 순서를 제시한 활동카드를 준비해 준다.

(3) 수 · 조작영역 환경구성의 관찰 및 평가

관 찰 자	○ ○ ○	관찰 일시	20 년 월 일 요일
관찰 기관	○○유치원	관찰 학급	○○반(만 세)
수 · 조작영역 환경구성			

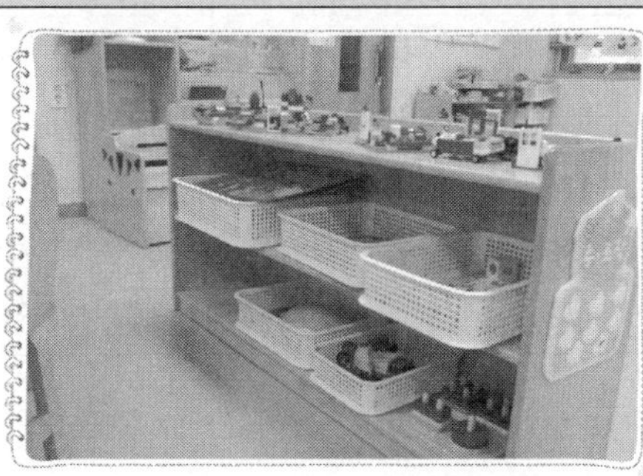

교재 · 교구 유형 \ 자료명			교재 · 교구 및 자료	비 고
수	패턴		동물 패턴	
	칠교		없음	
	수세기 교구		동물 5종 1~5 수세기	
	게임 교구		동물 집 찾아주기, 동물 먹이 나눠 주기	
	측정		없음	
	분류		초식, 육식 동물 분류하기	
조작	퍼즐	나무 퍼즐	동물원 꾸미기	
		종이 퍼즐	숲 속 동물나라	
		입체 퍼즐	집에서 기를 수 있는 동물 20종	
		헝겊 퍼즐	없음	
		기타		
	끼우기	단추 끼우기	몬테소리 교구	
		실꿰기(바느질)	동물 모양 바느질	
		지퍼 올리기	몬테소리 교구	
		젓가락질	몬테소리(일상생활) 교구	
		기타		
	구성하기	작은 레고	동물원 만들기	
		아트 스쿨	미미 아트 스쿨	
		파이프 블록	파이프 블록	
		모양 블록	동그라미, 세모, 네모 블록	
		기타		
책상, 의자			타원형 1세트 있음	
낮은 책상			낮은 원형 책상 있음	
카펫			미니 카펫(러그) 있음	
기타				
평가 내용	수영역에는 수학적 탐구를 할 수 있는 수세기, 분류와 관련된 교재, 교구가 구비되어 있음. 조작영역에는 생활주제와 관련된 퍼즐, 끼우기와 구성하기 놀잇감이 구비되어 있음. 생활주제와는 크게 관련 없지만 유아들에게 필요한 일상생활과 관련된 단추 끼우기, 지퍼 올리기와 같은 교재, 교구도 비치됨			

Tip

다음의 사항을 확인하고, 유아의 상징놀이 단계를 관찰, 평가한다.
- 수학적 탐구가 가능한 다양한 교재, 교구가 비치되었는가?
- 높고 낮은 책상과 의자, 카펫 등이 다양하게 제시되어 있는가?
- 생활주제와 관련하여 다양한 조작 교재와 교구가 골고루 비치되어 있는가?

(4) 수 · 조작영역 놀이참여의 관찰 및 평가

수 · 조작영역에서 놀이하고 있는 유아가 어떤 유형의 놀이를 하고 있는지 관찰하여 기록해 보시오.

관 찰 자				관찰 일시				
관찰 기관				관찰 학급				(만 세)
활동명 / 시간	퍼즐	수세기 교구	게임 교구	측정	분류	끼우기	구성 하기	기타
09:30	명	명	명	명	명	명	명	명
09:40	명	명	명	명	명	명	명	명
09:50	명	명	명	명	명	명	명	명
10:00	명	명	명	명	명	명	명	명
10:10	명	명	명	명	명	명	명	명
10:20	명	명	명	명	명	명	명	명
10:30	명	명	명	명	명	명	명	명
계	명	명	명	명	명	명	명	명
상호작용 사례								
평가 내용								

Tip

다음의 사항을 확인하여 관찰, 평가한다.
- 시간대별로 같은 놀이에 몇 명의 유아가 참여하는가?
- 유아와 교구, 유아와 유아, 유아와 교사의 상호작용은 어떠한가?
* 상호작용 사례를 에피소드 중심으로 그대로 기록한다.

4) 언어영역

(1) 점검 사항

- 언어영역이 교실의 가장 조용하고 밝은 곳(창가)에 위치하고 있는가?
- 그림책 이외에 언어발달을 위한 듣기, 말하기, 읽기, 쓰기 활동자료가 골고루 비치되어 있는가?
- 언어영역이 조용한 곳에 배치되어 있기는 하나 어둡다면 인공조명 등으로 보완해 주고 있는가?
- 4~5세 유아의 경우 쓰기를 할 수 있도록 책상이 마련되어 있는가?

(2) 활용 방법

- 가장 조용하고 밝은 곳(출입구, 화장실, 피아노 혹은 세면대와 떨어진 곳)에 배치한다. 별도의 휴식공간을 마련하기 어렵다면 언어영역에 휴식공간을 겸하는 것도 방법이다.
- 언어영역 겸 휴식공간에 필요한 비품

① 영유아용 책꽂이

낱권으로 책표지가 보이도록 꽂을 수 있는 영유아용 책꽂이 1개, 영아반의 경우에는 헝겊이나 펠트지, 투명비닐 등을 이용하여 벽면에 걸 수 있는 벽걸이용 책꽂이를 만들어 낱권으로 꽂아 줄 수도 있다. 이것이 없다면 일반 교구장에 책표지가 보이도록 올려놓을 수도 있다.

② 언어교구장

2세반 이상은 언어활동을 위한 낱말카드나 손 인형 등 다양한 활동자료를 비치할 교구장 1개 정도가 필요하다. 손 인형류는 벽면에 찍찍이를 이용하여 붙여 둘 수도 있다.

③ 영유아용 책상

쓰기나 듣기자료를 올려놓고 활동할 수 있도록 낮은 책상을 1개 비치한다. 둥근 반달형 혹은 작은 개인용 책상이면 더 유용하다.

④ 면 카펫이나 매트, 등받이 쿠션이나 소파

편안하게 기대어 책을 보거나 쉴 수 있도록 깔개 또는 매트, 쿠션, 방석, 소파 등을 배치한다. 아늑한 공간을 연출하려면 천정에 레이스 커튼을 드리워도 된다. 단, 방염천이 아닐 경우 소방법상 안전에 문제가 될 수 있다. 쿠션도 너무 푹신할 경우 영아가 잠들거나 할 때 안전상의 우려가 있다.

(3) 언어영역 환경구성의 관찰 및 평가

관 찰 자	○ ○ ○	관찰 일시	20 년 월 일 요일
관찰 기관	○○유치원	관찰 학급	○○반(만 세)
언어영역 환경구성			

자료 및 소품의 종류			유 · 무	비고(수량)
말하기	융판과 융판 자료		○	1세트
	자석판과 자석 자료		○	1세트
	인형류		○	10개 이상
	마이크		○	1
	막대 자료		○	
	그림자 자료		○	
	테이블 자료		○	
	손 인형		○	5개 이상
	녹음한 동화 또는 동시, 이야기		×	
	디오라마 세트		×	
듣기	책상, 의자, 깔개 등		○	책상 1세트, 의자 6
	카세트 또는 CD 플레이어		○	
	녹음테이프, CD, 공 테이프 등		○	1세트
	헤드셋		○	1
	녹음한 동화 또는 동시		×	
쓰기	필기도구(연필, 사인펜, 지우개 등)		○	
	그리기 도구(색연필, 크레파스 등)		○	
	자르기 도구(가위 등)		○	
	붙이기 도구(풀, 무독이 본드 등)		○	
	각종 크기, 색깔, 재질의 종이류		○	
	미니 칠판, 보드 펜		○	
읽기	도서	창작동화	○	10권 이상
		전래동화	○	10권 이상
		정보동화	○	10권 이상
		기타	○	
	동시(집)		○	게시 자료
	동요(판)		○	게시 자료
	기타		○	

자료	단어카드, 단어장, 그림카드 등	○	
	융판 또는 한글 자음, 모음 자료	○	
	자음, 모음 써보기 카드	×	
	이름 카드	○	
	그림, 사진, 삽화, 잡지 등	○	
	학습지	○	
	암호 글자놀이	×	
기타			
평가 내용	생활주제와 관련하여 언어 교재, 교구들이 비치되어 있어 유아들이 다양하게 선택하여 활동할 수 있음. 말하기, 듣기, 쓰기, 읽기의 각 활동에 적절한 놀잇감이 비치되어 있으며 활동의 성격에 따라 책상, 의자, 카페트 등 필요한 설비가 갖추어져 있음		

Tip

다음의 사항을 확인하여 관찰, 평가한다.

- 말하기, 듣기, 쓰기, 읽기 활동이 생활주제와 관련하여 제시되어 있는가?
- 생활주제와 관련하여 다양한 놀잇감(동화, 인형류, 교재 · 교구 등)이 제공되고 있는가?
- 언어영역의 특성을 고려한 환경구성이며 영역 배치가 적절한가?

(4) 언어영역 놀이참여의 관찰 및 평가

연습 1. 언어영역에서 책읽기를 하고 있는 유아를 관찰하여 기록해 보시오.

관 찰 자			관찰 일시	
관찰 기관			관찰 학급	(만 세)
도 서	제목		저자	
	그림		출판사	
도서 선정	유아		교사	

읽기 행동	
평가 내용	

Tip

다음의 사항을 확인하여 관찰, 평가한다.

- 도서 선정, 선택을 누가(유아 또는 교사) 하는가?
- 유아가 읽기활동을 어떻게 혹은 누구와 하는가?
- 교사가 유아들과 도서 읽기활동을 하는가?

* 읽기활동을 관찰하고 사례 중심으로 도서명, 저자, 에피소드 등을 자세히 기록한다.

연습 2. 언어영역에서 놀이하는 유아를 관찰하여 놀이 유형과 상황, 상호작용 등을 사례 중심으로 기록해 보시오.

관 찰 자			관찰 일시			
관찰 기관			관찰 학급			(만 세)
활동명 / 시간	말하기	듣기	쓰기	읽기	교구놀이	기타
09:30	명	명	명	명	명	명
09:40	명	명	명	명	명	명
09:50	명	명	명	명	명	명
10:00	명	명	명	명	명	명
10:10	명	명	명	명	명	명
10:20	명	명	명	명	명	명
10:30	명	명	명	명	명	명
계	명	명	명	명	명	명

상호작용 사례	
평가 내용	

Tip

다음의 사항을 확인하여 관찰, 평가한다.
- 시간대별로 같은 놀이에 몇 명의 유아가 참여하는가?
- 유아와 교구, 유아와 유아, 유아와 교사의 상호작용은 어떠한가?
* 상호작용 사례를 에피소드 중심으로 그대로 기록한다.

5) 미술영역

(1) 점검 사항

- 미술영역이 물을 사용하기 편한 위치에 있는가?
- 미술활동을 할 수 있도록 책상이 비치되어 있는가?
- 창의적인 미술활동이 이루어지도록 다양한 재료들이 구비되어 있는가?
- 영유아의 미술활동 작품을 전시할 공간이 마련되어 있는가?
- 미술작품이나 환경판 등이 영유아의 눈높이에 맞게 전시되어 있는가?
- 영아반의 경우 긁적거리기를 할 수 있도록 배려되고 있는가?

(2) 활용 방법

- 활동적이면서도 물이 필요한 영역이므로 교실 내 화장실이나 세면대 혹은 출입구 가까운 곳에 배치한다.
- 교실이 협소하여 별도의 미술영역을 구성하기 어렵다면, 사물함 앞쪽에 책상을 배치하고 개인 사물함에 기본 미술재료(스케치북, 크레파스, 기타 재료 등)를 넣어

두고 사용할 수도 있다.

- 미술영역에는 교구장 1~2개와 책상을 배치하고 책상 윗면을 두꺼운 비닐로 덮어 주면 관리가 쉽다.
- 연령별로 미술영역을 달리 구성할 수 있다.

① 0세

벽면에 전지를 붙여 두고 무독성 크레용을 끈에 달아 고정시켜 준다. 교사는 영아를 안고 손을 함께 잡아 주면서 긁적거리기를 할 수 있다.

② 1세

벽면 혹은 유아용 이젤(플라스틱 소재) 등에 전지 혹은 스케치북 등을 붙여두고 무독성 크레파스나 굵고 짧은 색연필을 끈에 달아 고정시켜 준다. 크레파스나 색연필 등을 교구장에 그대로 배치할 경우에는 여기저기에 낙서를 할 가능성이 크므로 영아 수에 맞춰 끈으로 고정시켜 놓는 것도 한 방법이다. 1세 후반부터는 안전 가위를 사용할 수도 있으므로 색지나 색종이 등 다양한 종이류와 안전 가위, 풀 등을 배치한다.

③ 2세 이상

미술활동을 좋아하는 시기이므로 미술영역을 활성화시켜 준다. 2세 반도 벽면에 전지를 붙여 주어 긁적거리기를 자유롭게 할 수 있도록 해 주면 좋다.

- 창의적인 미술활동이 이루어질 수 있도록 각종 종이류(이면지, 색지조각, 도화지, 한지, 색종이 등), 재활용품(우유팩, 요구르트통, 요플레통 등), 잡지책, 테이프, 모루 조각, 수수깡, (안전)가위, 색연필 등을 바구니 별로 담아 비치하고 이름을 명시해 둔다.
- 미술영역 가까이에 영유아의 작품을 전시할 공간을 마련해 준다. 미술영역 근처나 한쪽 벽면에 줄을 매달고 빨래집게에 영유아 작품을 수시로 걸어 둔다. 이때 다양한 재료로 표현한 것을 더 창의적인 것으로 평가한다. 환경판이 있다면 환경 판을 영유아 작품란으로 활용할 수 있다. 단, 환경 판의 위치는 환경판 아랫면이 교구장 윗면에 바로 닿을 정도로 내려 준다.
- 환경판을 비롯한 모든 게시물의 높이는 아이들의 눈높이에 맞춰 내려 달아야

한다. 영유아의 안전을 고려하여 분할핀, 압정 대신 스카치테이프나 자석, 집게 등을 사용하는 것이 바람직하다.

(3) 미술영역 환경구성의 관찰 및 평가

관 찰 자	○ ○ ○	관찰 일시	20 년 월 일 요일
관찰 기관	○○유치원	관찰 학급	○○반(만 세)
미술영역 환경구성			

자료 및 도구	종류	유 · 무	평가
종이류	도화지	○	-다양한 종류의 종이류가 비치되어 있고 사용이 용이함
	색상지	○	
	색종이	○	
	이면지	○	
	기타(골판지, 시트지, 한지 등)	○	
그리기 도구	크레파스	○	-충분한 그리기 도구가 있어서 유아들이 여러 가지 도구를 사용하여 미술활동을 할 수 있음
	색연필	○	
	연필	○	
	사인펜	○	
	매직	○	
	네임펜	○	
	물감, 붓, 파렛트	○	
	파스넷	×	
	기타		

<table>
<tr><td rowspan="4">도구류</td><td>자르는 도구(가위, 칼 등)</td><td>○</td><td rowspan="4">– 위험할 수 있는 도구는 교사가 보관, 필요 시 사용함</td></tr>
<tr><td>붙이는 도구(풀, 테이프 등)</td><td>○</td></tr>
<tr><td>뚫는 도구(펀치, 송곳 등)</td><td>○</td></tr>
<tr><td>기타</td><td></td></tr>
<tr><td rowspan="4">점토</td><td>색 점토</td><td>○</td><td rowspan="4">– 점토와 함께 찍기, 오리기와 자르기 도구 등이 비치됨</td></tr>
<tr><td>유점토</td><td>○</td></tr>
<tr><td>찰흙 또는 지점토</td><td>×</td></tr>
<tr><td>기타</td><td></td></tr>
<tr><td rowspan="9">꾸미기 재료</td><td>눈알</td><td>○</td><td rowspan="9">– 꾸미기 재료가 다양하게 준비되어 있어 선택 가능함</td></tr>
<tr><td>스팡클</td><td>○</td></tr>
<tr><td>뿅뿅이</td><td>○</td></tr>
<tr><td>색구슬</td><td>○</td></tr>
<tr><td>빵끈</td><td>○</td></tr>
<tr><td>모루</td><td>○</td></tr>
<tr><td>스티로폼</td><td>○</td></tr>
<tr><td>스티커</td><td>○</td></tr>
<tr><td>기타</td><td></td></tr>
<tr><td rowspan="7">재활용품</td><td>우유 상자</td><td>○</td><td rowspan="7">– 여러 가지 재활용 재료가 준비되어 있어 필요한 것을 꺼내어 쓸 수 있음</td></tr>
<tr><td>요구르트 병</td><td>○</td></tr>
<tr><td>신문지</td><td>○</td></tr>
<tr><td>뚜껑류</td><td>○</td></tr>
<tr><td>플라스틱 용기류</td><td>○</td></tr>
<tr><td>종이 상자류</td><td>○</td></tr>
<tr><td>기타</td><td></td></tr>
<tr><td rowspan="4">정리 도구</td><td>빗자루, 쓰레받기</td><td>○</td><td rowspan="4">– 정리, 정돈 시 사용할 수 있도록 비치되어 있음</td></tr>
<tr><td>손걸레, 스펀지</td><td>○</td></tr>
<tr><td>쓰레기통</td><td>○</td></tr>
<tr><td>기타</td><td></td></tr>
</table>

Tip

다음의 사항을 확인하여 관찰, 평가한다.
- 그리기, 오리기, 붙이기, 구성하기와 관련된 재료가 충분히 제시되었는가?
- 미술영역이 물 사용이 용이한 곳에 위치하고 있는가?
- 미술활동에 필요한 재료가 연령, 수준, 생활주제 등을 고려하여 준비되었는가?
- 다양한 교재, 교구, 재료들이 유아들의 안전을 고려하여 준비되어 있는가?
- 위험성이 있는 미술도구(가위, 칼, 송곳, 펀치 등)는 어떻게 제공되고 있는가?

* 자료: 김희진 · 박은혜 · 이지현(2012). 유아교육기관에서의 관찰. 양식 인용.

(4) 미술영역 놀이참여의 관찰 및 평가

미술영역에서 유아들이 어떤 유형의 놀이를 하는지 관찰하고 사용하고 있는 재료, 방법, 상호작용 등을 사례 중심으로 기록하시오.

관 찰 자				관찰 일시			
관찰 기관				관찰 학급			(만 세)
활동명 / 유아명	그리기	만들기	꾸미기	종이접기	점토놀이	물감놀이	기타
①							
②							
③							
④							
⑤							
상호작용 사례							

Tip

다음의 사항을 확인하여 관찰, 평가한다.
- 미술영역에서 유아들이 어떤 유형의 놀이를 하는가?
- 유아와 교구, 유아와 유아, 유아와 교사의 상호작용은 어떠한가?
* 상호작용 사례를 에피소드 중심으로 그대로 기록한다.

6) 과학영역

(1) 점검 사항

- 과학영역이 조용한 공간에 배치되어 있는가?
- 과학영역은 조용하면서도 물을 사용하기 편리한 공간에 배치되어 있는가?

(2) 활용 방법

- 넓은 교실의 경우 수·조작, 과학영역을 각각 별도로 구성해도 되며 영아반의 경우에는 과학영역으로 통합하는 것이 바람직하다.
- 과학영역은 조용하면서도 물이 필요한 영역이므로 미술영역 가까이 혹은 세면대나 화장실 가까이에 배치한다. 다만, 식물 키우기 등이 이루어질 수 있으므로 햇빛이 잘 드는 곳에 배치한다.
- 과학영역에는 식물 키우기, 실험영역 등을 마련한다.

(3) 과학영역 환경구성의 관찰 및 평가

관 찰 자	○ ○ ○	관찰 일시	20 년 월 일 요일
관찰 기관	○○유치원	관찰 학급	○○반(만 세)

과학영역 환경구성

자료 및 도구 유형			자료 유·무	참여 유아 수
관찰 자료	동물류	식용달팽이	○	동물관찰 2 식물 물주기 1 먹이주기 1
	식물류	감자, 고구마	○	
	곤충류	장수풍뎅이	○	
	어류	새우, 열대어	○	
	기계, 도구류	망원경	○	
	채집물	나무 열매	○	
실험 도구	측정도구	자(줄자)	×	
		양팔 저울	○	
		저울	○	
		컵	○	
	관찰도구	현미경	×	돋보기 1 프리즘 1
		돋보기	○	
		프리즘	○	
	분해도구	나사	○	드라이버 1
		못	×	
		드라이버	○	
		망치	×	
	자석류	말굽 자석	×	자석놀이 2
		둥근 자석	×	
		막대 자석	○	
		자석 교구	○	
		철가루	○	

<table>
<tr><td rowspan="4">자료</td><td>그림 자료</td><td>○</td><td rowspan="4">책보기 1</td></tr>
<tr><td>사진 자료</td><td>×</td></tr>
<tr><td>과학 도서</td><td>○</td></tr>
<tr><td>기타</td><td></td></tr>
<tr><td rowspan="2">일지</td><td>관찰 일지</td><td>○</td><td rowspan="2">관찰일지 2</td></tr>
<tr><td>실험 일지</td><td>×</td></tr>
<tr><td>평가 내용</td><td colspan="3">과학적 탐구가 가능한 다양한 관찰, 탐색활동 교재와 교구들이 구비되어 있음. 활동에 참여한 유아 대부분이 남아이며 돋보기로 동, 식물 관찰하기, 먹이주기 등에 관심을 보임. 활동 후 관찰 일지를 기록하는 유아가 있었고 과학 관련 도서를 뒤적이는 유아도 보임</td></tr>
</table>

Tip

다음의 사항을 확인하여 관찰, 평가한다.
- 관찰, 탐색, 실험 등의 과학적 탐구가 가능한 교재 · 교구 및 자료가 제시되어 있는가?
- 생활주제와 관련된 활동과 자료가 제공되는가?

(4) 과학영역 놀이참여의 관찰 및 평가

과학영역에서 활동하는 유아를 관찰하여 어떤 놀이를 하는지 관찰하고 반응이나 놀이상황을 기록하시오.

<table>
<tr><td>관 찰 자</td><td colspan="2"></td><td colspan="2">관찰 일시</td><td colspan="2"></td></tr>
<tr><td>관찰 기관</td><td colspan="2"></td><td colspan="2">관찰 학급</td><td colspan="2">(만 세)</td></tr>
<tr><td>놀이유형
유아명</td><td>관찰하기</td><td>실험도구 탐색하기</td><td>실험하기</td><td>동물 먹이주기</td><td>관찰(실험) 일지 기록</td><td>기타</td></tr>
<tr><td>①</td><td></td><td></td><td></td><td></td><td></td><td></td></tr>
<tr><td>②</td><td></td><td></td><td></td><td></td><td></td><td></td></tr>
<tr><td>③</td><td></td><td></td><td></td><td></td><td></td><td></td></tr>
<tr><td>④</td><td></td><td></td><td></td><td></td><td></td><td></td></tr>
<tr><td>⑤</td><td></td><td></td><td></td><td></td><td></td><td></td></tr>
<tr><td>상호작용 사례</td><td colspan="6"></td></tr>
</table>

Tip

다음의 사항을 확인하여 관찰, 평가한다.
- 과학영역에서 유아들이 어떤 유형의 놀이를 하는가?
- 유아와 교구, 유아와 유아, 유아와 교사의 상호작용은 어떠한가?
* 상호작용 사례를 에피소드 중심으로 그대로 기록한다.

7) 음률영역

(1) 점검 사항

- 음률영역이 언어영역 등 조용한 공간과 분리되어 있는가?
- 음률영역이 피아노와 분리되어 구성되어 있지 않은가?

(2) 활용 방법

- 음률영역은 조용한 영역과 구분하여 소음이 있는 영역에 마련한다. 피아노 혹은 역할 및 쌓기영역 가까이에 배치한다.
- 음률영역에 교구장, 책상을 이용하여 다양한 음률활동 자료를 비치한다.
- 교실 내에서 활동하는데 있어 다른 영역활동에 방해가 되는 경우라면 실내에 음률영역에서 추가적으로 실외놀이 공간에 음률영역을 마련하여 활동할 수 있다.

(3) 음률영역 환경구성의 관찰 및 평가

관 찰 자	○ ○ ○	관찰 일시	20 년 월 일 요일
관찰 기관	○○유치원	관찰 학급	○○반(만 세)
음률영역 환경구성			

자료, 소품 \ 구비 유무		교재·교구 종류	유·무	교재·교구 종류	유·무
악기	리듬악기	우드블록	○	장구	○
		마라카스	○	징	○
		방울	○	꽹과리	×
		탬버린	○	큰북	×
		소고	○	작은북	×
		트라이앵글	○	핸드벨	○
		캐스터네츠	○	차임벨	×
		미니 북	○	손목 방울	○
		리듬막대	○		
		기로	○		
	건반악기	멜로디언	○	키보드	○
		피아노	○		
	기타				

자료 및 소품	음향기기	카세트, CD플레이어	○		○
	그림, 사진, 도서	악기 그림	○	사진	○
		도서(동화책)	○		
	소품	스카프	○	리본막대	○
		고무 밴드			
	악보(가사판)	노래 가사판	○	율동동작표	○
	기타 자료				
평가 내용	생활주제와 관련하여 음률활동을 위한 다양한 악기류, 소품 등이 구비되어 있음. 유아들 수준과 관심을 고려하여 리듬악기, 건반악기, 전통악기 등이 종류별로 다양하게 준비되어져 있으며 연주, 동작활동을 고려하여 소음이 허용되는 공간에 영역이 구성되어 있음				

Tip

다음의 사항을 확인하여 관찰, 평가한다.
- 음률활동에 필요한 다양한 악기와 자료, 소품 등이 제시되어 있는가?
- 생활주제와 관련하여 음률활동 관련 사진, 그림, 악보 등이 게시되어 있는가?
- 동작, 움직임을 표현할 수 있는 자료와 공간이 마련되어 있는가?

(4) 음률영역 놀이참여의 관찰 및 평가

음률영역에서 놀이 하고 있는 유아가 어떤 놀이를 하는지 놀이 상황을 관찰하고 평가, 기록하시오.

관 찰 자				관찰 일시				
관찰 기관				관찰 학급		(만 세)		
활동명 / 시간	악기 탐색	악기 연주	율동 하기	소품 탐색	노래 부르기	노래 듣기	관찰 하기	기타
09:30	명	명	명	명	명	명	명	명
09:40	명	명	명	명	명	명	명	명
09:50	명	명	명	명	명	명	명	명
10:00	명	명	명	명	명	명	명	명
10:10	명	명	명	명	명	명	명	명
10:20	명	명	명	명	명	명	명	명

10:30	명	명	명	명	명	명	명	명
계	명	명	명	명	명	명	명	명
상호작용 사례								

Tip

다음의 사항을 확인하여 관찰, 평가한다.
- 시간대별로 같은 놀이에 몇 명의 유아가 참여하는가?
- 유아와 교구, 유아와 유아, 유아와 교사의 상호작용은 어떠한가?
* 상호작용 사례를 에피소드 중심으로 그대로 기록한다.

3. 대 · 소집단 활동 관찰 및 평가

유아교육기관에서의 대 · 소집단 활동으로는 이야기 나누기, 동화감상, 동시활동, 동극활동, 음악활동, 대 · 소그룹 게임, 미술활동, 과학활동 등이 있다.

이 장에서는 각 활동의 특성과 지도상의 유의점을 살펴보고 관찰 및 평가 기록의 예를 제시하고자 하며, 제시되는 관찰 및 평가 기록 양식은 교육인적자원부(2001)에서 제시한 양식을 기초로 수정 · 보완한 것이다.

1) 이야기 나누기

(1) 이야기 나누기 활동의 의미

유아교육기관의 독특한 교수활동 중 하나(홍용희 외, 1997; Brown, 1993; Hong, 1995)이며, 여러 교수활동 가운데 교사와 유아의 언어적 상호작용을 가장 많이 교환할 수 있는 시간으로 유아의 언어발달 및 인지발달 등 유아의 전인적인 성장을 도와주는 활동이다. 또한 이야기 나누기는 교사의 집단 운영과 집단 역동성을 다룰 수 있는 능력과 교사와 유아의 상호작용 주제를 전개해 나가기 위해 교사가 사용하는 교수전략 등을 일상적으로 가장 잘 확인할 수 있는 시간이다.

(2) 이야기 나누기 활동의 운영

① 이야기 나누기는 유아 중심적으로 진행되어야 하며(양세열 · 정영희, 2004), 교사가 일방적으로 가르쳐 주고 지시하는 시간이 아니라 유아가 자신의 경험을 이야기하고 의견을 제시하며 결과를 함께 생각해 보는 시간으로 유아 주도적인 학습이 일어나도록 해야 한다.

② 이야기 나누기에서의 유아주도적인 학습은 유아의 사고를 발달시키고 지식을 다양하게 습득하도록 도울 수 있으며 언어발달을 자극하고 교사가 유아의 감정과 요구를 확인할 수 있다.

③ 이야기 나누기의 주제는 교사가 제안할 수도 있고 유아가 제안할 수도 있으며 만일 예상하지 않았던 상황이 발생했을 때는 그와 관련된 주제를 선정할 수도 있다. 의사결정을 해야 하는 경우에는 서로의 의견을 존중하고 갈등을 이해하며 상대방의 입장이 되어 생각해 보며, 한 사람의 의견이라도 무시하지 않고 존중하며 조정할 수 있도록 지도한다.

④ 교사는 자유롭게 이야기할 수 있는 수용적인 분위기를 만들어 주어 유아가 다양한 질문과 의견을 제시하도록 격려한다.

⑤ 교사는 유아의 근접발달지역을 파악하여 정보를 묻는 질문, 정보 찾는 방법에 대한 질문, 정보 비교하는 질문, 정보 확인해 보는 질문, 정보 기억하도록 하는 질문 등 다양한 관점으로 수렴적, 확산적 질문을 적절히 활용하여 유아가 다양하게 사고하고, 이야기하도록 비계를 설정하여 도와야 한다.

⑥ 이야기 나누기를 위한 모임 형태는 교사가 모든 유아와 눈을 마주칠 수 있고, 교사가 제시하는 교구나 교재를 잘 볼 수 있도록 모이는 장소와 유아의 수, 활동의 내용을 고려하여 유아들이 자유롭게 앉도록 하되, 반원형, 원형, 두 줄 반원형, 자유로운 대형 등으로 앉게 한다.

⑦ 이야기 나누기의 효과적인 운영을 위해 주제의 특성에 따라 소집단 또는

대집단으로 집단을 구성할 수 있다.

⑧ 유아의 산만한 행동이 학급의 전체적인 분위기를 해치는 경우, 유아의 이름을 불러 주의를 환기시키거나, 유아가 대답할 수 있는 질문을 통해 집단의 활동으로 끌어 들인다.

⑨ 이야기 나누기 활동 중 교사의 언어는 명령, 지시 등이 최소화되어야 하며, 많은 유아가 참여하도록 따뜻하고 포용적이면서 규율에는 단호해야 한다.

(3) 이야기 나누기 활동지도 시 유의점

① 도입 시 다양한 주의집중 전략을 사용한다.

손 인형, 막대인형, 비밀상자, 촉감상자, 내용과 관련된 짧은 이야기, 손 유희, 수수께끼, 퍼즐 등의 시청각자료를 사용하여 유아의 주의를 집중하고 흥미와 관심을 지속시킨다.

② 유아들의 주의집중 시간을 고려하여 다양하게 진행한다.

연령과 발달수준, 이야기 주제 등을 고려하여 시간을 조정한다.

③ 자유롭게 대화할 수 있는 분위기를 조성하여 모든 유아가 활동에 골고루 참여할 수 있도록 한다.

④ 지식을 전달하기보다는 주제와 관련된 내용에 대하여 유아들이 자신의 생각, 느낌, 경험을 자유롭게 표현할 수 있도록 한다.

⑤ 다양한 교수매체(예) 실물자료, 그림이나 사진자료, 인형, 영상 등)를 준비하고 적절한 교수방법을 활용하여 활동한다.

⑥ 주제와 관련된 행동이 유치원 생활에 지속될 수 있도록 한다.

예를 들어, 자유선택활동 정리 · 정돈에 대하여 이야기 나누기를 하는 경우 정리 · 정돈 활동이 바른 생활습관으로 형성될 수 있도록 지속적으로 반복하여 지도할 수 있다.

⑦ 학급 유아 수, 연령 등을 고려하여 이야기 나누기 활동에 적합한 대형을 고려하여 진행한다.

⑧ 공동의 주제에 대하여 유아들이 자신의 생각, 의견을 발표하거나 궁금한

것을 질문할 수 있는 기회를 제공하여 유아 중심의 활동이 되도록 한다.

⑨ 활동의 마무리 단계에서는 활동목표와 관련하여 새롭게 알게 된 점, 재미있었던 점, 기억에 남는 점 등을 자유롭게 이야기할 기회를 주어도 좋다.

(4) 이야기 나누기 수업 관찰 및 평가

이야기 나누기 수업 관찰 및 평가표					
학급명	○○반(만 세)	수업 일시	20 년 월 일 요일		
생활주제		일일 주제			
활동명		수업 교사	○○○	평가자	○○○
이야기 나누기 수업 상황					

범주		내 용	그렇다	보통이다	그렇지 않다	비고
주제 선정	1	활동이 생활주제와 관련 있는가?	○			
	2	활동이 유아들 경험과 연계되는가?	○			
	3	유아들의 발달수준을 고려하였는가?	○			
대형	4	이야기 나누기 대형으로 적절한가?	○			
	5	자율적으로 자리를 선택하는가?		○		
	6	주의집중을 위해 주변을 정리하는가?		○		
매체	7	다양한 수업자료, 매체를 활용하는가?	○			

지도 과정	8	다양한 도입(주의집중) 방법을 선택하는가?	○			
	9	교사가 유아들의 반응을 유도하기 위하여 다양하게 발문하는가?	○			
	10	교사는 유아 질문에 반응하는가?	○			
	11	교사가 유아들의 부적절한 반응이나 행동을 긍정적으로 조절하는가?		○		
	12	유아 반응에 격려 또는 칭찬하는가?	○			
	13	유아들이 적극적으로 활동에 참여하는가?		○		
소요 시간	14	10분 미만(3세 유아)으로 실시하는가?		○		
	15	20분 미만(4세 유아)으로 실시하는가?	○			
	16	20~30분(5세 유아)으로 실시하는가?	○			
마무리	17	활동을 종합, 마무리하는가?	○			
	18	활동 마무리와 차시 예고를 하는가?	○			
평가 내용	교사 발문	"~을 어떻게 할 수 있을까?"라는 교사의 개방적 발문으로 유아들이 다양한 방법을 생각하고 발표할 수 있었음				
	내용 전개	도입-전개-마무리의 활동 흐름이 적절했으며 주제에 대한 유아들의 이해를 돕기 위한 교사의 설명이 이어짐. 활동을 이끌어 가는 적극적인 유아들에 비해 비참여 태도를 보이는 유아도 있어 교사의 적절한 개입이 필요하다고 생각됨				
	자료 활용	유아의 관심과 흥미를 모을 수 있는 다양한 교수자료(예〉 그림 자료, 도서, PPT 자료, 영상 등)와 매체를 활용함				
	시간 운영	유아 연령, 발달수준, 주의집중 정도, 관심 등을 고려하여 도입(5~6분)-전개(10분)-마무리(4~5분) 적절한 시간 운영이 있었음				

Tip

다음의 사항을 확인하여 관찰, 평가한다.

- 이야기 나누기 활동을 관찰하고 각 범주(* 주제선정, 대형, 매체, 지도과정, 소요시간, 마무리 등)의 내용에 해당하는 교실 수업상황을 기록하고 평가한다.

이야기 나누기에서 교사의 발문유형과 피드백의 관찰 및 평가는 개방적 발문, 폐쇄적 질문, 피드백의 세 가지 유형별 하위 범주로 구분되며 범주 및 정의는 〈표 6-3〉과 같다.

표 6-3

교사의 발문유형과 피드백의 유형

유형		정의
개방적 질문	확산적 발문	유아의 사고를 자극하기 위해 새로운 주제 혹은 내용을 확대 · 발전시켜 나가기 위한 발문이다. 창의적이고 상상적인 대답을 하도록 하는 발문이다. – 길을 가는데 어떤 아이가 울고 있어요. 어떻게 할까요? – 만약 나에게 꼬리가 생긴다면 무엇을 하고 싶나요? – 동물원에 간다면 어떤 동물을 보고 싶나요? 왜 그런가요? – 갑자기 비가 내린다면 어떻게 할까요?
	평가적 발문	판단, 가치선택에 대한 발문으로 평가적 사고를 요하는 발문이다. – 가위 같은 위험한 물건을 안전하게 사용하려면 어떻게 할까요? – 내가 친구의 공을 잃어버렸어요. 어떻게 해야 할까요? – 친구의 장난감을 갖고 놀고 싶다면 어떻게 해야 할까요?
폐쇄적 질문	기억적 발문	어떤 사실이나 특수한 상황을 기억하는 발문으로 유아가 경험하고 학습한 내용 중에 기억에 남아 있는 부분 등을 단순하게 재생하도록 돕는 발문이다. – 동물원에 가 본 적 있나요? – 어제 우리가 현장학습으로 어디에 갔었나요? – 해님 달님 동화에 누가 나왔나요?
	수렴적 발문	자료나 기억한 지식을 중심으로 하는 발문으로 문제를 해결하기 위해 발문을 구체적으로 한정하여 한다. 기억된 내용을 분석하고 종합하게 하여 유아에게 사실을 연상하고 관계를 맺게 하고 구분, 예시, 재구성하여 설명하게 하거나 결론을 맺게 하는 발문이다. – 눈이 녹으면 무엇이 될까? – 우리 몸에 두 개씩 있는 것은 무엇일까?
피드백	긍정	유아의 아이디어를 교사의 말로 바꾸거나 개념화하여 아이디어를 수정해 준다. 교사의 아이디어와 유아의 아이디어를 비교하고 유아들의 생각이나 이야기를 요약해 준다.
	부정	유아들의 언어와 행동을 비난하거나 무시하거나 거부하는 것이 이에 해당된다.

* 자료: 이현옥 · 박희숙(2014); 오영희 · 이성희(2011). 유아교과교재연구 및 지도법 참고하여 작성함.

2) 동화활동

(1) 그림책의 교육적 가치

① 그림책을 읽음으로써 즐거움과 기쁨을 갖게 된다.

② 그림책을 통해 제한된 생활범위를 넘어 간접적인 미지의 세계를 체험한다.

③ 그림책을 통해 다양한 욕구를 충족시킨다.

④ 그림책을 통해 일상생활에서 직면하는 문제에 대처할 능력 뿐만 아니라 타인에 대한 이해를 돕는 감정이입과 탈중심화가 이루어질 수 있다.

⑤ 그림책을 통해 자연스럽게 언어능력이 발달하고 바른 언어습관을 기르며, 모국어의 아름다움을 알고 즐겨 쓸 수 있게 되며 책에 대한 관심과 책을 소중히 다루는 태도를 기를 수 있다.

⑥ 우수한 문체와 아름다운 그림을 감상함으로써 심미감을 기를 수 있다.

⑦ 그림책에 묘사된 다양한 문화를 접할 수 있게 되고 여러 가지 개념과 지식을 학습할 수 있는 기회를 가질 수 있다.

(2) 동화활동 지도 시 유의점

① 동화를 들려주기 위해 다양한 매체를 사용할 수 있다.

그림동화, 융판동화, 자석동화, TV동화, 앞치마동화, 막대동화, 테이블동화, 그림자동화, 디오라마동화, PPT동화, 플래시동화 등 다양하다.

② 동화를 들려주기 전 동화자료가 순서대로 되어 있는지를 확인한다.

③ 동화자료 및 매체의 높이, 유아와의 거리를 고려하여 유아들 모두가 그림이나 자료를 잘 볼 수 있게 중앙에 위치하는 것이 좋다.

④ 교사는 유아들의 표정과 반응을 살펴가며 동화를 구연한다.

⑤ 교사의 손이 그림을 가리지 않도록 자료의 가장자리를 잡고 구연한다.

⑥ 그림동화의 장면이 바뀔 때에는 교사 얼굴을 가리지 않도록 옆으로 넘기며 그림 자료가 흔들리지 않도록 한다.

⑦ 동화를 다 들려준 후에는 유아들이 들은 내용을 회상하고 표상할 수 있도록 그림만 다시 보여주어도 좋다.

⑧ 구연하는 목소리는 너무 과장되지 않으면서도 자연스러운 것이 좋다.

⑨ 동화 구연 시 발음은 또렷하고 분명하게 해야 한다.

⑩ 구연 속도는 내용에 따라 조절해 준다.

⑪ 목소리의 높낮이, 강약의 조절도 중요하다. 예를 들어, 공룡이나 괴물과 같은 몸집이 큰 동물은 크고 굵은 목소리로, 토끼나 다람쥐와 같은 작은 동물 표현에는 작고 여린 목소리가 적절하다.

⑫ 동화 구연 후에는 교사가 교훈이나 훈계로 마무리를 하지 않도록 하며, 유아들이 스스로 감동을 느낄 수 있도록 하는 것이 자연스럽다.

(3) 동화활동 지도 관찰 및 평가

동화활동 관찰 및 평가표					
학급명	○○반(만 세)	수업 일시	20 년 월 일 요일		
생활주제		일일 주제			
활동명		수업 교사	○○○	평가자	○○○
동화활동 수업 상황					

범주		내 용	그렇다	보통이다	그렇지 않다	비고
동화 선정	1	활동이 생활주제와 관련 있는가?	○			
	2	동화 내용과 주제가 흥미 있는가?	○			
	3	동화 내용과 주제가 교육적인가?	○			
	4	유아들의 발달수준을 고려하였는가?	○			
	5	그림과 내용이 문학적으로 가치 있는가?	○			

대형	6	동화감상 대형으로 적절한가?	○			
	7	자율적으로 자리를 선택하는가?		○		
	8	주의집중을 위해 주변을 정리하는가?		○		
매체	9	다양한 동화자료를 활용하는가?	○			
	10	자료의 크기가 적절한가?		○		
	11	동화감상 매체가 적절한가?	○			
동화 구연	12	교사가 동화의 내용을 이해하고 있는가?	○			
	13	시선 처리가 적절한가?	○			
	14	유아 반응을 고려하며 구연하는가?		○		
	15	구연 시 발음이 또렷하고 정확한가?	○			
	16	구연 속도, 강약 조절 등이 적절한가?	○			
	17	주인공 성격, 행동 등을 적절히 표현하는가?	○			
지도 과정	18	다양한 도입(주의집중) 방법을 선택하는가?	○			
	19	유아들이 동화내용을 예측하게 하는가?	○			
	20	유아들 반응 유도를 위해 발문하는가?	○			
	21	유아들이 동화내용을 회상하게 하는가?	○			
마무리	22	동화감상 활동을 마무리하는가?	○			
	23	차시 활동을 예고하는가?	○			
평가 내용	- 선정된 동화가 진행되고 있는 생활주제와 관련 있어 유아들의 관심, 흥미가 모아져 자연스럽게 동기유발, 주의집중됨 - 동화를 구연하는 교사가 주인공의 성격이나 행동을 의성어, 의태어를 적절하게 구사하며 표현하여 유아들이 집중하여 동화를 들을 수 있었음 - 동화 내용을 회상하는 시간을 가짐으로써 유아들이 동화에 대하여 어떻게 이해하는지 서로의 생각을 나눌 기회를 가졌던 것이 좋았음					

Tip

다음의 사항을 확인하여 관찰, 평가한다.
- 동화 선정 시 유아의 연령, 생활주제, 발달수준 등을 고려하였는가?
- 동화를 전달하기 위한 교수매체를 다양하게 선정하였는가?
- 집단의 크기, 대형에 알맞은 자료가 준비되었는가?
- 동화 구연 시, 교사가 유아들의 표정이나 반응, 행동을 관찰하고 배려하는가?
* 동화감상 활동지도 시 고려해야 하는 여러 가지 사항들을 확인하면서 평가, 기록한다.

3) 동시활동

(1) 동시의 선택

유아들에게 동시를 성공적으로 지도하기 위한 중요한 요소는 유아들이 좋아하는 동시를 선택하는 것이다. 유아들은 문학의 본문을 읽고 나름대로의 반응을 형성할 때 자신의 경험과 사전지식, 사회 문화적 맥락의 영향을 받는다.

따라서 유아들이 시를 감상하고 나름대로 자신의 의미를 구성하도록 돕기 위해서는 유아들의 경험에 기초하고 흥미에 맞는 동시를 선택하여야 할 것이다.

(2) 동시감상의 중요성

① 동시는 그 장르가 지니는 음악성으로 유아들에게 큰 즐거움을 준다. 유아들은 동시에 나타난 어휘의 반복, 운율, 리듬에 의해 언어적 즐거움을 느끼고 그들의 발달적 욕구를 만족시킴으로 정서적 안정감을 갖게 된다.

② 동시는 그 표현된 언어로 인해 유아들의 직관력과 통찰력, 감수성을 자극받게 된다. 동시의 은유와 직유와 같은 비유, 함축된 언어표현, 리듬감 등은 유아들의 감수성을 자극하여 세상과 자신의 경험을 연결시켜 사물과 사건에 대한 시각을 확장시켜 준다.

③ 강렬하고 정선된 시어는 유아에게 언어의 아름다움을 느끼게 하고 언어의

신비스러움을 경험하게 함으로써 심미적 체험을 하게 한다.

④ 유아들은 시에 나타난 풍부한 언어적 표현을 통해 자신의 감성과 상상력을 자극받아 자신의 감정을 자연스럽게 표현할 수 있는 능력을 키우게 된다.

(3) 동시활동 지도 시 유의점

① 유아들의 관심, 흥미를 고려하여 다양한 방법으로 동기유발한다. 여러 가지 교수매체(그림이나 사진자료, 실물자료, 손 인형 등)를 사용한다.

② 동시 내용 게시를 위한 동시판을 제작할 경우, 유아의 연령과 발달수준을 고려하여 글과 그림을 적절히 안배한다.

③ 동시를 들려줄 때에는 동시의 전체적인 분위기와 운율을 살려 목소리의 강약, 속도 등을 고려하여 들려준다.

④ 동시를 듣고 난 유아의 느낌, 생각을 발표하는 기회를 갖는 것이 좋다.

⑤ 다양한 방법으로 동시를 낭송해 본다.

반복되는 의성어나 의태어와 같은 쉬운 글은 유아가 할 수 있도록 한다.

교사와 유아가 동시를 나누어 낭송하거나 주고받으며 낭송할 수 있다.

유아끼리 나누어 낭송해 본다(예〉 앞줄과 뒷줄, 모둠별 또는 팀별).

⑥ 동시를 감상하고 즐거움을 느끼도록 하는 활동이므로 자칫 동시 외우기 활동이 되지 않도록 주의한다.

⑦ 일회성 활동으로 끝나기보다는 주의집중이나 전이활동 시간과 연계하여 반복지도하는 것이 효과적이다.

⑧ 유아들이 동시와 친숙해지면 제목 바꿔보기, 내용(단어) 재구성하기 등의 확장활동을 할 수도 있다.

교사들을 위한 동시감상 교수에 대하여 제언을 하면 다음과 같다.

① 학기 내내 유아들과 동시를 감상하고 낭송하는 기회를 가져야 한다. 다양한 동시가 언어교육의 부분으로 사용되기도 하지만 특별한 날이나 특별한 시간보다

는 매일 즐기는 것이 중요하다.

② 매일의 일과에서 사용할 수 있는 광범위한 시를 수집하여 동시책을 만들 것을 권장한다. 유아들은 교사들이 큰 소리로 낭송해 주는 동시를 좋아하므로 적절한 때, 적절한 장소에서 기회가 있을 때마다 자주 들려줄 수 있도록 다양한 시를 수집할 필요가 있다.

③ 녹음기를 사용하여 듣기 영역에 동시듣기 활동을 제공한다. 수집한 동시책에 수록된 동시들을 녹음하여 유아들이 자신이 좋아하는 동시를 언제나 반복적으로 즐길 수 있도록 준비한다.

④ 교사는 동시쓰기를 계획하여 유아의 동시에 대한 욕구를 자극하고 유아들이 표현한 동시는 책을 만들어 도서영역에 비치해 주고 유아들이 원할 경우 녹음을 하거나 음악으로 만들도록 할 뿐 아니라 그림이나 슬라이드, 잡지로 만들 수 있도록 한다.

(4) 동시활동 지도 관찰 및 평가

동시활동 관찰 및 평가표					
학급명	○○반(만 세)	수업 일시	20 년 월 일 요일		
생활주제		일일 주제			
활동명		수업 교사	○○○	평가자	○○○
동시활동 수업 상황					

범주	내 용		그렇다	보통이다	그렇지 않다
동시 선정	주제 및 소재	생활주제에 적합한 동시인가?	○		
		주제가 진실하고 유아가 이해할 수 있는가?		○	
		감정이나 욕구, 생각, 생활을 표현한 것인가?	○		
	운율	언어적 즐거움을 느낄 수 있는 운율인가?		○	
		의성서, 의태어가 적절히 사용되었는가?	○		
		리듬감이나 음악성이 살아 있는가?	○		
	비유	표현 기법이 적절한 비유인가?	○		
	이미지	이해하기 쉬운 이미지인가?			○
	어조	처음부터 끝까지 일관된 어조인가?	○		
		주제에 적합한 어조인가?	○		
대형	유아들이 앉은 대형이 동시지도에 적절한가?		○		
	유아들은 자신이 원하는 자리에 자율적으로 앉는가?		○		
	주의집중을 위해 주변 교구나 물건이 정리되어 있는가?			○	
매체	그림, 손 인형, 융판 자료 등의 적절한 자료를 사용하는가?		○		
동시 지도 과정	사전활동이 있는가?		○		
	도입(동시 내용 소개)이 있는가?		○		
	교사가 낭송해 주는 과정이 있는가?			○	
	동시감상 후 유아와 느낌에 대한 상호작용이 있는가?		○		
	지은이, 제목을 이야기하는가?			○	
	교사와 유아가 동시의 일부분씩 나누어 낭송하는가?		○		
	유아끼리 또는 혼자 낭송하는가?			○	
	교사와 유아가 함께 낭송하는가?		○		
	확장(동시지어 보기, 신체로 표현해 보기)로 연결이 되는가?		○		
마무리	동시시간에 평가를 하는가?		○		
	동시시간이 끝났음을 알리고 다음 활동을 소개하는가?				○

평가 내용	- 유아들이 동시 내용을 전체적으로 이해하기 쉽도록 손 인형을 활용하여 동시를 소개하는 내러티브 형식의 진행이 흥미로웠음 - 덮개 카드를 떼어내면 동시의 내용(글, 그림)을 볼 수 있도록 제작한 동시 판을 활용하여 유아들이 재미있게 활동에 참여함 - 동시에 대한 유아들의 생각, 느낌을 묻는 교사의 발문이 적절하였음 - 동시 낭송이 끝나고 활동을 마무리하는 교사의 멘트가 있었으나 동시활동과 연계되는 확장활동이나 사후활동이 없어 아쉬웠음

Tip

다음의 사항을 확인하여 관찰, 평가한다.
- 동시감상 활동과 관련하여 유아들의 이전 경험을 위한 사전활동을 실시하는가?
- 동시 선정 시 유아의 연령, 생활주제, 발달수준 등을 고려하였는가?
- 동시 내용을 전달하기 위한 교수매체를 다양하게 선정하였는가?
- 집단의 크기, 대형에 알맞은 동시 자료가 준비되었는가?
- 동시 낭송 시, 유아들의 반응을 고려하며 활동에 참여시키는가?

* 동시감상 활동지도 시 고려해야 하는 여러 가지 사항들을 확인하면서 평가, 기록한다.

* 자료 : 김희진 · 박은혜 · 이지현(2011). 유아교육기관에서의 관찰.
서정숙 · 남규(2010). 유아문학교육.

(5) 동시활동 분석기준표

범 주		분 석 내 용	그렇다	아니다
주제/소재 선정		발달에 적합한 활동인가?		
		목표에 따른 내용이 적합한가?		
		동시의 목적에 적합한 활동인가?		
		동시 선택이 적절한가?		
		전체적인 진행방법이 적당한가?		
수업 내용	도입	동기유발, 흥미를 끌 수 있는가?		
		교사가 유아의 관심이나 선행 경험에 반응하는가?		
		동시 내용에 대한 소개가 적절한가?		
	전개	수업의 전개속도가 적절한가?		
		다양한 수단으로 학습의 세부적인 구성요소를 이해해 나가는 과정이 있는가?		

		유아에게 관찰, 적극적인 탐색의 기회를 제공하는가?		
		다양한 유아의 사고를 존중해 주며 동시를 감상할 수 있는 기회를 제공하는가?		
		유아에게 자신의 감정을 자연스럽게 표현할 수 있는 기회를 제공하는가?		
	마무리	새로운 상황에 적용해 보도록 돕는 과정이 있는가?		
		학습한 내용을 재표상하는가?		
교사 상호 작용		교사의 질문이 적절한가?		
		단순지식 전수보다 깊은 이해와 사고를 신장시키기에 적합한 수업전략(질문)을 활용하는가?		
		아동의 행동과 표현에 적절한 반응을 해 주는가?		
교사 태도		준비성(헤어스타일, 자세, 의상, 말투, 눈, 목소리, 태도)		
교수 매체		동시의 매체가 수업에 흥미를 끄는가?		
		배경음악을 사용하는가?		
		글 이외의 자료(손 인형, 실물, 사진 등)를 활용하는가?		
		심미감, 안전성, 견고성, 교육성이 있는가?		

* 자료: 이정환 · 김희진(2013). 영유아교육의 교수-학습방법.
김정원 · 김유정 · 이효정(2008). 영유아를 위한 교수-학습방법.

4) 동극활동

(1) 동극활동의 목적

상상력과 호기심이 많은 유아들은 주변세계를 탐색하면서 접촉한 사물과 사건에 대하여 느낀 이미지를 표출하고 싶어한다. 하지만 언어능력이 충분히 발달하지 못하여, 이야기로부터 느낀 자신의 감정이나 심상을 표현할 수 없는 어린 유아는 언어적 표현의 한계를 가지고 있기 때문에 본능적으로 언어 이외에도 몸동작, 얼굴표정, 음성변화 등 표상의 도구가 될 수 있는 것을 동원하여 자신의 의사를 표출한다. 그러므로 동화의 내용을 표상 양식의 특성에 맞도록 변환하거나 재구성하면서 다양한 의사소통의 방법을 알게 하는 것은 다양한 방식으로 자신의 욕구를 표출하는 방법을 알려주고, 일상생활의 한 분야에서 다른 분야로의 전이능력, 즉 응용력, 적응력, 창의성 등을 발달시켜 준다 하겠다. 따라서 동화를 듣고 다양한 소재에 대한 생각과 느낌을 몸동작, 얼굴표정, 음성변화, 음악으로 통합하여 표현해 보고 다른 사람의 생각이나 표현에 흥미와 관심을 가지며 생각과 느낌을 서로 나누도록 하기 위함이다.

(2) 일반적인 동극활동의 진행방법

① 동극활동으로 적절한 동화를 선정하여 들려준다.

② 동화를 회상하며 대사와 동작을 연습한다.

③ 필요한 소품, 장식 등을 알아보고 어떻게 준비할지를 정한다.

④ 배역, 역할을 정한다. 하나의 역할을 혼자서 할 수도 여럿이 할 수도 있다.

⑤ 필요한 소품은 한 곳에 비치해 두고 유아들이 가져 갈 수 있도록 안내하며 간단하게 자기 역할을 소개하고 동극 시작을 알린 후 공연을 시작한다.

⑥ 공연이 끝나면 동극에 참여했던 유아들이나 관객으로 관람을 했던 유아들의 경험, 생각, 느낌을 서로 나눌 수 있는 시간을 갖는다.

⑦ 재공연을 한다면 어떤 부분을 고치고 싶은지, 바꿔야 한다면 어떻게 하고 싶은지에 대하여도 평가한다.

(3) 동극활동 지도 시 유의점

① 동화의 내용이 단순하고 반복되는 대사가 있는 동화를 선정하여 들려준다. 동극활동에 좋은 동화의 예로는 모자장수와 원숭이, 커다란 무, 팥죽할머니와 호랑이, 꿀꿀이의 아이스크림 가게, 잃어버린 장갑, 빗물 웅덩이, 공들의 자랑, 삐악 우리 엄마세요? 등이 있다.

② 동화를 선정하여 들려준 후, 동극활동을 위해 유아들이 쉽게 기억할 수 있도록 동극대본으로 재구성하는 과정이 필요하다. 가능하면 대사를 짧게 반복되도록 하고 다수의 유아가 참여할 수 있게 배역의 수도 조절한다.

③ 동화를 듣고 바로 동극활동을 할 수 있으나 활동을 세분화하여 진행하기도 한다. 예를 들어, 첫째 날은 동화 듣고 내용을 회상한 후 동극에 필요한 역할 가면 만들기를 한다. 둘째 날은 동극을 위한 소품, 무대 장식을 만들고 동극 대본

을 재구성하기도 한다. 마지막 날에는 배역을 정하고 대사 연습을 한 후 무대를 꾸며 공연을 한다.

④ 배역, 역할을 정하는 경우 가능하면 많은 유아들이 참여할 수 있도록 한다. 소극적인 태도를 보이는 유아에게는 나무나 꽃, 해님, 바람 등의 역할을 줄 수 있고, 관객 유아들에게도 바람, 천둥소리와 같은 효과음으로 참여 기회를 준다면 모두가 함께 만드는 동극이 될 수 있을 것이다.

⑤ 동극활동 경험이 적거나 첫 공연을 하는 경우, 교사가 공동 참여자로 함께 할 수 있으며 비인기 역할이나 진행, 해설을 교사가 맡는 경우도 있다.

⑥ 동극활동에 필요한 소품이나 배경, 무대 장식 등은 유아들이 직접 만들 수도 있고 블록, 역할놀이 소품 등 유아들의 놀잇감을 활용할 수도 있다.

⑦ 교사는 동극이 진행되는 동안 소극적인 유아에게 대사 알려주기, 함께 말하기, 동작이나 움직임 함께하기 등의 지원을 해 줄 수 있다.

⑧ 동극활동은 준비부터 공연까지의 과정을 유아들이 함께 하며 공동체 의식을 경험할 수 있는 바람직한 활동이다. 따라서 일회성으로 끝나기보다는 2~3회 공연으로 다양한 역할을 골고루 경험하게 하거나 다른 학급 유아들을 초대하여 공연해 보는 활동으로 연장하여도 흥미로울 수 있다.

(4) 동극활동 지도 관찰 및 평가

동극활동 수업 관찰 및 평가표					
학급명	○○반(만 세)	수업 일시	20 년 월 일 요일		
생활주제		일일 주제			
활동명		수업 교사	○○○	평가자	○○○
동극활동 수업 상황					

범주	내 용		그렇다	보통이다	그렇지 않다	비고
동화 선정	1	동화 대사가 짧고 반복되는 것인가?	○			
	2	유아가 주인공과 동일시할 수 있는가?		○		
	3	동화 내용 전개과정이 뚜렷한가?	○			
	4	동화의 절정이 단순하고 만족스러운가?	○			
동극 대본 적절성	5	대사가 짧고 반복되는가?	○			
	6	간접화법을 직접화법으로 바꾸었는가?	○			
	7	유아의 연령, 수준을 고려하였는가?	○			
	8	내용 전개, 흐름이 흥미로운가?	○			
지도 과정	9	동화를 들려주고 회상시간을 갖는가?	○			
	10	소품, 배경 등을 유아들이 준비하는가?	○			
	11	역할 결정에 유아들이 적극 참여하는가?		○		
	12	대사 연습 기회를 갖는가?	○			
	13	공연의 준비를 유아 주도로 하는가?		○		
	14	공연 후 평가시간을 갖는가?	○			
	15	동극대본 재구성 활동을 하는가?		○		
	16	평가내용을 반영하여 재공연을 하는가?		○		
마무리	17	동극활동을 마무리하는가?	○			
	18	차시활동을 예고하는가?	○			
평가 내용	- 유아들이 동화 내용을 이해하고 대사나 동작, 움직임을 표현할 수 있도록 교사가 놀이참여자로 함께 하며 지원함 - 동화를 듣고 동극을 하기까지 과정을 통해 유아들이 다양한 역할을 경험할 수 있었음 - 유아 주도의 활동으로 진행되어 유아들의 적극적인 참여 모습이 돋보임 - 평가를 통해 재공연이 이루어지면서 유아들의 역할 소화능력이 향상되어짐					

Tip

다음의 사항을 확인하여 관찰, 평가한다.
- 동극활동을 위해 대사가 짧고 동작, 움직임이 있는 동화를 선택하였는가?
- 교사가 동화감상 후 회상하기 활동 시 유아들 참여를 돕기 위한 발문을 하는가?
- 유아 주도, 유아 중심의 동극활동의 준비와 진행이 이루어지는가?
- 배역 정하기 활동 시 유아들의 적극적인 참여와 의견 반영이 이루어지는가?
- 공연에 대한 평가가 이루어지며 재공연 시 평가내용이 반영되는가?

* 동극활동 지도 시 고려해야 하는 여러 가지 사항들을 확인하면서 평가, 기록한다.

5) 노래 지도

(1) 노래 지도 방법

새노래를 가르치는 방법 중 좋은 것은 가르칠 노래를 녹음하여 휴식시간이나 간식시간 혹은 놀이시간에 미리 들려주는 것이다. 이렇게 함으로써 귀에 익숙해짐에 따라 유아는 실제 노래를 가르칠 때 더 빠르게 배우게 된다.

① 동기 유발

유아와 함께 노래와 관계된 이야기나 개념에 대해서 토의하면서 노래에 관계된 여러 가지 자료, 동화나 동시를 보여주거나 들려준다. 혹은 유아의 경험과 연결시켜서 내용을 이야기 식으로 들려준다. 그 다음 "무슨 일이 있었지?", "누구였니?", "왜 그럴까?" 등의 질문으로 노래 속의 내용을 상기시켜 준다.

② 지도 과정

교사가 먼저 노래 전체를 불러 주고 노래 속에 무슨 이야기가 들어 있는가를 유아들에게 이야기를 해 보게 한다. 이때 지나치게 피아노 반주를 함으로써 멜로디나 노래의 내용을 파악하기 힘들게 하기보다는 단순한 리듬악기를 사용하거나 피아노로 멜로디만 쳐주는 것이 좋다. Hermanson(1972)도 노래를 가르치는데 있어 피아노보다는 교사의 육성이 효과적이라는 것을 제안하고 있다. 왜냐하면, 음의 높낮이의 정확성은 유아가 사람, 특히 여성의 목소리를 모방할 때 가장 정확하기 때문이다.

③ 불러 보기 단계

- 교사가 노래를 부를 때 유아는 작은 소리나 콧노래 등으로 따라 해 보게 하고 노래를 알고 있는 유아는 나와서 불러 보게 한다.
- 노래가 질의 응답식이거나 노래의 부분이 구분되는 노래, 의성어 등은 각 역할을 나누어서 부를 수 있다.
- 한 소절씩 떼어서 가르치는 경우는 전체 의미를 잃게 되므로 전체적으로 가르치고 한 번에 완전히 가르치려고 5회 이상 반복하지 않도록 해야 한다. 부분적으로 가르치는 것은 노래 중에 조금 어려운 부분만 따로 한 번 해 보게 할 때 용이하게 해 주는 방법이다.

(2) 노래 지도 시 유의점

① 진행되고 있는 생활주제와 유아의 연령, 발달수준, 흥미 등을 고려하여 새노래를 선정한다.

② 새노래 활동 지도를 위해 다양한 교수자료를 활용한다. 게시자료 제작 시 유아의 연령, 수준을 고려하여 글자보다는 그림이나 사진을 활용한다.

③ 사전활동으로 자유선택활동이나 전이활동 시간에 새노래를 반복하여 들려주어 친숙함을 느끼게 한다.

④ 동화 자료, 손 인형, 막대인형 등을 활용하여 노랫말을 소개한다.

⑤ 교사가 새노래를 멜로디 부분만 연주하며 들려주거나 정확한 음과 가사로 불러 줄 수 있다.

⑥ 유아들과 새노래를 들어 본 느낌과 가사 내용에 대하여 이야기 나눈다.

⑦ 노래 가사 중 반복되는 부분이나 의성어, 의태어 등 쉬운 내용이 들어 있는 흥미로운 부분을 먼저 불러 볼 수 있다.

⑧ 부분 가사에 익숙해지면 교사와 유아가 새노래 전체를 함께 불러 본다.

⑨ 유아와 교사가 나누어 부르기, 율동을 만들어 부르기, 악기 연주하며 부르기, 가사 바꾸어 부르기 등 다양한 방법으로 확장하여 불러 본다.

⑩ 새노래 지도는 한 번의 단위활동으로 끝내기보다는 반복하여 노래를 들려주

거나 부를 수 있도록 지속적인 지도가 필요한 활동이다.

(3) 노래 지도 관찰 및 평가

노래 지도 수업 관찰 및 평가표					
학급명	○○반(만 세)	수업 일시	20 년 월 일 요일		
생활주제		일일 주제			
활동명		수업 교사	○○○	평가자	○○○
노래 지도 수업 상황					

범주	내 용		그렇다	보통이다	그렇지 않다	비고
노래 선정	1	진행 중인 생활주제와 연계되는가?	○			
	2	유아들의 이전 경험과 연계되는가?	○			
	3	유아 수준에 맞는 음역의 노래인가?		○		
	4	유아 수준에 맞는 길이의 노래인가?	○			
	5	가사와 리듬이 반복되는가?	○			
대형	6	새노래 지도 대형으로 적절한가?	○			
	7	자율적으로 자리를 선택하는가?	○			
	8	주의집중을 위해 주변을 정리하는가?		○		
매체	9	다양한 자료, 매체를 활용하는가?	○			
	10	자료의 크기가 적절한가?		○		

지도 과정	11	주의집중, 도입(노래 소개)을 하는가?	○			
	12	정확한 발음으로 교사가 불러 주는가?	○			
	13	다양한 방법으로 노래를 불러 보는가?	○			
	14	유아와 노래 나누어 부르기를 하는가?	○			
	15	유아와 노래 전체 부르기를 하는가?	○			
	16	확장활동(개사, 악기연주 등)을 하는가?	○			
마무리	17	새노래 활동에 대한 평가를 하는가?	○			
	18	차시활동을 예고하는가?	○			
평가 내용	- 노래 가사와 내용을 유아들이 이해하기 쉽도록 이야기 형식으로 설명하거나 다양한 매체, 교수자료를 활용하여 안내함 - 교사가 새노래에 대한 유아들의 생각, 느낌의 자유로운 표현을 위해 다양한 방법으로 발문함 - 유아들의 연령, 발달수준, 흥미 등을 고려하여 새노래 활동지도의 시간이 10~15분을 넘지 않도록 배려하고 있음 - 활동평가와 함께 가사판, 악기를 소개하여 활동을 확장하는 모습이 좋았음					

Tip

다음의 사항을 확인하여 관찰, 평가한다.

- 유아의 연령, 발달수준, 생활주제 등을 고려하여 적절한 노래를 선택하였는가?
- 노래 길이, 음역, 가사와 리듬 등을 고려한 노래인가?
- 새노래 활동지도 시 교사가 유아 참여를 돕기 위한 발문을 하고 있는가?
- 유아들이 흥미로워하는 유아 주도, 유아 중심의 활동으로 진행되는가?
- 활동에 대한 평가가 이루어지며 다양한 방법으로 확장활동이 이루어지는가?

* 새노래 활동지도 시 고려해야 하는 여러 가지 사항들을 확인하면서 평가, 기록한다.

* 자료: 김희진 · 박은혜 · 이지현(2011). 유아교육기관에서의 관찰.
교육인적자원부(2000). 유치원 교사교육 프로그램.

(4) 유아의 음악적 태도 진보와 성취 행동목록

교사용 체크리스트 항목

• 이름 : • 성별 : • 생년월일 :

정 서	그렇다	보통이다	아니다
1. 노래를 함께 부를 때 적극적으로 참여한다.			
2. 노래 부르기, 듣기 등을 표현할 때 즐거워한다.			
3. 노래를 부르며 자신의 감정을 자연스럽게 표현한다.			
4. 다른 사람이 노래 부를 때 주의 깊게 듣는다.			
5. 다른 사람의 생각이나 표현을 인정하고 존중한다. (노래를 듣고 연관된 활동을 하는 것에 있어서)			

표 현	그렇다	보통이다	아니다
1. 여러 가지 소재를 이용하여 소리를 만들 수 있다.			
2. 소리를 만들고 듣는 과정에 적극 참여한다.			
3. 간단한 노랫말이나 노래를 만들 수 있다.			
4. 노랫말 기억하기와 노래 부르기에 관심이 많다.			
5. 여러 가지 노래를 즐겨 부른다.			
6. 여러 가지 악기를 다루어 보며 즐긴다.			
7. 리듬, 장단에 맞추어 악기를 다룰 수 있다.			
8. 리듬악기 다루기를 즐기며 적극 참여한다.			
9. 노래를 듣고 몸을 움직여 표현함에 있어서 창의적이다.			
10. 신체를 이용하여 자신의 생각과 느낌을 창의적으로 표현한다.			
11. 노래를 듣고 역할놀이 또는 극놀이로 표현할 수 있다.			
12. 노래를 듣고 몸을 움직여 표현하는 것을 즐거워한다.			
13 노래에 맞추어 몸을 율동적으로 움직일 수 있다.			
14. 리듬악기를 노래에 맞추어 연주할 수 있다.			
15. 음악에 조용히 귀 기울일 수 있다.			
16. 신체기관을 이용하여 박자 치기를 할 수 있다.			
17. 감정을 넣어 노래를 부를 수 있다.			
18. 자신의 생각이나 느낌을 다양하게 표현한다.			
19. 다양한 소리에 관심을 갖고 탐색하여 민감하게 그 느낌을 표현한다.			
20. 녹음기에서 나오는 노래를 듣고 노랫말대로 따라할 수 있다.			

21. 높은 음과 낮음 음을 구별, 소리가 움직이는 방향을 표현할 수 있다.			
감 상	**그렇다**	**보통이다**	**아니다**
1. 여러 가지 소리나 악기의 소리 등에 관심을 갖고 즐겨 듣는다.			
2. 다양한 종류의 음악을 듣고 즐긴다.			
3. 우리나라 전래동요, 전통악기 듣기를 좋아한다.			
4. 노래를 듣고 몸을 움직여 표현하는 것에 관심을 갖고 감상한다.			
5. 우리나라 전통예술에 친숙함을 느낀다.			
6. 우리나라 전통예술이나 놀이에 관심을 두고 적극 표현하며 감상한다.			
7. 노랫말을 정확하게 듣는다.			
8. 다른 사람의 노래를 주의 깊게 듣는다.			
9. 음악을 듣고 그것을 나타내는 그림 카드를 찾을 수 있다.			
10. 듣기 좋은 소리와 시끄러운 소리를 구별할 수 있다.			

* 자료: 안재신(2004). 유아음악교육.

(5) 유아의 음악활동 참여도 평가

유아 이름 :	1차	2차	3차	비고
1. 노래 부르기를 즐겨하는가?				
2. 노래를 따라 부를 수 있는가?				
3. 혼자 노래를 부를 수 있는가?				
4. 음정이 고른가?				
5. 박자를 맞출 수 있는가?				
6. 노래를 만들려고 하는가?				
7. 신호에 맞추어 동작을 시작하고 멈출 수 있는가?				
8. 지시에 따라 몸을 움직일 수 있는가?				
9. 음의 장단, 고저, 빠르기, 강약을 구별할 수 있는가?				
10. 음악을 듣고 그 느낌을 창의적으로 표현할 수 있는가?				
11. 사물과 현상에 대한 자신의 생각이나 경험, 느낌을 신체를 통하여 창의적으로 표현할 수 있는가?				
12. 리듬에 맞추어 줄 따라 걸을 수 있는가?				
13. 다양한 종류의 악기에 관심을 보이는가?				
14. 다양한 종류의 악기의 소리를 탐색하는가?				

15. 악기의 소리를 변별할 수 있는가?				
16. 글자에 관심을 갖고 보는가?				
17. 악기의 이름을 아는가?				
18. 악기를 사용해 리듬을 만들어 내는가?				
19. 악기를 사용하여 음의 장단, 고저, 빠르기, 강약을 표현할 수 있는가?				
20. 음악 감상에 관심을 보이는가?				

* 평가 내용

좋아하는 노래를 따라 부르기를 좋아하며 반복적으로 부르는 것을 좋아합니다.
악기를 이용하여 리듬을 만들어 내며 그것을 친구들에게 보여주는 것을 좋아합니다.
여러 가지 음악을 듣고 표현할 수 있도록 도와주십시오.

* 자료: 안재신(2004). 유아음악교육.

6) 동작 및 신체표현 활동

(1) 동작 및 신체표현 활동의 의미

① 놀이와 창의적 표현활동을 포함한 일상생활에서 유아가 자신의 신체적 능력을 인식하고 효율적으로 신체를 사용하도록 하는 활동이다.

② 신체의 움직임에 대한 기본 원리를 이해하여 운동 능력을 효과적으로 발달시킬 수 있는 방법이다.

③ 신체의 움직임을 통해 창의력과 표현능력 및 자아개념을 발달시키고 협동심을 기르며, 다양하고 복합적인 방법으로 신체를 움직이는 창의력과 표현 능력 및 심미감을 기르는 것으로 평가한다.

(2) 동작 및 신체표현 활동의 연령별 특징

표 6-4
연령별 동작의 발달 특징

연 령	동작의 발달 특성
3세	· 동작을 곁들인 노래나 손가락놀이할 때 몸짓까지 하며 열심히 참여함 · 걷기, 달리기가 이루어지고 3세 반 정도에는 자신이 편한 발로 앵금질 할 수 있음 · 모방능력을 발휘하여 상징적 표현을 하기 시작하므로 동작에서도 상상적 움직임 연출 가능함

4세	· 모양을 따라 걸을 수 있음 · 잘 사용하지 않는 발도 앵금질하게 됨 · 한 발로 혹은 한쪽으로 스키핑할 수 있음 · 정확하게 지시를 해 주면 한 동작으로부터 다른 동작으로 전환 가능 · 기분이나 생각을 다양한 방법으로 표출함으로써 정서적 안정감을 얻음
5세	· 언어적 능력의 확장과 함께 더 많은 동작 기술을 익힘 · 대부분 유아들이 스키핑할 수 있음 · 간단한 무용이 곁들인 다양한 종류의 집단 노래 게임에 참여 가능 · 상징적 기능을 사용하여 상상놀이나 가장된 행동을 즐거워함

(3) 동작 및 신체표현 활동의 유형

① 신체 탐색

자신의 신체를 구성하고 있는 각 부분의 특징과 명칭, 움직임 기능에 대해 이해하는 동작활동을 포함한다.

② 기초적 동작(기본운동 활동/기본 율동)

모든 동작의 기초가 되는 동작으로 이동 동작, 비이동 동작, 조작적 동작이 있으며 모든 움직임과 율동은 이 세 가지 기초적 동작으로 이루어져 있다.

③ 리듬동작(신체표현/구조적 율동)

노랫말이나 음악적 요소에 맞추어 신체 탐색 동작이나 기초적 동작을 활용하여 하는 동작을 의미한다.

④ 창의적 동작(신체표현/창의적 율동)

창의적 신체표현이란 창의적 사고뿐 아니라 감정, 신체 조절력 등이 요구되는 통합적인 표현활동이다.

(4) 기초적 동작의 내용

표 6-5 기초적 동작의 내용과 예

기초적 동작	내용/예
이동 동작 (이동하며 움직이기)	몸을 한 장소에서 다른 장소로 옮겨가는 동작 예〉 걷기, 달리기, 스키핑, 호핑, 말 뛰기, 미끄러지기 등

비이동 동작 (제자리에서 움직이기)	몸을 한 장소에서 고정한 상태로 다양한 동작을 만들어 내는 것 예) 뻗기, 구부리기, 균형잡기, 당기기, 밀기, 꼬기, 떨기 등
조작적 동작 (도구 및 놀이시설 활용)	도구의 활용을 포함하는 활동 예) 던지기, 차기, 굴리기, 튀기기, 돌리기 등

(5) 동작 및 신체표현 활동 지도 시 유의점

① 유아마다 동작 표현에 대한 개별성을 인정해 준다.

② 율동에 필요한 충분한 공간을 확보한다.

③ 동작 활동에 자신감이 없는 유아는 강요하기보다 다른 유아를 볼 수 있도록 고려하여 차츰 참여할 수 있도록 한다.

④ 흥미를 위해 다양한 교수매체(음악, 악기, 이야기, 그림 등)를 사용한다.

⑤ 동작이 유아의 수준에 적절한지 고려한다.

⑥ 동작을 단계적으로 지도한다(단순한 동작에서 다양하고 복잡한 동작으로).

⑦ 사회성 발달을 위해 자신 뿐 아니라 다른 사람의 동작을 감상하고 장점을 발견할 수 있는 기회를 제공한다.

(6) 창의적 동작 및 신체표현을 위한 특별한 아이디어

① 유아가 움직이기 전에 조용히 듣는 기회를 제공하고 절대로 한 번만 듣고 즉시 동작하지 않도록 한다.

② 앉아서 들을 때 손뼉을 치거나 팔, 다리, 손가락 등을 리드미컬하게 움직여 봄으로써 창의적인 움직임을 준비할 수 있다.

③ 유아가 몸을 어떻게 움직이는지, 어떤 표현을 하는지에 대해 "너는 음악이 말하는 그대로 움직이고 있구나." 등의 말로 계속적으로 칭찬한다.

④ 음악이 길면 잘라서 한 악절만 사용해서 움직이게 한다.

⑤ 창의적 반응 격려를 위해 어디서 음악이 빨라지고 느려지나, 크고 작아지나, 높아지고 낮아지나, 반복되고 멈추는지를 물어 본다.

⑥ 종이테이프, 스카프, 공, 굴렁쇠 등을 사용해서 창의적 반응에 자극을 주며

수줍어하는 유아에게는 종이 가면을 씌워 주기도 한다.

⑦ 상상력을 자극하기 위해 언어나 그림을 사용한다.

⑧ 두 그룹으로 나누어 다른 그룹이 어떻게 창의적으로 움직이는지 관찰하게 한다.

⑨ 창의적 동작의 경험에서도 또한 음악에 맞추어 걷기, 달리기, 앙감질 등 신체 부분을 사용하는 움직임의 기교를 개발하고 높낮이, 방향, 질감, 범위 사용의 다양한 움직임의 기교도 개발한다.

(7) 동작 및 신체표현 활동 지도 관찰 및 평가

<table>
<tr><th colspan="6">동작 및 신체표현 활동 지도 수업 관찰 및 평가표</th></tr>
<tr><td>학급명</td><td>○○반(만 세)</td><td>수업 일시</td><td colspan="3">20 년 월 일 요일</td></tr>
<tr><td>생활주제</td><td></td><td>일일 주제</td><td colspan="3"></td></tr>
<tr><td>활동명</td><td></td><td>수업 교사</td><td>○○○</td><td>평가자</td><td>○○○</td></tr>
<tr><th colspan="6">동작 및 신체표현 활동 수업 상황</th></tr>
<tr><td colspan="3">
</td><td colspan="3">
</td></tr>
</table>

범주	내 용		그렇다	보통이다	그렇지 않다	비고
사전활동	1	적절한 사전활동이 이루어지는가?		○		
동작 선정	2	진행 중인 생활주제와 연계되는가?	○			
	3	유아들의 이전 경험과 연계되는가?		○		
	4	유아들의 신체발달 수준에 적절한가?	○			
환경	5	동작을 위한 충분한 공간이 확보되었는가?	○			
	6	유아들의 안전이 고려되는 공간인가?	○			

매체	7	다양한 자료, 매체를 활용하는가?	○			
	8	자료의 크기가 적절한가?	○			
지도 과정	9	이야기나 음악 등으로 도입하는가?	○			
	10	이야기, 음악에 대한 생각과 느낌을 나누는가?	○			
	11	유아나 교사가 동작 시범보이기를 하는가?	○			
	12	소집단으로 나누어 동작을 해 보는가?	○			
	13	전체 유아가 동작, 움직임을 해 보는가?	○			
	14	동작의 요소를 고려하며 표현하는가?	○			
	15	동작활동 시 안전을 고려하고 있는가?	○			
	16	소극적으로 참여하는 유아를 배려하는가?		○		
마무리	17	동작활동에 대한 평가를 하는가?	○			
	18	차시활동을 예고하는가?	○			
평가 내용	– 동작활동 내용을 유아들이 이해하기 쉽도록 이야기 형식으로 설명하거나 다양한 매체, 교수자료를 활용하여 안내함 – 동작 및 신체표현 활동에 대한 유아들의 생각, 느낌을 알아보기 위하여 교사가 다양한 방법으로 발문함 – 동작활동을 위해 필요한 넓은 공간을 확보, 유아들이 안전한 가운데 자유롭게 활동에 참여할 수 있어 좋았음					

Tip

다음의 사항을 확인하여 관찰, 평가한다.

- 유아의 연령, 발달수준, 생활주제 등을 고려하여 적절한 동작을 선택하였는가?
- 동작활동 지도 시 교사가 유아 참여를 돕기 위한 발문을 하고 있는가?
- 동작활동을 위한 공간이 확보되었으며 안전이 고려되는 공간인가?
- 유아들이 흥미로워하는 유아 주도, 유아 중심의 활동으로 진행되는가?
- 활동에 대한 평가가 이루어지며 다양한 방법으로 확장활동이 이루어지는가?

* 동작 및 신체표현 활동 지도 시 고려해야 할 사항을 확인하면서 평가, 기록한다.

7) 게임활동

(1) 게임활동의 정의

① 조직적인 놀이, 경쟁성, 둘 이상의 편, 승자결정을 위한 기준, 일치된 규칙으로 정의 내릴 수 있는 흥미로운 활동이다(민중국어사전, 2010).

② 2명 이상의 유아가 함께 하는 놀이로 달성해야 할 목표가 있고 나와 상대방이 반대의 역할을 하며 규칙을 따라 하는 놀이이다(유아교육사전, 1996).

③ 구성원이 일정 규칙에 의해 경쟁하는 놀이형태이다(이정환 · 김희진, 2007).

(2) 게임활동 지도 시 유의점

① 게임활동 선정하기

- 유아의 연령, 발달수준, 생활주제 등을 고려하여 선정하고, 수행 과제, 장애물, 규칙 등을 고려하여 계획한다.
- 편게임에는 1:1 개별적으로 출발하는 개인 게임과 여럿이 릴레이 형식으로 진행하는 그룹게임이 있다.
- 연령이 어릴수록 1:1 게임, 자유대형 게임, 원대형 게임이 바람직하다.

② 팀 인원 수 확인하기

- 두 줄로 서기, 머리 수 세어 보기, 친구와 마주 앉아 짝짓기, 악수하기 등 다양한 방법으로 수 세기를 하여 팀 인원수를 확인한다. 양 팀의 유아 수가 다른 경우 어떻게 할지를 유아들과 이야기 나눈다.
- 연령이 어린 유아의 경우 방석이나 의자, 사진 등으로 자리를 정해주거나 교사가 이름을 불러 주면 게임을 준비할 수 있도록 한다.

③ 자료 소개 및 탐색하기

- 유아들에게 게임 자료를 소개하고 무엇을 할 수 있을지 이야기 나눈다. 유아들이 충분한 자료 탐색을 통해 게임 방법이나 규칙을 결정할 수도 있다.

④ 게임 방법 및 규칙 정하기

- 게임 자료를 이용하여 어떻게 게임하고 어떤 약속을 지키며 게임을 진행할

수 있을지 유아들과 이야기 나눈다.

- 게임 방법과 규칙이 정해지면 시범 보이기를 통해 방법과 규칙을 유아들이 이해하고 활동할 수 있도록 안내한다.

⑤ 게임활동하기

- 시작을 알리는 신호와 함께 게임을 진행한다.
- 게임이 진행되는 중간중간 규칙이나 방법이 지켜지는지 확인한다. 갈등이나 문제상황이 발생하는 경우 유아들과 이야기 나누기를 통해 문제를 해결할 수 있다.
- 유아들에게 게임 방법과 규칙을 이해하고 열심히 노력하는 태도를 강조함으로써 지나친 경쟁이나 갈등이 발생하지 않도록 한다.

⑥ 게임 결과 평가 나누기

- 전체 유아를 대상으로 활동에 열심히 참여한 자세, 태도를 격려한다.
- 점수판, 평가 자료 등을 통해 유아들과 함께 점수 상황을 알아본다. 이긴 팀과 진 팀 모두에게 공정한 결과가 될 수 있도록 배려한다.
- 교사가 승부를 결정하기보다 유아들에게 물어 점수를 낼 수 있도록 한다.
- 그림이나 사진자료, 숫자카드, 구슬 등으로 점수를 표시할 수 있다.
- 게임 활동 평가 시 게임을 진행하면서 유아들이 보여준 모습이나 태도, 친구를 응원하는 모습, 질서 지키기, 양보하기 등의 다양한 참여 모습을 격려해 주는 것이 필요하다.

(3) 게임활동 지도 관찰 및 평가

게임활동 지도 수업 관찰 및 평가표					
학급명	○○반(만 세)	수업 일시	20 년 월 일 요일		
생활주제		일일 주제			
활동명		수업 교사	○○○	평가자	○○○

게임활동 수업 상황

범주		내 용	그렇다	보통이다	그렇지 않다	비고
사전활동	1	적절한 사전활동이 이루어지는가?		○		
게임 선정	2	진행 중인 생활주제와 연계되는가?	○			
	3	유아들의 신체발달 수준에 적절한가?	○			
환경	4	게임을 위한 충분한 공간이 확보되었는가?		○		
	5	유아들의 안전이 고려되는 공간인가?	○			
매체	6	필요한 자료, 매체를 준비하였는가?	○			
	7	흥미로운 다양한 자료를 활용하는가?	○			
지도 과정	8	주의집중, 동기유발 등의 도입을 하는가?		○		
	9	팀 나누기 활동이 유아수준에 적절한가?	○			
	10	자료를 보며 게임방법을 예측하는가?	○			
	11	게임 방법, 규칙 결정 등이 유아주도인가?		○		
	12	유아와 교사가 충분히 상호작용하는가?		○		
	13	유아나 교사가 게임 시범 보이기를 하는가?	○			
	14	게임 규칙, 태도, 안전 등을 안내하는가?	○			
	15	유아들과 승부를 공정하게 결정하는가?	○			

	16	소극적으로 참여하는 유아를 배려하는가?		○		
	17	게임 중간 규칙, 태도를 점검하는가?	○			
	18	교사가 다양한 방법으로 게임을 격려하는가?	○			
마무리	19	게임활동에 대한 평가를 하는가?	○			
	20	차시활동을 예고하는가?	○			
평가 내용	– 게임활동과 관련된 사전활동 경험이 없어서 유아들이 게임활동의 방법과 규칙을 이해하는데 어려움이 있었음 – 규칙 정하기 활동에 유아들이 참여하여 의견을 제시함. "밀지 않아요." "소리 지르지 않아요." 등의 일반적인 이야기도 있었지만 "질서를 잘 지켜요." "우리 팀을 응원해요" 등의 긍정적인 태도를 강조하는 의견도 나옴 – 게임활동을 위해 필요한 넓은 공간을 확보, 유아들이 안전한 가운데 자유롭게 활동에 참여할 수 있어 좋았으나 소란스러운 느낌이 있어 중간중간 규칙과 질서 등 태도를 강조하는 교사의 환기가 필요해 보임					

Tip

다음의 사항을 확인하여 관찰, 평가한다.
- 유아의 연령, 발달수준, 생활주제 등을 고려하여 적절한 게임을 선택하였는가?
- 게임활동 지도 시 교사가 유아 참여를 돕기 위한 발문을 하고 있는가?
- 게임 방법과 규칙을 정하고 시범 보이기를 하는가?
- 게임활동을 위한 공간이 확보되었으며 안전이 고려되는 공간인가?
- 유아들의 흥미, 관심을 고려하여 적절한 시간 동안 활동을 진행하는가?
- 게임규칙 지키기, 응원 태도, 질서 지키기 등 활동에 대한 평가가 이루어지는가?

* 게임활동 지도 시 고려해야 할 여러 가지 사항을 확인하면서 평가, 기록한다.

8) 미술활동

(1) 유아 미술활동의 목적

① 유아의 행복감을 증진시킨다. 유아는 미술활동 과정을 즐긴다. 동시에 자신의 노력의 산물로 만들어 낸 결과가 창의적인 형태로 표현되었을 때에 성취감과 행복감을 느낀다.

② 유아 자신이 독특한 존재임을 인식하도록 돕는다.

교사가 유아의 작품에 나타난 개성적인 표현을 격려해 줄 때 유아의 자아 존중감을 형성하게 된다. 남과 다르다는 독자성은 자아 존중감을 형성하고, 나의 능력이나 가치를 인정받는다는 자아 존중감은 내가 인정받는 것과 같이 다른 사람의 능력이나 가치도 인정해 줄 수 있는 건전한 개념을 형성하게 해 준다.

③ 대 · 소근육 발달과 협응력을 기른다.

미술활동은 대소근육 운동 기술, 협응력 발달을 위한 풍부한 환경을 제공한다.

④ 상상력을 발달시킨다.

유아는 다양한 자료를 통해 생각을 표현할 때 자신의 생각이 표현된 것을 보고 만족감을 느끼고 또 다른 새로운 표현을 시도하게 된다. 이러한 과정을 통하여 상상력을 발달시키고 창의력이 발달된다.

⑤ 다양한 자료의 특성을 경험하여 알게 하고, 세상을 분석적인 방식으로 보도록 격려한다. 유아 주변 환경의 물체의 물리적 속성, 사람과 사람의 관계, 사건의 순서 등 유아의 인식을 확정시킨다.

(2) 미술 자료 선택 시 고려할 점

① 자료는 유아의 발달수준에 맞아야 한다.

자료는 유아의 경험이나 발달에 적합해야 하며, 자료 취급상 유아의 기술로 해결이 곤란한 것이라든가, 너무 가늘거나 너무 크거나 하는 등 유아의 신체적 조건과 맞지 않는 것은 될 수 있는 대로 피하는 것이 좋다.

② 자료는 유아의 흥미와 요구에 맞는 것이어야 한다.

③ 자료는 위생성과 안정성을 갖추어야 한다.

④ 자료는 경제적이고 손쉽게 구할 수 있어야 한다.

생활 주변의 자료는 경험이 풍부하기 때문에 유아들에게 친밀감을 준다는 점도 있지만 늘 본 자료에서 예기치 않았던 가능성을 찾아내는 즐거움을 갖게 하고 자료를 보는 법, 생각하는 법, 취급하는 법 등 기본적인 것을 체득시킬 필요가 있기 때문이다.

⑤ 자료는 유아 스스로가 선택할 수 있게 다양한 자료를 제공하여야 한다.

(3) 미술활동 지도 시 창의성 신장을 위한 교사 역할

① 재료를 자유롭게 활용하여 자신이 원하는 것은 무엇이든지 할 수 있는 자유시간을 제공한다. 누가 깊게 자료와 관련되고 자료를 예상 외의 방법으로 사용하는지 관찰하며 교사는 활동을 계획하고 수정 · 보완한다.

② 자신의 생각과 아이디어를 표현할 수 있도록 질문한다. 교사와 유아 간 적절한 언어적 상호작용은 창의적인 표현활동에 좋은 촉매의 역할을 할 수 있다.

③ 경험을 나누도록 격려한다.

④ 풍부한 상상력을 길러 주도록 한다. 신비하고 불가사의한 동화를 들려주고 그때 느낀 것을 다양한 자료로 자유롭게 표현하도록 기회를 마련해 준다.

⑤ 독창성을 길러 준다. 감탄문을 사용하여 남이 사용하지 않는 것, 느끼지 않는 것, 하지 않는 것 등을 표현해 보도록 하고 무엇을 보아도 예사롭지 않고 지나쳐버리지 않는 태도를 갖게 한다.

⑥ 환상을 만들어 내도록 이끌어 준다.

유아 미술시간에는 무엇을 그리고 만들 것인가를 가르치기보다는 유아의 생각을 표현하도록 도와주고 표현된 생각을 이해하도록 노력해야 한다.

⑦ 호기심을 길러 준다.

⑧ 허용적인 분위기를 길러 준다. 엄격한 분위기에서는 창조성이 발휘되기 어려우므로 허용적이며 자유로운 분위기를 마련해 준다. 교사와 유아의 상호적용, 즉 대화나 토론을 통한 의사소통의 기회를 많이 준다.

⑨ 정신적으로 평안한 상태를 유지하도록 도와준다. 효과적인 학습을 이루기 위해서는 가장 편안한 자세를 갖게 해 주어야 한다.

(4) 미술활동 지도 시 유의점

① 미술활동 계획하기

- 유아의 연령, 발달수준, 생활주제 등을 고려하여 계획한다.

- 다양한 미술 도구를 활용한 그리기, 색칠하기, 만들기와 꾸미기 등의 활동이 되도록 계획한다.
- 동일 연령이어도 개인 발달수준이나 흥미와 관심, 개인차 등을 고려한다.

② 미술활동 실행하기

- 유아들이 다양한 재료와 방법으로 자신의 생각, 느낌을 자유롭게 창의적으로 표현할 수 있도록 지원한다.
- 도움이 필요한 유아에게 개별 정보를 제공하여 한 단계 나아갈 수 있도록 스케폴딩(scaffolding) 하는 것은 필요하나, 교사가 직접 그려 주거나 만들어 주는 행동은 지양해야 한다.
- 활동 소개 시 반제품이나 완성품을 제시하여 고정된 미술활동 결과가 나오지 않도록 주의한다.

③ 미술활동 평가하기

- 저 연령 유아에게는 활동에 참여한 모습을 격려해 주는 것이 좋고, 4~5세 유아에게는 격려와 함께 보완점이나 개선점 등의 정보를 제공해 준다.
- 유아가 직접 자신의 작품을 소개할 수 있는 기회를 줄 수 있으며 교사는 유아의 활동 과정을 메모해 두었다가 작품 소개와 함께 평가해 줄 수 있다.
- 미술재료 사용 후 제자리에 정리하기, 미술도구 뚜껑 닫기, 작품 전시하기, 휴지와 쓰레기 줍기 등의 정리, 정돈 습관과 태도에 대하여는 지속적으로 지도하는 것이 필요하다.

④ 미술작품 전시하기

- 전시영역을 마련하여 유아들이 수시로 결과물을 전시할 수 있도록 한다.
- 개별 활동의 결과물을 전시할 수도 있지만 여럿이 공동으로 그린 공동화나 그룹 작품을 전시, 게시할 수도 있다.

(5) 미술활동 관찰 및 평가

미술활동 수업 관찰 및 평가표					
학급명	○○반(만 세)	수업 일시	20 년 월 일 요일		
생활주제		일일 주제			
활동명		수업 교사	○○○	평가자	○○○
미술활동 수업 상황					

범주	내 용		그렇다	보통이다	그렇지 않다	비고
미술 활동 선정	1	미술활동이 생활주제와 관련 있는가?	○			
	2	활동이 유아 연령, 발달수준에 적절한가?	○			
	3	미술활동이 교육적 가치가 있는가?		○		
미술 활동 환경	4	유아들의 미술재료 사용이 용이한가?	○			
	5	필요한 자료들이 충분히 제공되는가?		○		
	6	재료의 정리 자리 표시가 되어 있는가?	○			
	7	미완성 작품을 보관할 곳이 있는가?	○			
	8	작품을 전시, 게시할 곳이 있는가?	○			
지도 과정	9	다양한 도입(주의집중) 방법을 선택하는가?			○	
	10	활동에 필요한 재료를 소개하는가?	○			
	11	활동 방법에 대하여 이야기 나누는가?		○		
	12	유아들의 미술활동을 격려하는가?	○			
	13	활동을 정리할 시간을 충분히 주는가?		○		
평가	14	유아의 활동과 작품을 평가하는가?	○			

마무리	15	유아 작품을 전시, 보관하도록 하는가?	○			
	16	차시활동을 예고하는가?	○			
평가 내용	- 유아들이 만들기, 꾸미기 활동에 필요한 재료를 자유롭게 꺼내어 사용할 수 있도록 제공되어 있음 - 재활용품 요구르트 병에 빨대를 붙이려 무독이(본드)를 사용하는 유아들이 보였으나 펀치로 오린 모양 색종이를 이면지에 붙이며 무독이(본드)를 사용하는 유아가 있어 무독이(본드) 사용에 대한 재지도가 필요함 - 자유선택활동이 끝나고 활동 평가시간에 미술활동을 했던 유아들이 자신의 작품을 가지고 나와 친구들에게 보이며 만들기 과정을 설명해 줌					

Tip

다음의 사항을 확인하여 관찰, 평가한다.
- 유아의 연령, 발달수준, 생활주제 등을 고려하여 적절한 미술활동을 선택하였는가?
- 교사가 유아의 미술활동을 격려하기 위하여 발문하는가?
- 유아들의 흥미, 관심을 고려하여 적절한 미술재료가 충분히 제공되는가?
- 유아의 작품을 소개하거나 미술활동에 대한 평가를 나누는 시간이 있는가?
- 작품을 전시, 게시하거나 보관할 수 있는 곳이 있는가?

* 미술활동 지도 시 고려해야 할 여러 가지 사항을 확인하면서 평가, 기록한다.

9) 과학 및 요리활동

(1) 과학활동

① 유아 과학교육의 중요성

현대 생활에서 과학은 우리의 일상생활과 밀접하게 관련되어 많은 혜택을 누리며 살고 있어 그 중요성이 날로 증대되고 있다. 더욱이 유아가 살아가야 할 미래사회는 과학, 기술, 사회가 밀접하게 연결된 세계로 유아기 때부터 체계적인 과학교육이 요구된다. 특히 유아기는 주변의 사물이나 사건, 자연 현상에 민감하고, 호기심을 가지며, 자발적으로 탐구하려는 욕구가 강한 시기이며, 이 호기심과 탐구심은 과학의 기초가 된다고 할 수 있다. 유치원 교육과정에서는 '유아가 과학적 경험에 능동적으로 참여하고 탐구과정에 즐거움을 맛봄으로써 과학과 기술에 대해 흥미를 가지고 지속적으로 탐구하는 데 필요한 확고한 기초를 다지는 것'이라고 유아 과학교육의 중요성을 강조하고 있다.

② 바람직한 교수-학습 방법

- 대집단으로 행하는 실험이 아니라 소집단의 실험으로 이끌어야 한다. 물에 뜨는 것을 알아보는 활동의 경우, 유아 개개인이 모두 물에 넣어 보는 경험을 제공하는 것이 중요하며 경험 없이 지켜보는 것은 단순한 추론과 관찰에 그칠 뿐이다.
- 결과보다 과정을 중요시하는 실험이 되어야 한다. 물에 뜨고 가라앉는 것의 분류도 중요하지만 행위과정에서 다양한 사고를 이끌어 내도록 하는 것이 더 중요하다.
- 유아의 발달 수준을 넘지 않아야 한다.
- 유아의 질문에 과학적 대답을 하도록 한다. 의인화된 표현은 유아의 물활론적 사고의 특성을 강화시킬 우려가 있다.
- '왜'라는 질문의 효과를 과대평가하지 않아야 한다. 유아의 '왜'라는 질문은 '어떻게'라는 질문과 대부분 동일시될 수 있다.

③ 과학활동 방법

- **탐색하기**: 유아들이 오감을 활용하여 다양한 탐색활동을 즐길 수 있도록 한다. 과학 활동에 필요한 준비물이나 도구들을 탐색하면서 무엇을 할 수 있을지 생각해 본다.
- **예측하기**: 준비물과 도구를 활용하여 어떤 실험을 할 수 있을지, 어떤 변화가 생길지 등 실험과정과 결과에 대하여 예측해 본다.
- **약속 정하기**: 실험도구의 안전한 이용, 과학활동 약속 등에 대하여 이야기 나눈다.
- **실험하기**: 유아들이 준비한 실험 재료를 충분히 탐색하고 관찰할 수 있도록 한다. 필요하다면 교사는 다양한 발문으로 유아들의 호기심을 지속시킨다. 교사는 탐색하기, 예측하기, 실험하기 등의 과학활동 과정을 통해 유아들이 "○○과 △△은 무엇이 다를까?" "왜 이렇게 변했을까?"와 같은 과학적 사고

와 태도를 형성할 수 있도록 돕는다.

- **실험과정 회상 및 결과 정리하기**: 실험과정에서 생긴 변화에 대하여 이야기 나누고 더 궁금한 것을 알아보기 위해 어떻게 할 수 있을지 이야기 나눈다. 관찰한 내용이나 실험결과를 글이나 그림, 그래프 등으로 표상해 본다.

④ 과학활동 평가

평가는 교수활동 후 이루어지는 중요한 영역으로 교사는 평가를 통해 유아를 이해하고 자신의 수업기술을 발달시킬 수 있게 된다. 평가는 유아 과학교육 목표 도달을 위해 이루어지며 다음과 같은 원칙을 고려하여야 한다.

첫째, 유아 뿐만 아니라 교사 자신도 평가한다.

둘째, 미래지향적인 평가를 한다.

셋째, 유아 간 평가보다 유아 개인 내 평가를 원칙으로 한다.

최근의 평가 경향은 유아가 수행한 결과에 초점을 두는 것이 아니라 활동이 진행되는 과정에 나타난 모든 것을 함께 모아 평가를 한다. 이 방법은 유아의 행동에 대한 기록을 유지시키는데 필수적이며 특별한 활동목표와 함께 비교될 수 있다. 정보를 체계적으로 기록하기 위하여 교사는 성취된 기술과 목표, 수행된 활동, 프로젝트, 테스트 결과, 활동 과정, 과학영역의 참여 등에 관한 기록과 개인 파일을 만들어 유아들이 함께 기록하도록 한다. 이러한 평가 자료를 바탕으로 유아가 수행해 온 과학활동의 전반적인 사항을 이해할 수 있다.

유아를 위한 평가는 과학활동에 대한 성취 외에 활동 참여와 열의 정도, 관심 영역, 활동의 즐거움도 함께 다루어야 한다. 이러한 중요한 행동과 태도는 주어진 주제의 적절한 성취 뿐만 아니라 미래 어린이들이 과학에 대해 갖는 태도 형성에도 크게 도움을 주게 된다.

(2) 요리활동

① 요리활동의 목적 및 필요성

유아기는 전 조작적 사고 단계로 듣고, 만지고, 보고, 냄새 맡고, 맛보는 등의 감각기관을 통해 일어나는 여러 가지 활동을 통해 개념을 학습하며, 직접적이고 구체적인 사물을 통한 학습이 가장 효과적이다(Piaget, 1964). 그러므로 유아기에 가능한 여러 가지 활동 중 요리하기는 직접적이고 구체적인 조작적 활동으로서 모든 감각을 사용하는 감각 경험에 매우 도움이 되며(Walsh, 1980), 요리과정을 통해 직접적인 관찰, 분류, 측정 및 의사소통의 과정을 통하여 능동적이고 탐구적으로 문제를 해결해 갈 수 있는 매우 바람직한 활동이다.

요리활동은 요리를 해 보는 과정에서 생기는 물리 · 화학적 변화 관찰은 물론, 관련 활동인 시장보기, 측정하기, 요리표 읽기, 요리하기, 또래와 의논하고 협동하기, 정리 정돈하기 등을 통해 사회, 정서, 수, 과학, 언어의 통합적 접근이 매우 용이하다. 또한 요리활동은 유아들에게 감각적 경험, 운동기술, 언어, 읽기와 쓰기, 수학, 과학, 인지적 개념과, 사회, 정서발달을 향상시키도록 돕는다(McAfee, 1974).

② 요리활동의 운영

- 대집단이 아닌 소집단으로 행하는 요리활동을 실시한다.
- 다른 영역과 통합된 요리활동을 제공한다.
- 유아교육 단계에서는 요리의 일반화된 결과를 끌어내는 것보다는 유아들이 다양한 방법으로 탐구해 보는 과정 그 자체에 높은 가치를 둔다.
- 유아의 발달수준을 넘지 않도록 한다. 즉 유아가 직접 행위를 해 보고 자신의 활동을 변화시키며 그 결과를 관찰해 볼 수 있는 활동의 가치가 높이 평가되도록 한다.

③ 요리활동의 과정

요리활동을 계획, 준비하여 진행하기까지의 과정을 보면 다음과 같다.

- 요리활동을 위한 공간에 책상, 조리도구, 요리 재료 등을 세팅한다.
- 유아용 앞치마를 입고 준비하며 손을 깨끗하게 씻도록 지도한다.
- 요리과정에서 지켜야 할 약속에 대하여 함께 이야기 나눈다.
- 재료, 도구, 요리과정 등을 알 수 있도록 요리순서도를 게시한다.
- 주방도구의 안전한 사용에 대하여 이야기 나눈다.
- 유아들이 간단한 요리과정을 직접 경험해 볼 수 있도록 교사가 지원한다.
- 요리과정에서 유아들이 오감을 통해 할 수 있는 경험과 수학적 탐구와 과학적

탐구 과정을 격려하기 위해 교사는 다양한 언어 자극을 줄 수 있다. "딸기의 냄새를 맡아 볼까?", "토마토는 어떤 모양으로 썰어서 준비할까?", "껍질을 벗긴 사과의 색이 어떻게 되었니?" 등이 그것이다.

- 과일 화채 만들기, 경단 빚기, 얼음과자 만들기, 고구마 샐러드 만들기 등과 같은 비교적 간단한 요리활동은 유아들이 즐겁게 참여할 수 있으면서 간식으로도 즐길 수 있는 좋은 요리활동의 예이다.

④ 요리활동의 교육적 효과

- 여러 가지 재료의 직접적인 조작을 통하여 오감각이 발달되고 요리하는 제반 과정에서 기본적인 운동능력이 발달된다. 또한 좋은 식습관과 영양에 대한 지식, 안전 의식 등도 길러 준다.
- 요리활동을 해 봄으로써 자신감과 성취감을 경험하며, 경제생활에 대한 관심도 가지게 되며, 서로 돕는 경험을 통해 유아가 다른 사람에게 중요한 존재라는 것을 느끼게 되고 집단 토의, 계획 등의 과정을 통해 스스로 특별하고 필요하다고 느끼며 협동의 필요성을 배운다.
- 요리과정에서 나는 다양한 소리에 귀를 기울이고 요리 도구를 이용하여 소리를 만들거나 요리활동에 대한 생각과 느낌을 다양하게 표현함으로써 창의력과 표현력이 증가한다.
- 요리활동을 통하여 음식물의 이름, 요리 도구의 이름 등과 같이 다양한 어휘를 습득하고 시간개념이나 비교, 대조하는 표현을 할 수 있게 된다. 또한 요리 과정 중에 다양한 언어적 상호작용을 함으로써 표현력이 향상된다.
- 요리 도구와 기계를 직접 사용해 볼 뿐 아니라 요리 재료를 이용하여 순서짓기, 수 세기, 더하기, 측정하기, 양과 부피개념, 일대일 대응개념 등을 자연스럽게 익힐 수 있다.
- 요리과정 중에 일어나는 문제 상황에 대해 다양한 해결방법을 생각해 보고 독특한 방법으로 요리하는 경험을 통해 창의성을 기를 수 있다.

⑤ 요리활동을 위한 교사 역할

- 유아들에게 준비 자료를 탐색해 볼 수 있는 기회를 제공하고 계속적으로 활동을 확장시킬 수 있도록 활동의 방향을 제시하는 것이 효과적이다.

- 교사는 적절한 시기에 적절한 질문을 해야 한다. 언어적 질문 뿐 아니라 유아에게 도움을 줄 수 있는 재료를 적기에 준비해 주는 것도 일종의 비언어적 질문 방식으로써 언어적 질문 이상의 효과를 거둘 수 있다.
- 유아 주도적으로 활동을 이끌어 나가는 것이 중요하므로 유아들의 활동을 심화시키고 촉진시킬 수 있는 역할을 해야 한다.
- 교실의 물리적 환경구성을 염두에 둔다. 기본적으로 환경을 융통성 있게 구성함으로써 유아 스스로 교구와 환경을 통해 유아들의 자기 주도성이 촉진되고, 상호작용을 격려하는 환경을 구성함으로써 협동심이 촉진된다.

⑥ 과학활동 및 요리활동 관찰 및 평가

과학 및 요리활동 수업 관찰 및 평가표					
학급명	○○반(만 세)	수업 일시	20 년 월 일 요일		
생활주제		일일 주제			
활동명		수업 교사	○○○	평가자	○○○
과학 및 요리활동 수업 상황					

범주	내 용		그렇다	보통이다	그렇지 않다	비고
활동 선정	1	활동이 생활주제와 관련 있는가?	○			
	2	활동이 유아 연령, 발달수준에 적절한가?	○			
	3	활동이 교육적 가치가 있는가?	○			
	4	영양과 건강을 고려한 활동인가?	○			
환경 및	5	재료 및 도구가 유아 수준에 적절한가?		○		

도구	6	재료 및 도구 사용 시 안전한가?	○			
	7	필요한 재료가 충분히 제공되는가?		○		
	8	활동을 위한 공간이 확보되었는가?	○			
	9	물의 사용이 용이한가?	○			
과학·요리 순서도	10	활동과정을 알리는 순서도가 있는가?	○			
	11	과정을 구체적으로 안내하는가?		○		
	12	내용이 유아 연령, 발달수준에 적절한가?	○			
집단 (대형)	13	개별 또는 소집단으로 실시하는가?	○			
	14	교사 지원이 가능한 집단 구성인가?	○			
지도 과정	15	생활주제 관련 사전활동을 하는가?	○			
	16	손씻기 지도를 하는가?	○			
	17	앞치마를 입도록 지도하는가?	○			
	18	재료를 소개하고 탐색 시간을 주는가?	○			
	19	활동 방법에 대하여 이야기 나누는가?	○			
	20	유아 주도 활동을 허용, 격려하는가?			○	
	21	도움이 필요한 경우 적절하게 지원하는가?	○			
	22	유아와 활발하게 상호작용하는가?		○		
	23	활동 정리 시간을 충분히 주는가?	○			
	24	활동 후 음식을 간식으로 제공하는가?	○			
	25	유아들과 활동에 대하여 평가하는가?	○			
마무리	26	활동이 끝났음을 안내하는가?	○			
	27	차시활동을 예고하는가?	○			
평가 내용	– 유아들이 사전 경험으로 텃밭 체험을 했고 텃밭 수확물을 가지고 요리활동을 진행하였기 때문에 관심과 호기심이 집중되어 있었음 – 서툴지만 유아들이 요리 재료를 직접 썰고, 담고, 섞는 등 직접 체험하였기 때문에 어느 활동보다 활기 있고 참여가 높았음 – 재료 탐색과 요리활동 과정 알아보기, 결과 예측하기 과정에서 교사와 유아들의 언어 상호작용이 활발하게 진행됨					

Tip

다음의 사항을 확인하여 관찰, 평가한다.

- 유아의 연령, 발달수준, 생활주제 등을 고려하여 적절한 활동을 선택하였는가?
- 교사는 활동 과정에서 유아의 탐색, 탐구활동을 격려하기 위한 발문을 하는가?
- 활동에 대한 경험, 생각, 느낌을 나누는 평가 시간이 있는가?

* 과학활동 및 요리활동 지도 시 고려해야 할 사항을 확인하면서 평가, 기록한다.

제7장

유아관찰 및 행동연구의 활용

1. 3-5세 연령별 누리과정 평가
2. 누리과정 영역별 포트폴리오 평가
3. 누리과정 영역별 포트폴리오 평가 실제
4. 3-5세 연령별 누리과정 평가도구(서울형)

유아 평가는 개별 유아에 대한 이해를 높이고 유아의 발달과 성취수준을 평가하여 이를 교육활동에 반영함으로써 유아가 최적의 발달을 할 수 있도록 도와주는 과정이다. 유아기는 발달의 속도가 빠르고 개인차가 크며 유아의 행동에 영향을 미치는 요인들이 다양해서 유아를 제대로 평가하는 것은 쉽지 않다. 3-5세 누리과정을 운영하면서 교사는 유아평가의 중요성을 재인식하고 유아 평가를 3-5세 누리과정 구성 및 운영의 한 부분으로 포함하여 그 결과를 반영하는 과정을 일상화해야 한다. 그러기 위해서는 유치원 교육활동에서 관찰을 통해 유아의 가능성을 확인하고 잠재적인 발달수준의 향상 정도를 파악할 수 있어야 한다.

1. 3-5세 연령별 누리과정 평가

1) 3-5세 연령별 누리과정과 유아 평가

(1) 유아 평가의 목적

유아를 평가하기 위해 교사는 유아 평가를 왜 하는지 그 목적을 분명히 해야 한다. 유아 평가는 일반적으로 3-5세 유아의 발달수준과 교육목표 성취 여부를 파악하고 교육활동의 개선방안을 모색하며, 부모와의 의사소통을 위해 실시하지만 궁극적으로는 유아 개인의 전인적인 발달을 도와주는 것을 목적으로 한다.

(2) 유아 평가의 내용 및 방법

첫째, 3-5세 연령별 누리과정 목표와 내용에 근거하여 유아의 특성과 변화 정도를 평가한다. 유아에 대한 평가는 궁극적으로 개별 유아에 대한 이해를 높이고 유아의 전인적인 발달에 도움을 줄 수 있도록 하기 위해 실시하는 것이다. 유아를 평가할 때는 누리과정의 목표와 내용을 준거로 하되, 성취 중심의 결과 평가보다는 변화 과정을 진술하는 평가가 이루어지는 것이 바람직하다.

둘째, 유아의 지식, 기능, 태도를 포함하여 평가한다.

누리과정은 3-5세 유아의 심신의 건강과 조화로운 발달을 도와 민주시민의 기초를 형성하는 것을 목적으로 하며 3-5세 유아가 갖추어야 할 기본능력과 소양을 기르기 위한 것으로 세부내용은 지식, 기능, 태도, 가치를 포함하고 있다.

셋째, 유아의 일상생활과 누리과정 활동 전반에 걸쳐 평가한다.

유아는 다양하게 편성된 하루 일과에 참여하면서 여러 가지 경험을 한다. 유아를 평가하고자 할 때에는 특정 활동이나 영역에 초점을 맞추기보다 일과 전반에 걸쳐 관찰한 것에 기초하여 평가하는 것이 바람직하다. 자유선택활동, 대 · 소집단활동, 급 · 간식 및 정리 정돈, 등원 및 귀가 등 유아가 참여하게 되는 일상생활과 교육활동을 고르게 관찰하고 체계적으로 자료를 수집하여 평가한다.

넷째, 관찰, 활동결과물 분석, 부모면담 등 다양한 방법을 사용하여 종합적으로 평가하고 그 결과를 기록한다.

유아를 평가할 때에는 여러 내용을 다양한 방법을 통해서 정보를 수집하고 그것에 기초하여 결과를 분석하는 것이 바람직하다. 가장 많이 사용되는 방법은 유아를 관찰하는 것이다. 하루 일과에서 유아가 참여하는 놀이의 종류나 수준, 친구관계, 활동 몰입 정도, 일상생활 수행정도 등 관찰 가능한 여러 행동을 구체적으로 기록하고 그 자료를 기초로 유아를 평가한다. 부모와의 주기적인 개별 면담을 통해 기관에서 관찰하지 못하는 유아에 대한 정보를 추가하여 종합적으로 유아를 평가하고 이를 기록해 둔다.

(3) 유아 평가 결과 활용

유아 평가 결과는 유아에 대한 이해와 누리과정 운영개선 및 부모면담 자료로 활용할 수 있다. 누리과정 편성 · 운영 시 유아 평가를 기초로 개별적인 유아의 요구를 반영하고, 유아 평가 결과를 부모면담 자료로 활용하여 유아에 대한 정보를 가정과 공유하고 가정과의 연계교육 속에서 전인발달을 도모하도록 한다.

(4) 유아 평가 연간 계획표

영역	평가내용	평가시기 및 평가도구 또는 수집자료		
		1회	2회	3회
신체운동·건강	신체 인식하기			
	신체 조절과 기본 운동하기			
	신체활동에 참여하기			
	건강하게 생활하기			
	안전하게 생활하기			
의사소통	듣기			
	말하기			
	읽기			
	쓰기			
사회관계	나를 알고 존중하기			
	나와 다른 사람의 감정 알고 조절하기			
	가족을 소중히 여기기			
	다른 사람과 더불어 생활하기			
	사회에 관심 갖기			
예술경험	아름다움 찾아보기			
	예술적 표현하기			
	예술 감상하기			
자연탐구	탐구하는 태도 기르기			
	수학적 탐구하기			
	과학적 탐구하기			

* 자료: 교육과학기술부(2013). 3–5세 연령별 누리과정 해설서. 교육과학기술부 · 보건복지부의 내용에 근거하여 구성.

2) 3-5세 연령별 누리과정 교육내용 평가

(1) 3세 교육내용 체크리스트

3세 교육내용 체크리스트				
영역	내용 범주	내 용	3세 교육내용	
			반영	미반영
신체운동 · 건강	신체 인식하기	감각능력 기르고 활용하기		
		신체를 인식하고 움직이기		
	신체 조절과 기본 운동하기	신체 조절하기		
		기본 운동하기		
	신체활동에 참여하기	자발적으로 신체활동에 참여하기		
		바깥에서 신체활동하기		
		기구를 이용하여 신체활동하기		
	건강하게 생활하기	몸과 주변을 깨끗이 하기		
		바른 식생활하기		
		건강한 일상생활하기		
		질병 예방하기		
	안전하게 생활하기	안전하게 놀이하기		
		교통안전 규칙 지키기		
		비상 시 적절히 대처하기		
의사 소통	듣기	낱말과 문장 듣고 이해하기		
		이야기 듣고 이해하기		
		동요, 동시, 동화 듣고 이해하기		
		바른 태도로 듣기		
	말하기	낱말과 문장으로 말하기		
		느낌, 생각, 경험 말하기		
		상황에 맞게 바른 태도로 말하기		
	읽기	읽기에 흥미 가지기		
		책읽기에 관심 가지기		
	쓰기	쓰기에 관심 가지기		
사회 관계	나를 알고 존중하기	나를 알고, 소중히 여기기		
		나의 일 스스로 하기		

	나와 다른 사람의 감정 알고 조절하기	나와 다른 사람의 감정 알고 표현하기		
		나의 감정 조절하기		
	가족을 소중히 여기기	가족과 화목하게 지내기		
		가족과 협력하기		
	다른 사람과 더불어 생활하기	친구와 사이좋게 지내기		
		공동체에서 화목하게 지내기		
		사회적 가치를 알고 지키기		
	사회에 관심 갖기	지역사회에 관심 갖고 이해하기		
		우리나라에 관심 갖고 이해하기		
예술 경험	아름다움 찾아보기	음악적 요소 탐색하기		
		움직임과 춤 요소 탐색하기		
		미술적 요소 탐색하기		
	예술적 표현하기	음악으로 표현하기		
		움직임과 춤으로 표현하기		
		미술활동으로 표현하기		
		극놀이로 표현하기		
		통합적으로 표현하기		
	예술 감상하기	다양한 예술 감상하기		
		전통예술 감상하기		
자연 탐구	탐구하는 태도 기르기	호기심을 유지하고 확장하기		
		탐구과정 즐기기		
	수학적 탐구하기	수와 연산의 기초개념 알아보기		
		공간과 도형의 기초개념 알아보기		
		기초적인 측정하기		
		규칙성 이해하기		
		기초적인 자료 수집과 결과 나타내기		
	과학적 탐구하기	물체와 물질 알아보기		
		생명체와 자연환경 알아보기		
		자연현상 알아보기		
		간단한 도구와 기계 활용하기		

* 자료: 교육과학기술부(2013). 3-5세 연령별 누리과정 해설서. 교육과학기술부 · 보건복지부의 내용에 근거하여 구성.

(2) 4-5세 교육내용 체크리스트

4-5세 교육내용 체크리스트				
영역	내용 범주	내 용	4-5세 교육내용	
			반영	미반영
신체운동·건강	신체 인식하기	감각능력 기르고 활용하기		
		신체를 인식하고 움직이기		
	신체 조절과 기본 운동하기	신체 조절하기		
		기본 운동하기		
	신체활동에 참여하기	자발적으로 신체활동에 참여하기		
		바깥에서 신체활동하기		
		기구를 이용하여 신체활동하기		
	건강하게 생활하기	몸과 주변을 깨끗이 하기		
		바른 식생활하기		
		건강한 일상생활하기		
		질병 예방하기		
	안전하게 생활하기	안전하게 놀이하기		
		교통안전 규칙 지키기		
		비상 시 적절히 대처하기		
의사소통	듣기	낱말과 문장 듣고 이해하기		
		이야기 듣고 이해하기		
		동요, 동시, 동화 듣고 이해하기		
		바른 태도로 듣기		
	말하기	낱말과 문장으로 말하기		
		느낌, 생각, 경험 말하기		
		상황에 맞게 바른 태도로 말하기		
	읽기	읽기에 흥미 가지기		
		책읽기에 관심 가지기		
	쓰기	쓰기에 관심 가지기		
		쓰기도구 사용하기		
사회관계	나를 알고 존중하기	나를 알고, 소중히 여기기		
		나의 일 스스로 하기		

	나와 다른 사람의 감정 알고 조절하기	나와 다른 사람의 감정 알고 표현하기		
		나의 감정 조절하기		
	가족을 소중히 여기기	가족과 화목하게 지내기		
		가족과 협력하기		
	다른 사람과 더불어 생활하기	친구와 사이좋게 지내기		
		공동체에서 화목하게 지내기		
		사회적 가치를 알고 지키기		
	사회에 관심 갖기	지역사회에 관심 갖고 이해하기		
		우리나라에 관심 갖고 이해하기		
		세계와 여러 문화에 관심 가지기		
예술 경험	아름다움 찾아보기	음악적 요소 탐색하기		
		움직임과 춤 요소 탐색하기		
		미술적 요소 탐색하기		
	예술적 표현하기	음악으로 표현하기		
		움직임과 춤으로 표현하기		
		미술활동으로 표현하기		
		극놀이로 표현하기		
		통합적으로 표현하기		
	예술 감상하기	다양한 예술 감상하기		
		전통예술 감상하기		
자연 탐구	탐구하는 태도 기르기	호기심을 유지하고 확장하기		
		탐구과정 즐기기		
		탐구기술 활용하기		
	수학적 탐구하기	수와 연산의 기초개념 알아보기		
		공간과 도형의 기초개념 알아보기		
		기초적인 측정하기		
		규칙성 이해하기		

		기초적인 자료 수집과 결과 나타내기		
	과학적 탐구하기	물체와 물질 알아보기		
		생명체와 자연환경 알아보기		
		자연현상 알아보기		
		간단한 도구와 기계 활용하기		

* 자료: 교육과학기술부(2013). 3-5세 연령별 누리과정 해설서. 교육과학기술부 · 보건복지부의 내용에 근거하여 구성함.

2. 누리과정 영역별 포트폴리오 평가

유아에 대한 바른 이해와 평가의 결과가 모든 유아교육활동의 성과를 측정하는 출발점이 된다는 점에서 유아교육에서의 유아 평가는 중요한 것이다. 특히 교육과정 구성방침의 하나로 교육과정 평가체제를 확립하여 유아교육의 질 관리를 강화하도록 하고 있으며 교육과정 영역별 목표와 내용을 준거로 하여 유아의 성취정도를 평가하도록 하고 있다.

유아교육의 과정을 성공적으로 적용하여 유아들의 개별화에 도움이 되기 위해서는 교육활동 수행과정에서 나타나는 다양한 결과물들을 잘 수집할 수 있는 방안들이 모색되어야 한다. 이러한 것이 유아교육에 수행평가가 도입되어야 하는 이유이며, 이에 유아의 수행기록들을 수집하고 학습자의 장점에 초점을 맞추는 새로운 평가방법인 포트폴리오 평가는 유아기에 사용하기에 적합한 방법이라고 할 수 있다.

1) 유아교육의 특징과 포트폴리오 평가

유아교육 현장에서 활동할 수 있는 평가방법들 중에서 포트폴리오 평가는 유아교육기관이 갖는 독특한 특성으로 인해 자연스럽고 바람직한 평가방법으로 인식되고 있다. 포트폴리오 평가가 다른 초 · 중등교육기관과 비교하여 유아교육기관에서 특별히 중요하며 바람직한 방법으로 여겨지는 이유는 구체적으로 다음과 같다.

① 유아교육에 있어서 부모참여는 필수적인 요소이다.
② 유아교육기관에서의 활동은 통합적으로 이루어진다.
③ 유아교육은 교육과정의 운영에서 융통성이 많이 부여되어 있다.
④ 유아교육에서는 결과 중심이 아닌 과정 중심의 활동을 많이 한다.

2) 포트폴리오 평가 목적

① 포트폴리오 평가를 통하여 유아의 능력이 진보되어 가는 과정을 보며, 1년 동안 유아가 경험한 것에 대한 풍부한 정보를 제공받을 수 있고 여러 영역에서의 유아의 다양한 능력들을 살펴볼 수 있다.

② 유아의 작품을 검토하고, 행동을 관찰하며 현재 유아의 발달 상태를 파악하고, 자신의 교수 활동이 개별 유아의 수준에 적절한지 살펴볼 수 있다.

③ 평가과정에 유아를 참여시킴으로써 유아 스스로 학습에 대한 동기와 책임을 증진하고 자율성을 향상시킬 수 있다.

3) 포트폴리오 평가 내용

포트폴리오를 활용하여 평가를 하고자 하는 교사가 가장 관심을 두는 것은 포트폴리오 속에 무엇을 넣고, 어떻게 조직하여, 어떻게 활용할 것인가이다.

포트폴리오 평가는 평가의 목적, 용도, 유아의 능력 수준, 관심 영역 등에 따라서 포함될 수 있는 내용이 다양하므로 필수 내용의 범위를 규정하기가 힘들다. 그러나 여러 연구물들을 통해 포트폴리오를 효과적으로 조직할 수 있는 내용들을 보면 작업표본, 날짜, 분류표, 자기 반영, 논평, 내용목차, 학습일지, 관찰기록 등이 포함될 수 있으며 특히 강조되고 있는 것은 유아의 작업 표본, 유아의 자기반영(평가), 교사의 관찰기록이다.

표 7-1

연령별 포트폴리오 평가 내용 예시

연령별 포트폴리오 평가 내용				
영 역		3세(30개 항목)	4세(31개 항목)	5세(32개 항목)
신체운동 · 건강	공통 항목	* 신체운동 · 건강 일화 기록 1. 기본생활습관(신체) 2. 매트 구르기 3. 가위질하기 4. 신체발달상황(키, 몸무게) 5. 앵금질 6. 기초체력평가	* 신체운동 · 건강 일화 기록 1. 기본생활습관(신체) 2. 매트 구르기 3. 가위질하기 4. 신체발달상황(키, 몸무게) 5. 앵금질 6. 기초체력평가	* 신체운동 · 건강 일화 기록 1. 기본생활습관(신체) 2. 매트 구르기 3. 가위질하기 4. 신체발달 상황(키, 몸무게) 5. 앵금질 6. 기초체력 평가
	연령별 항목	7. 선 따라 걷기 (직선, 곡선걷기, 균형잡기) 8. 계단 올라가고 내려오기	7. 평균대 (걷기, 방향바꾸기, 균형잡기) 8. 후프	7. 평균대 (걷기, 방향바꾸기, 균형잡기) 8. 줄넘기
의사 소통	공통 항목	* 의사소통 일화기록 1. 책에 관심가지기 (도서대여 목록) 2. 듣기 3. 읽기발달 4. 말하기(주말 이야기) 5. 이름쓰기 인식	* 의사소통 일화기록 1. 책을 읽고 이해하기 (도서대여 목록) 2. 듣기 3. 읽기발달 4. 말하기(주말 이야기) 5. 쓰기(편지쓰기)	* 의사소통 일화기록 1. 책을 읽고 이해하기 (동화책 읽은 목록) 2. 듣기 3. 읽기발달 4. 말하기(이야기 나누기) 5. 쓰기(편지쓰기)
사회 관계	공통 항목	* 사회관계 일화기록 1. 교우도 2. 놀이참여하기 3. 자유선택관찰/모습 4. 자아개념(3세용)	* 사회관계 일화기록 1. 교우도 2. 놀이참여하기 3. 자유선택관찰/모습 4. 자아개념(4, 5세용)	* 사회관계 일화기록 1. 교우도 2. 놀이참여하기 3. 자유선택관찰/모습 4. 자아개념(4, 5세용)
	연령별 항목	5. 적응 6. 기질	5. 적응	

예술 경험	공통 항목	* 예술경험 일화기록 1. 인물화(견본 첨부) 2. 입체표상 능력(블록) 견본첨가 3. 음악표현(노래/악기 연주) 4. 극놀이로 표현하기 5. 창의적 표현(동작) 6. 평면표상능력(그리기) 7. 유아가 뽑은 작품(4개)	* 예술경험 일화기록 1. 인물화(견본 첨부) 2. 입체표상 능력 견본첨가 3. 음악표현 능력 4. 극놀이로 표현하기 5. 창의적 표현(동작) 6. 평면표상 능력(그리기) 7. 유아가 뽑은 작품(4개)	* 예술경험 일화기록 1. 인물화(견본 첨부) 2. 입체표상 능력 견본첨가 3. 음악표현 능력 4. 극 놀이로 표현하기 5. 창의적 표현(동작) 6. 평면표상 능력(그리기) 7. 유아가 뽑은 작품(4개)
자연 탐구	공통 항목	* 자연탐구 일화기록 1. 동 · 식물 관찰 (달팽이, 씨앗, 콩나물) 2. 요리활동 3. 패턴구성하기 4. 칠교로 구성하기	* 자연탐구 일화기록 1. 동 · 식물 관찰 (달팽이, 강낭콩/ 배추) 2. 요리활동 3. 패턴구성하기 4. 칠교로 구성하기	* 자연탐구 일화기록 1. 식물 관찰 (감자, 배추) 2. 요리활동 3. 패턴구성하기 4. 칠교로 구성하기
	연령별 항목	5. 수세기	5. 수세기/더하기 6. 실험(물)	5. 더하기 6. 빼기 7. 견학활동 8. 실험(자석)

* 자료: 5세 포트폴리오 평가 연간계획(원광대학교 사범대학 부속유치원). 인용.

표 7-2

5세 포트폴리오 평가 연간계획 예시

	신체운동 · 건강	의사소통	사회관계	예술경험	자연탐구
내용 범주	· 신체인식하기 · 신체조절과 기본 운동하기 · 신체활동에 참여하기 · 건강하게 생활하기 · 안전하게 생활하기	· 듣기 · 말하기 · 읽기 · 쓰기	· 나를 알고 존중하기 · 나와 다른 사람의 감정알고 조절하기 · 가족을 소중히 여기기 · 다른 사람과 더불어 생활하기 · 사회에 관심가지기	· 아름다움 찾아보기 · 예술적 표현 즐기기 · 예술 감상하기	· 탐구하는 태도 기르기 · 수학적 탐구하기 · 과학적 탐구하기

3월	* 기본생활습관 1차 * 가위질하기 1차 * 신체발달 상황 1차 * 앵금질 1차 * 평균대 1차	* 책을 읽고 이해하기 1차 * 읽기발달 1차 * 쓰기 1차	* 교우도 1차 * 놀이참여하기 1차 * 자유선택모습 1차	* 인물화 1차 * 입체표상 능력 2차 * 음악표현 능력 1차 * 평면표상 능력 1차	* 패턴구성하기 1차 * 칠교 구성하기 1차 * 실험(자석) 1차
4월	* 매트 구르기 1차 * 기초체력 평가 1차 * 줄넘기 1차	* 듣기 1차	* 자아개념 1차	* 인물화 견본 * 극놀이 1차 * 창의적 표현 1차 * 유아가 뽑은 작품 1차	* 감자관찰 1차 * 요리활동 1차 * 더하기 1차 * 빼기 1차
5월	* 매트 구르기 2차 * 앵금질 2차	* 책을 읽고 이해하기 2차 * 말하기 1차	* 놀이참여하기 2차 * 자유선택모습 2차	* 인물화 견본 * 노래/악기연주 1차	* 칠교로 구성하기 2차
6월	* 일화기록 1차 * 기본생활습관 2차 * 가위질하기 2차 * 신체발달 상황 2차 * 평균대 2차	* 일화기록 1차 * 듣기 2차 * 말하기 1차	* 일화기록 1차 * 교우도 1차 * 자아개념 2차	* 일화기록1차 * 인물화 2차 * 입체표상 능력 2차 * 평면표상 능력 2차	* 일화기록 1차 * 감자관찰 2차 * 견학활동 1차
7월	* 줄넘기 2차	* 쓰기 2차 * 동화책 읽기 목록 1차	* 자유선택 평가 1차	* 유아가 뽑은 작품 2차 * 음악표현 능력 2차	* 패턴구성하기 2차 * 실험(자석) 2차
8, 9월	* 신체발달 상황 3차		* 자유선택 모습 3차		* 배추관찰 1차
10월	* 기초체력 평가 2차 * 일화기록 4차	* 말하기 2차	* 놀이참여하기 3차		* 배추관찰 2차
11월	* 일화기록 2차 * 매트 구르기 3차 * 앵금질 3차 * 평균대 3차	* 일화기록 2차 * 말하기 3차 * 쓰기 3차	* 교우도 3차 * 자아개념 3차	* 입체작품 3차 * 평면표상 능력 3차	* 식물관찰 4차 * 요리활동 2차

12월	* 가위질하기 3차 * 신체발달 상황 4차	* 책을 읽고 이해하기 3차 * 듣기 3차	* 일화기록 2차 * 자유선택 모습 4차	* 일화기록 2차 * 인물화 3차 * 입체표상 능력 3차 * 창의적 표현 2차 * 극놀이 2차	* 일화기록 2차 * 패턴구성하기 3차 * 실험(자석) 3차 * 더하기 2차 * 빼기 2차
1, 2월	* 줄넘기 3차 * 기본생활습관 3차	* 동화책읽기목록 2차	* 자유선택 평가 2차		* 칠교 구성하기 3차 * 견학활동 2차

* 자료: 5세 포트폴리오 평가 연간계획(원광대학교 사범대학 부속유치원). 인용.

4) 포트폴리오 평가 시 교사 역할

① 포트폴리오 평가에서는 유아들은 일방적인 평가 대상자가 아니라 평가의 주체가 되어야 하므로 교사는 평가과정에 유아들을 참여시킬 방법들을 고안하고 실행해야 한다.

② 교사는 수업과정에서 교수와 평가를 통합시키는 역할을 해야 한다. 수업목표에 기초하여 과제를 계획하고 선정하며, 세부적인 포트폴리오 평가방법을 결정하고 교수방법과 평가를 통합시켜야 한다.

③ 포트폴리오 평가의 성공적인 실행을 위해서 교사는 부모와도 적절한 관계를 맺어야 한다. 교사는 정기적 혹은 비정기적으로 개별 유아에 대한 발달의 증거를 수집하여야 한다.

④ 교육과정 선정에서부터 자료 개발과 평가에 이르기까지 동료 교사들과의 협력적인 작업과 분담 활동이 중요하다.

5) 포트폴리오 평가의 교육적 효과

① 포트폴리오 평가를 통하여 여러 영역에서의 유아의 다양한 능력들을 살펴볼 수 있으며 개인의 능력에 맞는 교수 활동을 계획, 실행할 수 있다.

② 유아의 작품을 검토하고, 행동을 관찰하며 현재 유아의 발달 상태를 파악하

고, 자신의 교수 활동이 개별 유아의 수준에 적절한지 살펴볼 수 있다.

③ 평가과정에 유아를 참여시킴으로써 자율성을 향상시킬 수 있다.

3. 누리과정 영역별 포트폴리오 평가 실제

유아교육의 교육적 효과를 극대화하고 유아들의 개별화 교육을 지원하기 위해서는 교육활동 수행과정에서 나타나는 유아들의 다양한 결과물들을 수집할 수 있는 포트폴리오 평가 방안들이 모색되어야 한다. 이에 본 장에서는 다양한 방법으로 유치원 현장에서 실시하고 있는 누리과정 5개 영역별 포트폴리오 평가 양식을 3-5세 연령별 누리과정(2013)의 교육내용을 토대로 수정 · 보완하여 제시하고자 한다.

1) 신체운동 · 건강영역

(1) 포트폴리오 평가 항목

<table>
<tr><th>영역 내용</th><th colspan="2">평가 항목</th><th>3세</th><th>4세</th><th>5세</th><th>방법</th><th>자료</th></tr>
<tr><td rowspan="9">* <u>신체 성장</u>

① 기본생활습관
② 기초체력
: 근력, 지구력, 유연성, 평형성, 민첩성, 순발력 등
③ 운동 능력
: 대 · 소근육</td><td colspan="2">신체운동 · 건강 일화기록</td><td></td><td></td><td></td><td></td><td></td></tr>
<tr><td colspan="2">기본생활습관(*식사 습관, 이 닦기, 정리 · 정돈 등) 평정척도</td><td>○</td><td></td><td></td><td>관찰</td><td>사진</td></tr>
<tr><td colspan="2">체격검사(*키, 몸무게 등)</td><td>○</td><td></td><td></td><td>검사</td><td>자료</td></tr>
<tr><td rowspan="6">기초
체력
평정
척도</td><td>몸 지탱하기</td><td></td><td></td><td></td><td></td><td></td></tr>
<tr><td>25M 달리기</td><td></td><td></td><td></td><td></td><td></td></tr>
<tr><td>앉아서 몸 앞으로 굽히기</td><td></td><td></td><td></td><td></td><td></td></tr>
<tr><td>평균대 외발서기</td><td></td><td></td><td></td><td></td><td></td></tr>
<tr><td>모둠발 뛰어넘기</td><td></td><td></td><td></td><td></td><td></td></tr>
<tr><td>제자리 멀리뛰기</td><td></td><td></td><td></td><td></td><td></td></tr>
</table>

	대근육 운동 능력 평정 척도	선 따라 걷기	○			관찰	사진
		계단 오르내리기	○			관찰	사진
		평균대 걷기					
		후프하기	○			관찰	사진
		줄넘기하기	○			관찰	사진
		매트 앞구르기	○			관찰	사진
		앙감질하기					
	소근육 운동능력	가위질하기	○			관찰	작품

(2) 포트폴리오 평가 사례

① 기본생활습관

신체운동 · 건강영역 포트폴리오 평가 – 기본생활습관							
유아명	○ ○ ○(만 세)	활동명	기본생활습관				
평가 시기	1차 : 20 . . . 2차 : 20 . . .	평가 유형	평정척도				
내 용	· 건강하게 생활하기–몸과 주변을 깨끗이 하기/식습관 지도/정리 · 정돈						
평가 관점	· 자신의 몸과 주변을 깨끗이 하는가? · 적당한 양의 음식을 골고루 섭취하는가? · 음식을 소중히 여기고 식사예절을 지키는가?						
항 목	평 정 척 도	1차			2차		
		그렇지 않다	그렇다	매우 그렇다	그렇지 않다	그렇다	매우 그렇다
평가 내용	식사 전에 손을 깨끗이 씻는다.	○				○	
	올바른 식습관을 가지고 있다.	○			○		
	혼자서 옷을 입고 벗을 수 있다.	○				○	
	이를 깨끗이 닦는다.		○				○
	놀이 후 정리 · 정돈을 한다.	○				○	
	친구들의 놀잇감 정리를 돕는다.	○				○	

사진 자료	 △ 손씻기 검사  △ 놀잇감 정리 · 정돈하기
총 평	▷ 1차, 2차 결과를 비교해 볼 때 기본생활습관의 형성과 변화가 눈에 보임. 손씻기, 옷 입기, 정리 · 정돈하기 등에서 향상되고 있는 모습을 보임. 친구와 놀잇감 정리를 함께 하는 경험이나 협력의 즐거움을 느낄 수 있게 하는 활동이 필요함

② 체격 검사

신체운동 · 건강영역 포트폴리오 평가 - 체격 검사					
유아명	○ ○ ○(만 세)				
검 사	횟수	날 짜	키(㎝)	몸무게(㎏)	비고
	1차	20 . . .	112.4㎝	20.5㎏	
	2차	20 . . .	116.3㎝	22㎏	
평가 관점	· 한국소아표준발육치(2007)와 비교하여 성장과 발육이 어떠한가? · 1차 측정치와 2차 측정치를 비교하여 어느 정도의 변화를 보이는가?				
사진 자료	 △ 체격 검사 1  △ 체격 검사 2				
총 평	▷ 1학기와 2학기에 실시한 체격검사에서 또래와 비슷한 수준의 정상 성장을 보임 건강과 운동, 신체 움직임과 관련된 다양한 활동을 통해 건강을 유지할 수 있도록 지속적인 지도와 활동 제공이 필요함				

③ 대근육 운동능력

가. 선 따라 걷기

<table>
<tr><th colspan="6">신체운동 · 건강영역 포트폴리오 평가 – 선 따라 걷기</th></tr>
<tr><td>유아명</td><td colspan="2">○ ○ ○(만 세)</td><td>활동명</td><td colspan="2">선 따라 걷기</td></tr>
<tr><td rowspan="2">평가
시기</td><td colspan="2">1차 : 20 . . .</td><td rowspan="2">평가
유형</td><td colspan="2" rowspan="2">평정척도</td></tr>
<tr><td colspan="2">2차 : 20 . . .</td></tr>
<tr><td>내 용</td><td colspan="5">· 나의 몸 인식하기 – 나의 몸을 인식하고 움직이기</td></tr>
<tr><td>평가
관점</td><td colspan="5">· 선을 인식하고 선을 따라 걸을 수 있는가?
· 균형을 유지하며 선을 따라 걸을 수 있는가?</td></tr>
<tr><td>항 목</td><td colspan="3">평 정 척 도</td><td>1차</td><td>2차</td></tr>
<tr><td rowspan="7">평가
내용</td><td rowspan="3">걷
기</td><td colspan="2">선을 무시하고 마음대로 걷는다.</td><td></td><td></td></tr>
<tr><td colspan="2">선 따라 걷지만 흔들거리거나 선 밖으로 발이 벗어난다.</td><td>○</td><td></td></tr>
<tr><td colspan="2">균형을 유지하며 선 따라 자연스럽게 걷는다.</td><td></td><td>○</td></tr>
<tr><td rowspan="2">곡선
걷기</td><td colspan="2">곡선을 걷지만 흔들거리거나 선 밖으로 발이 벗어난다.</td><td>○</td><td></td></tr>
<tr><td colspan="2">균형을 유지하며 곡선을 따라 자연스럽게 걷는다.</td><td></td><td>○</td></tr>
<tr><td rowspan="2">균형
잡기</td><td colspan="2">선 따라 걷다가 신호에 멈춰서 한 발 들어 균형을 잡는다.</td><td>○</td><td>○</td></tr>
<tr><td colspan="2">신호에 멈춤 동작 없이 걷다가 한 발 들어 균형을 잡는다.</td><td></td><td></td></tr>
<tr><td>사진
자료</td><td colspan="5">
△ 직선 걷기

△ 한 발 들고 균형잡기</td></tr>
<tr><td>총 평</td><td colspan="5">▷ 제시된 조건을 지키며 몸의 균형을 유지, 조절하면서 걷기가 가능해짐. 걷기와 신호 듣고 멈추기, 균형잡기의 다양한 조건을 수행할 수 있게 됨. 몸의 균형을 잡고 멈춰 서기는 가능하나 지속적으로 균형을 유지하는 것에는 어려움이 있음</td></tr>
</table>

나. 계단 오르고 내리기

<table>
<tr><th colspan="5">신체운동 · 건강영역 포트폴리오 평가 - 계단 오르고 내리기</th></tr>
<tr><td>유아명</td><td colspan="2">○ ○ ○(만 세)</td><td>활동명</td><td>계단 오르고 내리기</td></tr>
<tr><td rowspan="2">평가
시기</td><td colspan="2">1차 : 20 . . .</td><td rowspan="2">평가
유형</td><td rowspan="2">평정 척도</td></tr>
<tr><td colspan="2">2차 : 20 . . .</td></tr>
<tr><td>내 용</td><td colspan="4">· 신체조절과 기본운동하기 - 신체 조절하기</td></tr>
<tr><td>평가
관점</td><td colspan="4">· 신체 각 부분의 특성을 활용하여 움직일 수 있는가?
· 균형을 유지하며 계단을 오르고 내릴 수 있는가?</td></tr>
<tr><td>항 목</td><td colspan="2">평 정 척 도</td><td>1차</td><td>2차</td></tr>
<tr><td rowspan="8">평가
내용</td><td rowspan="4">계단오르기</td><td>손잡이 잡고 한 계단에 두 발 딛고서 다음 계단을 오른다.</td><td>○</td><td></td></tr>
<tr><td>손잡이 안 잡고 한 계단 두 발 딛고서 다음 계단을 오른다.</td><td></td><td></td></tr>
<tr><td>손잡이 잡고 두 발 바꿔 가며 한 계단에 한 발씩 오른다.</td><td></td><td>○</td></tr>
<tr><td>손잡이 안 잡고 두 발 바꿔 가며 한 계단 한 발씩 오른다.</td><td></td><td></td></tr>
<tr><td rowspan="4">계단내리기</td><td>손잡이 잡고 두 발 같은 계단에 딛고 나서 내려온다.</td><td>○</td><td></td></tr>
<tr><td>손잡이 안 잡고 두 발 같은 계단 딛고 나서 내려온다.</td><td></td><td></td></tr>
<tr><td>손잡이 잡고 두 발 바꿔가며 한 계단에 한 발씩 내려온다.</td><td></td><td>○</td></tr>
<tr><td>손잡이 안 잡고 두 발 바꿔가며 한 계단 한 발씩 내려온다.</td><td></td><td></td></tr>
<tr><td>사진
자료</td><td colspan="4">
△ 계단 오르기

△ 계단 내려가기</td></tr>
<tr><td>총 평</td><td colspan="4">▷ 계단을 오르고 내릴 때 아직은 손잡이에 많이 의지함. 기본생활습관 지도 시 우측통행에 대해 지도하여 그런지 스스로 인지하고 지킴. 계단 이용에 어려움, 두려움이 있는지 두 발을 딛고서야 다음 계단을 오르거나 내릴 수 있음</td></tr>
</table>

다. 훌라후프 돌리기

<table>
<tr><th colspan="5">신체운동 · 건강영역 포트폴리오 평가 – 훌라후프 돌리기</th></tr>
<tr><td>유아명</td><td colspan="2">○ ○ ○(만 세)</td><td>활동명</td><td>훌라후프 돌리기</td></tr>
<tr><td rowspan="2">평가 시기</td><td colspan="2">1차 : 20 . . .</td><td rowspan="2">평가 유형</td><td rowspan="2">평정 척도</td></tr>
<tr><td colspan="2">2차 : 20 . . .</td></tr>
<tr><td>내 용</td><td colspan="4">· 신체활동에 참여하기 – 기구를 이용하여 신체활동하기</td></tr>
<tr><td>평가 관점</td><td colspan="4">· 훌라후프를 활용하여 신체활동을 할 수 있는가?</td></tr>
<tr><td>항 목</td><td>단계</td><td>평 정 척 도</td><td>1차</td><td>2차</td></tr>
<tr><td rowspan="6">평가 내용</td><td>1단계</td><td>0 ~ 1회 훌라후프를 돌릴 수 있다.</td><td>○</td><td></td></tr>
<tr><td>2단계</td><td>2 ~ 5회 훌라후프를 돌릴 수 있다.</td><td></td><td></td></tr>
<tr><td>3단계</td><td>6 ~ 10회 훌라후프를 돌릴 수 있다.</td><td></td><td>○</td></tr>
<tr><td>4단계</td><td>11 ~ 20회 훌라후프를 돌릴 수 있다.</td><td></td><td></td></tr>
<tr><td>5단계</td><td>21 ~ 30회 훌라후프를 돌릴 수 있다.</td><td></td><td></td></tr>
<tr><td>6단계</td><td>30회 이상 훌라후프를 돌릴 수 있다.</td><td></td><td></td></tr>
<tr><td>사진 자료</td><td colspan="4">
△ 훌라후프 탐색하기

△ 훌라후프 돌리기</td></tr>
<tr><td>총 평</td><td colspan="4">▷ 1차 측정 시 훌라후프 잡기, 돌리기, 몸 움직이기 등 모든 부분에서 미숙하고 서툴렀음. 2차 측정 결과 훌라후프의 이용에 자신이 있어 보임. 잡기, 돌리기 등의 동작에도 변화가 보이지만 훌라후프가 멈추지 않게 하려고 계속 몸을 움직이는 모습을 볼 수 있어 훌라후프의 이용에 자신감이 생긴듯함</td></tr>
</table>

라. 줄넘기

<table>
<tr><th colspan="5">신체운동 · 건강영역 포트폴리오 평가 - 줄 넘기</th></tr>
<tr><td>유아명</td><td colspan="2">○ ○ ○(만 세)</td><td>활동명</td><td>줄넘기</td></tr>
<tr><td rowspan="2">평가 시기</td><td colspan="2">1차 : 20 . . .</td><td rowspan="2">평가 유형</td><td rowspan="2">평정척도</td></tr>
<tr><td colspan="2">2차 : 20 . . .</td></tr>
<tr><td>내 용</td><td colspan="4">· 신체활동에 참여하기 - 기구를 이용하여 신체활동하기</td></tr>
<tr><td>평가 관점</td><td colspan="4">· 줄넘기 도구를 활용하여 신체활동을 할 수 있는가?</td></tr>
<tr><td>항 목</td><td>단 계</td><td>평 정 척 도</td><td>1차</td><td>2차</td></tr>
<tr><td rowspan="6">평가 내용</td><td>1단계</td><td>0 ~ 1회 줄을 넘을 수 있다.</td><td>○</td><td></td></tr>
<tr><td>2단계</td><td>2 ~ 5회 줄을 넘을 수 있다.</td><td></td><td>○</td></tr>
<tr><td>3단계</td><td>6 ~ 10회 줄을 넘을 수 있다.</td><td></td><td></td></tr>
<tr><td>4단계</td><td>11 ~ 20회 줄을 넘을 수 있다.</td><td></td><td></td></tr>
<tr><td>5단계</td><td>21 ~ 30회 줄을 넘을 수 있다.</td><td></td><td></td></tr>
<tr><td>6단계</td><td>30회 이상 줄을 넘을 수 있다.</td><td></td><td></td></tr>
<tr><td>사진 자료</td><td colspan="4"> △ 줄 뒤로 넘기기  △ 줄 뛰어넘기</td></tr>
<tr><td>총 평</td><td colspan="4">▷ 1차 측정 시에는 줄을 넘기는 것에 어려움이 있었음. 뒤에서 앞으로 줄을 넘기고 바닥에 놓은 상태에서 줄을 넘는 것 정도만 수행할 수 있었음. 2차 측정 결과, 1회 넘기기는 가능하게 되었으나 연속하여 넘기는 것에는 아직도 어려움을 보임</td></tr>
</table>

마. 앞으로 구르기

<table>
<tr><th colspan="6">신체운동 · 건강영역 포트폴리오 평가 - 앞으로 구르기</th></tr>
<tr><td>유아명</td><td colspan="2">○ ○ ○(만 세)</td><td>활동명</td><td colspan="2">앞으로 구르기</td></tr>
<tr><td rowspan="2">평가
시기</td><td colspan="2">1차 : 20 . . .</td><td rowspan="2">평가
유형</td><td rowspan="2" colspan="2">평정척도</td></tr>
<tr><td colspan="2">2차 : 20 . . .</td></tr>
<tr><td>내 용</td><td colspan="5">· 신체활동에 참여하기 - 기구를 이용하여 신체활동하기</td></tr>
<tr><td>평가
관점</td><td colspan="5">· 앞으로 구르기 동작을 이해하고 할 수 있는가?</td></tr>
<tr><td>항 목</td><td>단 계</td><td colspan="2">평 정 척 도</td><td>1차</td><td>2차</td></tr>
<tr><td rowspan="4">평가
내용</td><td>1단계</td><td colspan="2">다른 사람의 도움이 있어야 앞구르기를 할 수 있다.</td><td>○</td><td></td></tr>
<tr><td>2단계</td><td colspan="2">혼자 구르기를 할 수 있으나 굴렀을 때 다리가 펴진다.</td><td></td><td>○</td></tr>
<tr><td>3단계</td><td colspan="2">구르기 자세를 수행할 수 있으나 일어서지 못한다.</td><td></td><td></td></tr>
<tr><td>4단계</td><td colspan="2">구르고 나서 손을 짚지 않고 매트에서 일어선다.</td><td></td><td></td></tr>
<tr><td>사진
자료</td><td colspan="5">
△ 1단계 앞으로 구르기

△ 2단계 앞으로 구르기</td></tr>
<tr><td>총 평</td><td colspan="5">▷ 앞구르기의 자세를 잡아 주어야 앉을 수 있으며 뒤에서 몸을 잡아 넘기는 것까지 도움이 있어야 할 수 있었음. 이제는 혼자서 앉아 준비하기를 할 수 있으며 엉덩이를 약간 들어서 반동을 이용할 수 있게 됨. 아직은 한 바퀴 돌았을 때 몸이 옆 방향을 향하고 있거나 다리가 펴진 상태로 바닥에 누워 있는 모습을 보임</td></tr>
</table>

④ 소근육 운동능력 – 가위질하기

<table>
<tr><th colspan="7">신체운동 · 건강영역 포트폴리오 평가 – 가위질하기</th></tr>
<tr><td>유아명</td><td colspan="2">○ ○ ○(만 세)</td><td>활동명</td><td colspan="3">가위질하기</td></tr>
<tr><td rowspan="2">평가
시기</td><td colspan="2">1차 : 20 . . .</td><td rowspan="2">평가
유형</td><td colspan="3" rowspan="2">평정척도 / 작품분석</td></tr>
<tr><td colspan="2">2차 : 20 . . .</td></tr>
<tr><td>내 용</td><td colspan="6">· 신체조절과 기본운동하기 – 신체조절하기</td></tr>
<tr><td>평가
관점</td><td colspan="6">· 눈과 손을 협응하여 선을 따라 자르고 오릴 수 있는가?
· 가위의 용도를 이해하고 바르게 사용할 수 있는가?</td></tr>
<tr><td rowspan="2"></td><td rowspan="2">문 항</td><td rowspan="2">평 정 척 도</td><td colspan="2">1차</td><td colspan="2">2차</td></tr>
<tr><td>예</td><td>아니오</td><td>예</td><td>아니오</td></tr>
<tr><td rowspan="6">평가
내용</td><td>1</td><td>선과 상관없이 임의대로 자르고 오린다.</td><td>○</td><td></td><td></td><td>○</td></tr>
<tr><td>2</td><td>직선으로 자르고 오린다.</td><td>○</td><td></td><td></td><td>○</td></tr>
<tr><td>3</td><td>짧은 직선으로 방향을 꺾어가며 오린다.</td><td></td><td>○</td><td>○</td><td></td></tr>
<tr><td>4</td><td>곡선을 따라 자르고 오린다.</td><td></td><td>○</td><td>○</td><td></td></tr>
<tr><td>5</td><td>도형(원, 네모, 세모 등)을 자르고 오린다.</td><td></td><td>○</td><td>○</td><td></td></tr>
<tr><td>6</td><td>불규칙한 선을 따라 자르고 오린다.</td><td></td><td>○</td><td></td><td>○</td></tr>
<tr><td>작품
분석</td><td colspan="6">
△ 직선으로 오리기

△ 곡선으로 오리기</td></tr>
<tr><td>총 평</td><td colspan="6">▷ 미술활동 가위질 작품을 분석한 결과, 가위를 바르게 잡고 능숙하게 이용하는 것에는 큰 향상을 볼 수 있음. 자르기와 오리기에 있어 변화를 보이기는 하나 불규칙한 곡선이나 섬세한 오리기 등에서는 미흡함이 나타남</td></tr>
</table>

2) 의사소통영역

(1) 포트폴리오 평가 항목

영역 내용	평가 항목	3세	4세	5세	방법	자료
* 구두 언어 ① 말하기 ② 듣기	의사소통영역 일화기록				관찰	
	말하기	○			관찰	사진
	듣기	○			관찰	
* 문식성 ① 쓰기 ② 읽기	쓰기	○			작품분석	작품
	읽기 검사	○			검사	작업
	책에 관심 가지기	○			관찰	사진

(2) 포트폴리오 평가 사례

① 책에 관심 가지기

<table>
<tr><th colspan="6">의사소통 영역 포트폴리오 평가 - 책에 관심 가지기</th></tr>
<tr><td>유아명</td><td colspan="2">○ ○ ○(만 세)</td><td>활동명</td><td colspan="2">도서관 책읽기 활동</td></tr>
<tr><td rowspan="2">평가
시기</td><td colspan="2">1차 : 20 . . .</td><td rowspan="2">평가
유형</td><td colspan="2" rowspan="2">평정척도</td></tr>
<tr><td colspan="2">2차 : 20 . . .</td></tr>
<tr><td>내 용</td><td colspan="5">· 읽기 - 책 읽기에 관심가지기</td></tr>
<tr><td>평가
관점</td><td colspan="5">· 책에 흥미를 가지고 책을 소중하게 다루는가?
· 스스로 책을 읽고 내용을 이해할 수 있는가?</td></tr>
<tr><td>항 목</td><td colspan="3">평 정 척 도</td><td>1차</td><td>2차</td></tr>
<tr><td rowspan="5">평가
내용</td><td rowspan="5">책에
관심
가지기</td><td colspan="2">책에 관심이 없다.</td><td></td><td></td></tr>
<tr><td colspan="2">책에 관심을 보인다.</td><td>○</td><td></td></tr>
<tr><td colspan="2">책을 소중하게 다룬다.</td><td></td><td></td></tr>
<tr><td colspan="2">책에 관심을 가지고 책보기를 즐긴다.</td><td></td><td>○</td></tr>
<tr><td colspan="2">궁금한 것을 알아보기 위해 책을 찾는다.</td><td></td><td></td></tr>
</table>

<table>
<tr><td>사진
자료</td><td>
△ 그림 위주로 보기</td><td>
△ 친구 옆에서 함께 읽기</td></tr>
<tr><td>총 평</td><td colspan="2">▷ 학기 초에는 교실 책보기 영역에 비치되어 있는 책을 꺼내어 여러 장 넘기기, 그림만 보기, 꺼냈다가 다시 넣기 등의 단순한 활동으로 영역에 머무르는 시간이 매우 짧았음. 학기 중간이 되면서 친구들과 도서 영역에 자주 가는 모습을 볼 수 있었고 친구와 함께 보기, 혼자서 중얼거리며 지어 읽기 등의 모습을 보이기도 함.
교사에게 "선생님, 여기 이거 뭐라고 쓴 거예요?" "이거 '야'지요?" 등의 질문으로 책 제목이나 내용에 관심을 보이거나 궁금한 듯 묻기도 함</td></tr>
</table>

② 듣기

<table>
<tr><th colspan="5">의사소통영역 포트폴리오 평가 - 듣기</th></tr>
<tr><td>유아명</td><td>○ ○ ○(만 세)</td><td>활동명</td><td colspan="2">이야기 나누기 / 동화</td></tr>
<tr><td rowspan="2">평가
시기</td><td>1차 : 20 . . .</td><td rowspan="2">평가
유형</td><td rowspan="2" colspan="2">평정척도</td></tr>
<tr><td>2차 : 20 . . .</td></tr>
<tr><td>내 용</td><td colspan="4">· 듣기 - 동요 · 동시 · 동화 듣고 이해하기 / 바른 태도로 듣기</td></tr>
<tr><td>평가
관점</td><td colspan="4">· 동요, 동시, 동화를 다양한 방법으로 즐겨 듣는가?
· 말하는 사람의 이야기를 주의 깊게 듣는가?</td></tr>
<tr><td>항 목</td><td colspan="2">평 정 척 도</td><td>1차</td><td>2차</td></tr>
<tr><td rowspan="4">문학
작품
즐겨
듣기</td><td colspan="2">동요, 동시, 동화를 주의 깊게 듣지 않는다.</td><td>○</td><td></td></tr>
<tr><td colspan="2">동요, 동시, 동화를 듣지만 내용 관련 질문에 대답하지 못한다.</td><td></td><td></td></tr>
<tr><td colspan="2">동요, 동시, 동화를 듣고 내용 관련 질문에 대답한다.</td><td></td><td>○</td></tr>
<tr><td colspan="2">동요, 동시, 동화를 듣고 내용에 대하여 이야기한다.</td><td></td><td></td></tr>
<tr><td rowspan="2">문학
작품</td><td colspan="2">동요, 동시, 동화의 내용을 잘 모른다.</td><td></td><td></td></tr>
<tr><td colspan="2">동요, 동시, 동화를 듣고 대략적인 내용을 안다.</td><td>○</td><td></td></tr>
</table>

듣고 이해하기	동요, 동시, 동화를 듣고 중심 내용을 말한다.		○
	동요, 동시, 동화를 듣고 자신의 경험, 생각과 관련해 내용을 말한다.		
바른 태도로 듣기	듣기에 집중하지 못한다.		
	주의가 산만하나 잘 듣는 편이다.	○	
	말하는 사람을 쳐다보며 주의 깊게 듣는다.		○
	말하는 사람을 쳐다보고 반응하면서 주의 깊게 듣는다.		
사진 자료	 △ 친구의 주말 발표 듣기  △ 말하는 사람 바라보며 듣기		
총 평	▷ 동요, 동시, 동화 듣기 활동에 관심을 보이나 다른 사람을 바라보며 바른 태도로 듣는 것에 어려움이 있음. 집중 시간이 짧고 옆 친구와 이야기하며 듣고 있음		

③ 말하기

의사소통 영역 포트폴리오 평가 - 말하기			
유아명	○ ○ ○(만 세)	활동명	이야기 나누기/토의
평가 시기	1차 : 20 . . . 2차 : 20 . . .	평가 유형	체크리스트/일화기록
내 용	· 말하기 - 낱말과 문장으로 말하기/경험 · 생각 · 느낌 말하기 /상황에 맞게 바른 태도로 말하기		
평가 관점	· 일상생활에서 일어나는 일들을 간단한 문장으로 말할 수 있는가? · 자신의 경험, 생각, 느낌을 말할 수 있는가? · 듣는 사람의 생각과 느낌을 고려하여 말할 수 있는가? · 차례를 지켜 말할 수 있는가?		

항 목	체크리스트	1차 예	1차 아니오	2차 예	2차 아니오
평가 내용	이야기 나누기/토의 시간에 적극적으로 참여하는가?		○		○
	이야기 나누기/토의 시간에 의견을 적절하게 이야기하는가?		○		○
	이야기 나누기/토의 시간에 자세(앉기, 발표 등)가 바른가?		○	○	
	이야기 나누기/토의 시간에 다른 사람 이야기를 집중하여 듣는가?	○		○	
	문장으로 이야기할 수 있는가?		○	○	
일화 기록	T : 가을이 되어 나뭇잎이 어떻게 되었니? C1 : 떨어졌어요. C2 : 빨간색으로 변했어요. T : 초록 잎이 왜 여러 색으로 변한 것일까? C2 : 날씨가 추워져서 그래요. C3 : 바람이 많이 불어서요. C2 : 비가 안 와서 그래요. 나무는 물이 필요한데 없잖아요. T : 그럼, 물이 있으면 색이 변하지 않을까? C2 : 그런데요. 계속 초록색 나뭇잎도 있어요. 유치원 올 때 봤어요. C4 : 나도 봤어요.				
사진 자료	 △ 역할에 맞게 말하기  △ 교사 질문에 대답하기				
총 평	▷ 의견을 제시하거나 교사의 발문에 대답하는 적극적인 모습은 볼 수 있으며 듣는 태도가 바르고 자신의 생각을 짧은 문장으로 이야기할 수 있음				

④ 읽기

<table>
<tr><th colspan="5">의사소통영역 포트폴리오 평가 - 읽기</th></tr>
<tr><td>유아명</td><td>○ ○ ○(만 세)</td><td>활동명</td><td colspan="2">책읽기</td></tr>
<tr><td rowspan="2">평가
시기</td><td>1차 : 20 . . .</td><td rowspan="2">평가
유형</td><td colspan="2" rowspan="2">평정척도/일화기록/면담</td></tr>
<tr><td>2차 : 20 . . .</td></tr>
<tr><td>내 용</td><td colspan="4">· 읽기 - 읽기에 흥미 가지기</td></tr>
<tr><td>평가
관점</td><td colspan="4">· 주변의 글자에 관심을 가지는가?
· 주변의 친숙한 글자를 찾아 읽을 수 있는가?
· 읽어 주는 글의 내용에 관심을 가지고 읽는가?</td></tr>
<tr><th>항 목</th><th>단 계</th><th>평 정 척 도</th><th>1차</th><th>2차</th></tr>
<tr><td rowspan="15">읽기
평정
단계</td><td rowspan="4">1 단계
: 읽기 이해 전 단계</td><td>하위 1단계: 말없이 그림만 쳐다보기</td><td></td><td></td></tr>
<tr><td>하위 2단계: 그림을 지적하기</td><td>○</td><td></td></tr>
<tr><td>하위 3단계: 그림의 명칭을 이야기하기</td><td></td><td>○</td></tr>
<tr><td>하위 4단계: 그림에 대해 질문하기</td><td></td><td></td></tr>
<tr><td>2 단계</td><td>이야기 구성능력이 없어 “몰라요”, “못 읽어요”와 같은 의사표현을 하는 단계</td><td></td><td></td></tr>
<tr><td>3 단계</td><td>그림을 보고 마음대로 이야기 만들기 단계</td><td>○</td><td></td></tr>
<tr><td>4 단계</td><td>의미가 비슷하게 꾸며 말하기 단계</td><td></td><td></td></tr>
<tr><td rowspan="2">5 단계
: 단어나 구절을 암기하여 이야기하는 단계</td><td>하위 1단계: 책에 나온 글자의 암기를 통하여 50% 이하 단어나 구절 사용하여 이야기하기</td><td></td><td></td></tr>
<tr><td>하위 2단계: 책에 나온 글자의 암기를 통하여 50% 이상 단어나 구절 사용하여 이야기하기</td><td></td><td></td></tr>
<tr><td>6 단계</td><td>글자를 읽어야 한다는 것을 이해하나 읽을 수 없어 “못 읽어요”라고 의사표현 하는 단계</td><td>○</td><td></td></tr>
<tr><td rowspan="3">7 단계
: 글자를 읽는 단계</td><td>하위 1단계: 글자를 보고 한 문장을 25% 이하 읽기</td><td></td><td>○</td></tr>
<tr><td>하위 2단계: 글자를 보고 한 문장을 50% 이하 읽기</td><td></td><td></td></tr>
<tr><td>하위 3단계: 글자를 보고 한 문장을 75% 이하 읽기</td><td></td><td></td></tr>
</table>

<table>
<tr><td></td><td></td><td>하위 4단계: 글자를 보고 문장을 75~100% 읽기</td><td></td><td></td></tr>
<tr><td>평가 방법</td><td colspan="4">· 교사와 유아가 함께 책을 본다.
· 교사가 먼저 처음부터 끝까지 책을 소리 내어 읽어 준다.
· 다음으로 유아가 교사에게 책을 읽어 준다.
· 유아의 반응을 관찰하여 있는 그대로 기록한다(전사).</td></tr>
<tr><td>일화 기록 / 유아 면담 (반응)</td><td colspan="4">

“농장의 하루”

“아저씨가 일하고 있어요.”

“아저씨가 차를 고치고 있어요.”

△ 책 내용 지어서 이야기하기</td></tr>
<tr><td>총 평</td><td colspan="4">▷ 읽기 이전 초기 단계로 책장을 넘기며 그림만 보거나 혼잣말로 중얼거리며 이야기를 지어 읽는 모습을 보임. 교사의 질문에 단답형 답을 할 수 있고 이야기를 지어서 말하는 것으로 볼 때, 책의 내용은 인지하고 있다는 것을 알 수 있음</td></tr>
</table>

* 자료: 이영자 · 이종숙(1985). 비지시적 지도방법에 의한 유아의 읽기와 쓰기 행동의 발달.

⑤ 쓰기(1수준)

<table>
<tr><th colspan="5">의사소통영역 포트폴리오 평가 - 쓰기</th></tr>
<tr><td>유아명</td><td colspan="2">○ ○ ○(만 세)</td><td>활동명</td><td>이름 쓰기</td></tr>
<tr><td rowspan="2">평가
시기</td><td colspan="2">1차 : 20 . . .</td><td rowspan="2">평가
유형</td><td rowspan="2">평정척도 / 작품분석</td></tr>
<tr><td colspan="2">2차 : 20 . . .</td></tr>
<tr><td>내 용</td><td colspan="4">· 쓰기 - 쓰기에 관심 가지기</td></tr>
<tr><td>평가
관점</td><td colspan="4">· 자신의 이름이 글자로 쓰여진 것에 관심을 가지는가?</td></tr>
<tr><td>항 목</td><td>단 계</td><td>평 정 척 도</td><td>1차</td><td>2차</td></tr>
<tr><td rowspan="5">이름
쓰기
인식
/
쓰기
단계</td><td>1단계</td><td>긁적거리기
: 선이나 선의 덩어리가 나타난다.</td><td></td><td></td></tr>
<tr><td>2단계</td><td>선으로 구성된 유사 글자
: 자음이나 모음의 형태가 나타나지는 않으나 선과 도형의 모임이 화면 군데군데 나타난다.</td><td></td><td></td></tr>
<tr><td>3단계</td><td>실제 이름의 자음과 모음이 나타나는 유사 글자
: 이름에 나오는 한두 개의 자음이나 모음이 포함된 낱자들이 한 부분에 집중적으로 나타난다.</td><td>○</td><td></td></tr>
<tr><td>4단계</td><td>실제 이름 글자 모양
: 이름 글자에 나오는 자음과 모음이 대부분 나타나지만 글자 크기나 자간 비율이 조절되지 않는다.</td><td></td><td>○</td></tr>
<tr><td>5단계</td><td>크기와 비율이 조절된 이름 글자
: 자기 이름의 낱자 형태를 갖추고 있으며 낱자의 크기와 비율이 조절되어 균형을 이루고 있다.</td><td></td><td></td></tr>
<tr><td>사진
자료</td><td colspan="4">
△ 긁적거리기

△ 실제 이름 글자 쓰기</td></tr>
<tr><td>총 평</td><td colspan="4">▷ 학기 초에는 자신의 이름을 자음과 모음 순으로 제대로 쓰는 것에 어려움이 있었으나 학기 말이 되면서 망설임 없이 이름을 쓸 수 있게 되었음</td></tr>
</table>

* 자료: 임양금(2005). 유아의 이름글자를 활용한 균형잡힌 문자언어접근법의 효과.

⑥ 쓰기(2수준)

<table>
<tr><th colspan="5">의사소통영역 포트폴리오 평가 - 쓰기</th></tr>
<tr><td>유아명</td><td colspan="2">○ ○ ○(만 세)</td><td>활동명</td><td colspan="2">편지쓰기</td></tr>
<tr><td rowspan="2">평가
시기</td><td colspan="2">1차 : 20 . . .</td><td rowspan="2">평가
유형</td><td rowspan="2" colspan="2">평정 척도 / 작품 분석</td></tr>
<tr><td colspan="2">2차 : 20 . . .</td></tr>
<tr><td>내 용</td><td colspan="5">· 쓰기 - 쓰기에 관심 가지기</td></tr>
<tr><td>평가
관점</td><td colspan="5">· 자신의 경험, 생각, 느낌을 글자와 비슷한 형태로 표현하는가?
· 쓰기 도구에 관심을 가지고 사용하는가?</td></tr>
<tr><td>항 목</td><td>단 계</td><td colspan="2">평 정 척 도</td><td>1차</td><td>2차</td></tr>
<tr><td rowspan="8">이름
쓰기
인식
/
쓰기
단계</td><td>1 단계</td><td colspan="2">긁적거리기</td><td></td><td></td></tr>
<tr><td>2 단계</td><td colspan="2">한두 개의 글자 형태가 우연히 나타난다.</td><td></td><td></td></tr>
<tr><td>3 단계</td><td colspan="2">글자 형태가 의도적으로 한두 개 나타난다.</td><td>○</td><td></td></tr>
<tr><td>4 단계</td><td colspan="2">글자 형태가 나타나고 가끔 자 · 모음의 방향이 틀리거나 글자가 부분적으로 틀린다.</td><td></td><td></td></tr>
<tr><td>5 단계</td><td colspan="2">완전한 단어 형태가 나타나고 자 · 모음의 방향이 틀리거나 글자가 부분적으로 틀린다.</td><td></td><td></td></tr>
<tr><td>6 단계</td><td colspan="2">완전한 단어 형태가 나타나고 자 · 모음 방향이 정확하다.</td><td></td><td>○</td></tr>
<tr><td>7 단계</td><td colspan="2">문장 형태가 나타났으나 부분적으로 틀린다.</td><td></td><td></td></tr>
<tr><td>8 단계</td><td colspan="2">틀린 글자 없이 완전한 문장의 형태가 나타난다.</td><td></td><td></td></tr>
<tr><td>사진
자료</td><td colspan="5">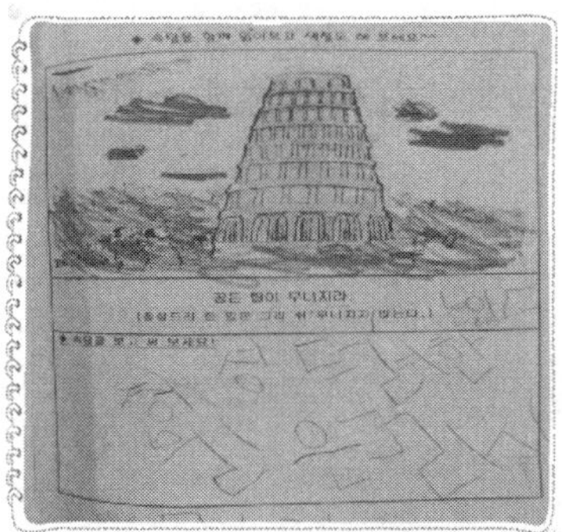
△ 글자, 문장을 의미 없이 나열함
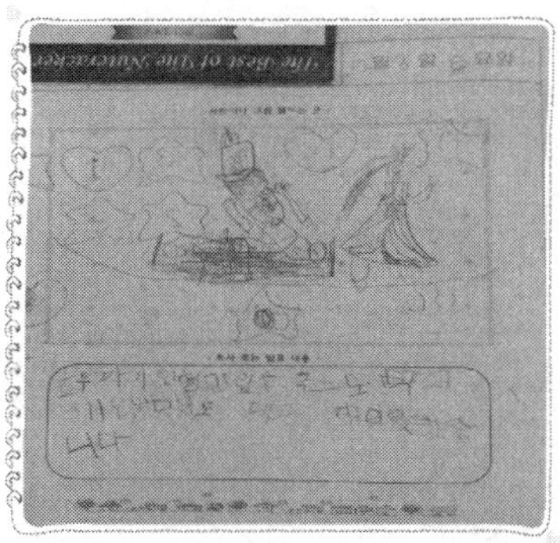
△ 완전한 문장 형태가 나타남</td></tr>
<tr><td>총 평</td><td colspan="5">▷ 학기 초에는 받침을 빠뜨린 오탈자 글자가 보이거나 자음과 모음을 획순에 맞게 쓰는 것에 어려움을 보였으나 지금은 자신의 이름을 자신 있게 쓸 수 있게 되었음</td></tr>
</table>

* 자료: 이영자 · 이종숙(1985). 비지시적 지도방법에 의한 유아의 읽기와 쓰기 행동의 발달.

3) 예술경험영역

(1) 포트폴리오 평가 항목

영역 내용	평가 항목		3세	4세	5세	방법	자료
* 예술적 표현과 감상 ① 음률 ② 미술 ③ 극 놀이 * 창의성	예술경험 일화기록					관찰	
	평면 표현 능력	평면표현 능력 평정척도 (주제, 색, 공간, 형태 표현)				작품분석	사진 / 작품
		인물화	○				
		유아 작품 분석	○				
	입체 표현 능력	블록 입체표현 능력	○			작품분석	작업
		미술 입체표현 능력					
	음악적 표현능력 (노래 부르기, 악기 연주)		○			관찰	사진
	극놀이 활동		○			관찰	사진
	창의적 신체표현		○			관찰	사진

(2) 포트폴리오 평가 사례

① 평면 표현능력

예술경험영역 포트폴리오 평가 - 평면 표현능력					
유아명	○ ○ ○(만 세)		활동명	그림 그리기	
평가 시기	1차 : 20 . . .		평가 유형	평정척도/작품분석	
	2차 : 20 . . .				
내 용	· 예술적 표현하기 - 미술활동으로 표현하기				
평가 관점	· 다양한 미술활동으로 자신의 경험, 생각, 느낌을 표현할 수 있는가?				
항 목	단 계	평 정 척 도		1차	2차
주제 표현 하기	1 단계	주제 관련 내용을 표현하지 못한다.		○	
	2 단계	정형화된 표현을 하고 주제 관련 내용을 설명한다.			

	3 단계	주제 관련 내용을 표현한다.		○
	4 단계	주제 관련 자신의 생각과 느낌을 창의적으로 표현한다.		
색 사용 하기	1 단계	한 가지 색으로 그리고 칠한다.		
	2 단계	사실 색과 관계없이 2~3가지 색으로 부분 색칠한다.	○	
	3 단계	여러 색을 사용하며 꽃, 나무 등 자연은 사실 색을 칠한다.		○
	4 단계	사실과 유사한 객관적인 색을 사용하려 한다.		
공간 표현 하기	1 단계	종이 위, 아래 관계없이 여러 방향으로 나열하여 그린다.	○	
	2 단계	물체가 공간에 흩어져 있고, 사물 부분을 각각 그리기도 한다.		
	3 단계	종이 아래 부분을 기저 선으로 사용한다.		○
	4 단계	하늘 · 땅이 표현되며, 위 · 아래, 안 · 밖 개념이 명확하다.		
형태 표현 하기	1 단계	긁적거리기를 하고 이름을 붙인다.	○	
	2 단계	형태 분간이 어려운 그림에 집, 동물 등의 이름을 붙인다.		
	3 단계	눈, 코, 다리 등 물체의 주요 특징을 단순하게 표현한다.		○
	4 단계	손톱, 신발, 창살 등 물체의 상세한 특징을 표현한다.		
사진 자료	 △ 그림 색칠하기  △ 소품으로 장식하기			

총 평	▷ 학기 초에는 주제에 대한 자신의 생각을 표상하는 것에 어려움을 보이고 나름대로 형태를 표현하기는 했으나 설명이 있어야 이해할 수 있는 표현이 많았음. 2차 작품분석 시기에는 형태를 알아볼 수 있는 그림이 등장하였고 주제에 맞는 내용을 표현하려는 의지와 노력이 보이기도 했음. 여전히 설명이 있어야 해석이 가능한 그림을 많이 그리는 편이며 세밀한 표현에 어려움이 있음

② 인물화 표현

예술경험영역 포트폴리오 평가 - 인물화 표현				
유아명	○ ○ ○(만 세)		활동명	그림 그리기
평가 시기	1차 : 20 . . . 2차 : 20 . . .		평가 유형	평정척도/작품분석
내 용	· 예술적 표현하기 - 미술활동으로 표현하기			
평가 관점	· 자신의 경험, 생각, 느낌을 그림으로 표현할 수 있는가?			
항 목	단 계	평 정 척 도	1차	2차
평가 내용	1 단계	다양한 선으로 긁적거리기를 한다.		
	2 단계	두족인처럼 머리에서 팔, 다리가 연결되도록 표현한다.	○	
	3 단계	일자형 인물로 팔, 다리를 선으로 표현한다.		
	4 단계	강조 표현이 나타나며 팔, 다리를 면으로 표현한다.		
	5 단계	완전한 사람 형태가 나타나고 세부 신체부분을 표현한다.		○
	6 단계	사람의 팔, 다리에서 동작 표현이 나타난다.		
	7 단계	동작 표현이 세분화되고 세련되어져 나타난다.		
사진 자료	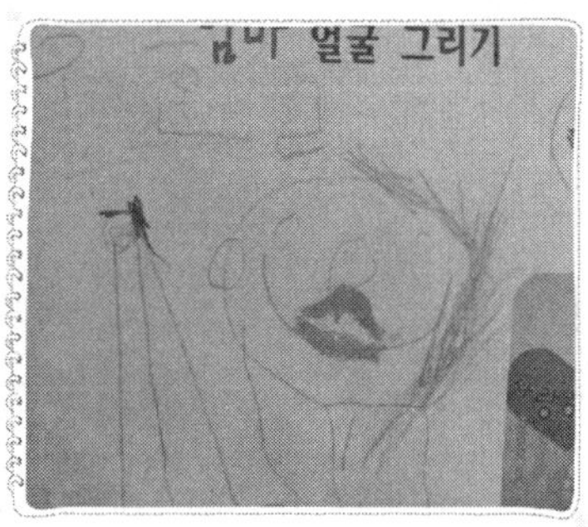 △ 두족인처럼 그리기		 △ 사함 신체부분 표현하기	

총 평	▷ 1차 작품분석 시기에는 동그라미에서 팔, 다리가 연결되어 나오는 두족인 형태의 약화였는데, 2차 작품분석에서는 좀 더 세분화되어 표현되는 인물을 볼 수 있었음. 머리, 몸, 팔, 다리 등 각 부분을 표현할 수 있게 되었음. 아직까지 움직임이나 동작의 표현은 보이지 않으며 인물 전체를 놓고 볼 때 머리, 몸, 다리의 크기, 비율이 적당하게 표현되는 것도 볼 수 있음

③ 입체 표현능력

예술경험영역 포트폴리오 평가 - 입체 표현능력				
유아명	○ ○ ○(만 세)		활동명	작품 만들기
평가 시기	1차 : 20 . . .		평가 유형	평정척도/작품분석
	2차 : 20 . . .			
내 용	· 예술적 표현하기 - 미술활동으로 표현하기			
평가 관점	· 다양한 미술활동으로 자신의 경험, 생각, 느낌을 표현할 수 있는가? · 미술활동에 필요한 재료와 도구를 다양하게 사용하는가?			
항 목	평 정 척 도		1차	2차
주제 특성 배치	1	주제 특징이 거의 없이 이름만 붙여 놓은 상태이다.		
	2	주제 특징이 미미하게 나타난다.	○	
	3	주제 특징을 알아볼 수 있다.		○
	4	주제 특징이 잘 나타나는 편이다.		
	5	주제 특징이 매우 잘 나타난다.		
재료 사용 다양성	1	재료 사용이 주재료를 제외하고 거의 없다.	○	
	2	재료 사용이 다양하지 않고 재료 특성도 살리지 못한다.		
	3	재료 사용이 2~3 종류이고 재료 특성도 평범하다.		○
	4	재료 사용이 4~5 종류이고 재료 특성도 살린다.		
	5	재료 사용이 매우 다양하고 재료 특성도 잘 살린다.		
구성 방식	1	구성방식이나 기법 사용이 한정적이다.		
	2	구성방식이 단조롭다.	○	
	3	평면적 구성방식을 사용하고 재료 사용이 평범하다.		
	4	평면, 입체 구성방식을 혼합하여 사용하고 재료 사용이 많아 복잡하다.		○
	5	입체 구성방식을 사용하고 재료 사용이 많아 매우 복잡하다.		

<table>
<tr><td>사진
자료</td><td>

△ 다양한 재료로 입체 표현

△ 위로 옆으로 입체 구성</td></tr>
<tr><td>총 평</td><td>▷학기 초에는 평면 작품(그리기, 색칠하기 등)을 만드는 것에만 한정되어 있었음. 평면 그림을 그리는 것에서 그림 위에 눈알을 붙이거나 실, 수수깡 등을 잘라 붙이는 활동으로 이어짐. 최근에는 우유 상자나 요플레통에 다양한 소품(빨대, 단추, 수수깡 등)을 활용하여 입체 작품을 만드는 것에 흥미를 느끼고 있음.
▷자유선택활동 시간에 미술영역을 1회 이상 참여하고 있으며 같은 작품을 만들기는 하지만 관심과 흥미가 지속되고 있음</td></tr>
</table>

* 자료: 정혜정(2003). 미적 요소에 기초한 입체조형 작품 감상활동이 유아의 입체 및 평면 표현능력에 미치는 영향.

④ 음악적 표현능력

<table>
<tr><th colspan="6">예술경험영역 포트폴리오 평가 - 음악적 표현능력</th></tr>
<tr><td>유아명</td><td colspan="2">○ ○ ○(만 세)</td><td>활동명</td><td colspan="2">노래부르기/악기연주</td></tr>
<tr><td rowspan="2">평가
시기</td><td colspan="2">1차 : 20 . . .</td><td rowspan="2">평가
유형</td><td colspan="2" rowspan="2">평정척도</td></tr>
<tr><td colspan="2">2차 : 20 . . .</td></tr>
<tr><td>내 용</td><td colspan="5">· 예술적 표현하기 - 음악으로 표현하기</td></tr>
<tr><td>평가
관점</td><td colspan="5">· 간단한 노래를 듣고 따라 부를 수 있는가?
· 리듬악기로 간단한 리듬 패션을 만들 수 있는가?</td></tr>
<tr><td>항 목</td><td colspan="2">단 계</td><td>평 정 척 도</td><td>1차</td><td>2차</td></tr>
<tr><td rowspan="4">평가
내용</td><td rowspan="4">노래부르기</td><td>1 단계</td><td>반복되는 부분의 음정과 박자만 부른다.</td><td></td><td></td></tr>
<tr><td>2 단계</td><td>익숙한 노래를 음정과 박자에 맞춰 부른다.</td><td>○</td><td></td></tr>
<tr><td>3 단계</td><td>새로 배운 노래를 음정과 박자에 맞춰 부른다.</td><td></td><td>○</td></tr>
<tr><td>4 단계</td><td>간단한 노래를 만들어 부른다.</td><td></td><td></td></tr>
</table>

	악기 연주	1 단계	소리 탐색하는 것을 즐긴다.	○	
		2 단계	악기연주에 관심을 보인다.		
		3 단계	간단한 리듬 패턴을 악기로 연주한다.		○
		4 단계	리듬에 맞추어 악기를 연주한다.		
사진 자료	 △ 박자 맞춰 부르기			 △ 악기연주	
총 평	▷ 반복되는 가사나 멜로디에 흥미를 느끼지만 전체적인 가사와 음정을 기억하고 부르기에는 시간과 노력이 필요함. 리듬악기를 활용하여 간단한 연주를 할 수 있으나 박자를 놓치기도 함. 노래를 부르며 악기연주하는 것에 흥미를 보임				

⑤ 창의적 신체표현

예술경험영역 포트폴리오 평가 - 창의적 신체표현					
유아명	○ ○ ○(만 세)	활동명	신체표현활동		
평가 시기	1차 : 20 . . . 2차 : 20 . . .	평가 유형	체크리스트		
내 용	· 예술적 표현하기 - 움직임과 춤으로 표현하기				
평가 관점	· 주변의 움직임을 신체를 이용하여 자유롭게 표현하는가? · 자신의 생각과 느낌을 움직임과 춤으로 표현하는가?				
항 목	체크리스트	1차		2차	
		예	아니오	예	아니오
평가 내용	표현활동에 참여하여 표현 과정을 즐거워하는가?	○		○	
	대상의 모양과 움직임을 표현할 수 있는가?	○		○	
	자신의 신체를 다양하게 활용하여 움직이는가?	○		○	
	신호에 맞춰 움직임에 변화를 주어 표현하는가?		○	○	

<table>
<tr><td rowspan="3"></td><td>속도(빠르게, 느리게) 변화를 고려하여 움직임을 표현하는가?</td><td></td><td>○</td><td>○</td><td></td></tr>
<tr><td>높낮이에 변화를 주며 움직임을 표현할 수 있는가?</td><td></td><td>○</td><td>○</td><td></td></tr>
<tr><td>이동동작(걷기, 달리기, 뛰기 등)을 사용하여 표현하는가?</td><td></td><td>○</td><td>○</td><td></td></tr>
<tr><td>사진
자료</td><td colspan="5">
△ 모양, 움직임 표현하기

△ 이동동작 사용하기</td></tr>
<tr><td>총 평</td><td colspan="5">▷ 자신의 신체 움직임에 자신감, 만족감을 가지고 활동에 적극 참여함. 자유롭게 표현하는 활동에는 적극적이나 조건, 언어 지시 등에 움직임을 표현하는 활동에는 망설이거나 부끄러워하는 등 소극적인 모습을 보임</td></tr>
</table>

* 자료: 김은심(2004). 유아 동작교육의 이론과 실제.

4) 사회관계영역

(1) 포트폴리오 평가 항목

영역 내용	평가 항목	3세	4세	5세	방법	자료
* 사회성	사회관계 일화기록	○			관찰	
① 또래 관계	기질 평정척도				관찰	
② 기관 적응	기관적응 평정척도	○			관찰	
* 정서성	또래 관계 검사 및 면담	○			검사 면담	
* 기질	자유선택활동 평가	○			평가	작품분석
* 자아개념	자아개념 검사				검사	작품분석

(2) 포트폴리오 평가 사례

① 기관 적응 진단표

부모가 아무리 주의 깊게 어린이가 학교에 갈 준비를 했다고 할지라도 학교에 가서 새로운 생활에 얼마나 잘 적응하였는가를 스스로 진단해 보지 않고서는 어린이의 입학준비를 마쳤다고 할 수 없습니다. 그러므로 다음과 같이 진단자료를 제공하여 드리오니 평가해 보시기 바라며 부족한 면은 계속 지도하여 잘 할 수 있도록 도와주시기 바랍니다.

항 목	진단 내용	적응도		
		잘함	보통	노력요
1	스스로 화장실을 바르게 사용한다.			
2	누가 시키지 않아도 코가 나오면 혼자서 닦을 수 있다.			
3	도움을 받지 않고도 스스로 신발을 벗고 신을 수 있다.			
4	남이 도와주지 않아도 옷을 입고 벗을 수 있다.			
5	누가 도와주거나 강요하지 않아도 식사를 잘한다.			
6	편식이나 투정 없이 음식을 잘 먹는다.			
7	옷을 너무 사치스럽거나 화려하게 입지 않는다.			
8	크레파스로 그림의 윤곽을 그릴 때 정해진 금 밖으로 나가지 않게 그릴 수 있다.			
9	여러 가지 모양을 오릴 수 있다.			
10	색종이를 풀칠하여 도화지에 붙일 수 있다.			
11	정해진 모양에 너무 얼룩이 많이 지게 하거나 지저분하지 않게 물감 칠을 할 수 있다.			
12	큰 공을 던지고 잡고 튀길 수 있다.			
13	세발자전거나 바퀴 달린 장난감을 탈 수 있다.			
14	줄넘기를 할 수 있다.			
15	친구들과 싸우지 않고 사이좋게 논다.			
16	다른 어린이들 놀이를 방관하지 않고 함께 놀고 싶어한다.			
17	어린이와 어른들이 함께 있을 때 어른들보다 아이들과 함께 있기를 더 좋아한다.			
18	자발적으로 남을 위해 무슨 일을 하려고 한다.			
19	부모님이 시킨 일을 기꺼이 해 낸다.			
20	스스로 책임이 있다고 생각하는 일에 대해서 어떤 의무감을 갖는다.			
21	누군가 항상 일깨워 주지 않아도 자기 일을 한다.			
22	어린이가 대체로 순종적이다.			

항 목	진단 내용	적응도		
		잘함	보통	노력요
23	일을 시키거나 잘못을 지적 받아도 불평을 늘어놓지 않는다.			
24	다른 사람에게 잘못을 전가시키지 않는다.			
25	가족 이외의 사람이 행하는 훈육에 대해서도 호의적이다.			
26	어떤 일이든 싫증을 자주 내지 않는다.			
27	비록 그 일에 흥미가 없어도 한 가지 일에 집중하려고 한다.			
28	부모가 들려준 이야기에 대해서 말하기를 좋아한다.			
29	동화책에 있는 이야기에 대해서 질문한다.			
30	재미있어하는 동시를 반복해서 읽는 경향이 있다.			
31	다른 사람의 의사결정에 의존하기보다 스스로 결정하려 한다.			
32	스스로 옳은 결정이라고 알고 있지만 그것을 해내기 어렵거나 불쾌할 때 그 결정을 변경시키지 않고 해낸다.			
33	제힘으로 책 속의 그림을 공부하고 그 의미를 말할 수 있다.			
34	책을 읽어 줄 때 관심을 갖고 글자나 그림을 따라 살펴본다.			
35	낱말의 의미, 무슨 글자인가에 대한 질문, 책 읽는 방법에 대한 질문을 하는 등 독서학습에 관심을 보인다.			
36	먼저 바르게 인사한다.			
37	줄 서서 차례를 지킨다.			
38	내 일은 내가 한다.			
39	교통안전 규칙을 지킨다.			
40	공공장소에서 조용히 한다.			

* 자료: 누리과정 컨설팅장학 운영 매뉴얼의 예시자료(2012). 인용.

② 또래관계 검사 및 면담

사회관계영역 포트폴리오 평가 - 또래 관계 검사 및 면담			
유아명	○ ○ ○(만 세)	활동명	또래관계 검사 및 면담
평가 시기	1차 : 20 . . . 2차 : 20 . . .	평가 유형	또래관계 검사/개별면담
내 용	· 다른 사람과 더불어 생활하기 - 친구와 사이좋게 지내기		
평가 관점	· 친구들과 사이좋게 지내는가? · 나와 친구가 서로 다르다는 것을 아는가? · 나와 친구의 다른 점을 존중하며 함께 지낼 수 있는가?		

<table>
<tr><th>항 목</th><th colspan="2">1차 또래관계 검사</th><th>2차 또래관계 검사</th></tr>
<tr><td rowspan="2">평가 내용</td><td colspan="2">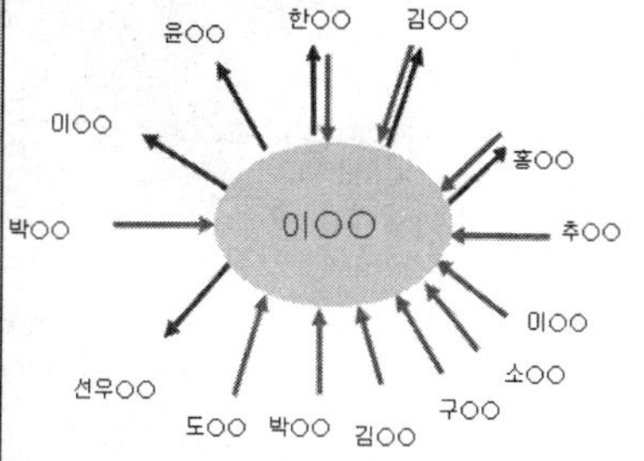
</td><td>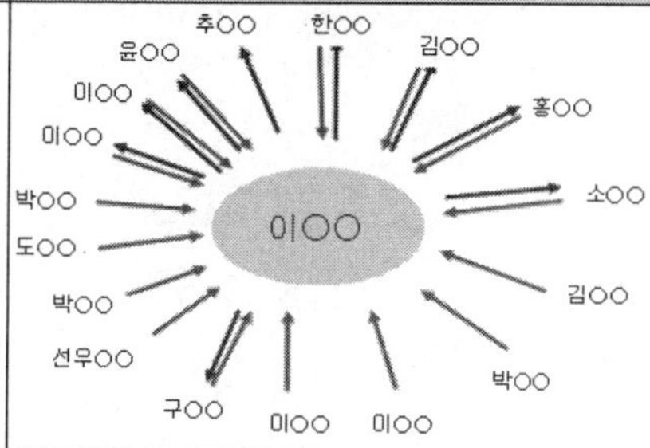
</td></tr>
<tr><td colspan="2">△ 내가 좋아하는 친구
한○○, 김○○, 홍○○, 윤○○, 이○○, 선우○○</td><td>△ 내가 좋아하는 친구
한○○, 김○○, 홍○○, 윤○○, 추○○, 이○○, 이○○, 윤○○, 소○○</td></tr>
<tr><td rowspan="2">면담 내용</td><td>가장 친한 친구</td><td>김○○, 홍○○</td><td>김○○, 홍○○, 윤○○</td></tr>
<tr><td>친해지고 싶은 친구</td><td>윤○○, 선우○○, 이○○</td><td>추○○</td></tr>
<tr><td>총 평</td><td colspan="3">▷ 몇 명의 친한 친구가 있는 반면 이○○를 좋아하는 친구들이 주변에 많은 편임. 2차 평가결과를 보면 본인이 좋아하는 친구가 몇 명 늘었고 주변에 관심을 보이는 친구들은 1차와 비교하여 더 많아졌음을 알 수 있음. 학급 친구들에게 인기가 있음을 알 수 있으며 사회성이 발달되고 있음을 자료를 통해 확인할 수 있음</td></tr>
</table>

③ 자유선택활동 평가

<table>
<tr><th colspan="15">사회관계영역 포트폴리오 평가 - 자유선택활동 평가</th></tr>
<tr><td>유아명</td><td colspan="6">○ ○ ○(만 세)</td><td colspan="2">활동명</td><td colspan="6">자유선택활동</td></tr>
<tr><td>평가 시기</td><td colspan="6">1차 : 20 . . .
2차 : 20 . . .</td><td colspan="2">평가 유형</td><td colspan="6">관찰/자유선택활동 평가</td></tr>
<tr><th colspan="15">자유선택활동 놀이계획 선호도</th></tr>
<tr><td rowspan="2">영역
월</td><td colspan="2">쌓기</td><td colspan="2">역할</td><td colspan="2">언어</td><td colspan="2">수 · 과학</td><td colspan="2">조작</td><td colspan="2">미술</td><td colspan="2">음률</td></tr>
<tr><td>계획</td><td>실행</td><td>계획</td><td>실행</td><td>계획</td><td>실행</td><td>계획</td><td>실행</td><td>계획</td><td>실행</td><td>계획</td><td>실행</td><td>계획</td><td>실행</td></tr>
<tr><td>3월</td><td>11</td><td>9</td><td>7</td><td>3</td><td>4</td><td>2</td><td>6</td><td>5</td><td>9</td><td>7</td><td>7</td><td>3</td><td>6</td><td>1</td></tr>
<tr><td>4월</td><td>13</td><td>11</td><td>7</td><td>5</td><td>6</td><td>2</td><td>9</td><td>7</td><td>12</td><td>11</td><td>5</td><td>8</td><td>9</td><td>3</td></tr>
<tr><td>5월</td><td>18</td><td>15</td><td>13</td><td>8</td><td>9</td><td>6</td><td>17</td><td>9</td><td>15</td><td>14</td><td>9</td><td>7</td><td>5</td><td>4</td></tr>
<tr><td>6월</td><td>20</td><td>16</td><td>18</td><td>11</td><td>14</td><td>9</td><td>9</td><td>6</td><td>17</td><td>20</td><td>11</td><td>14</td><td>8</td><td>3</td></tr>
<tr><td>7월</td><td>21</td><td>19</td><td>15</td><td>8</td><td>9</td><td>6</td><td>11</td><td>14</td><td>18</td><td>17</td><td>12</td><td>9</td><td>7</td><td>5</td></tr>
<tr><td>계</td><td>83</td><td>70</td><td>60</td><td>35</td><td>42</td><td>25</td><td>52</td><td>41</td><td>71</td><td>69</td><td>44</td><td>41</td><td>35</td><td>16</td></tr>
</table>

<table>
<tr><td>사진 자료</td><td>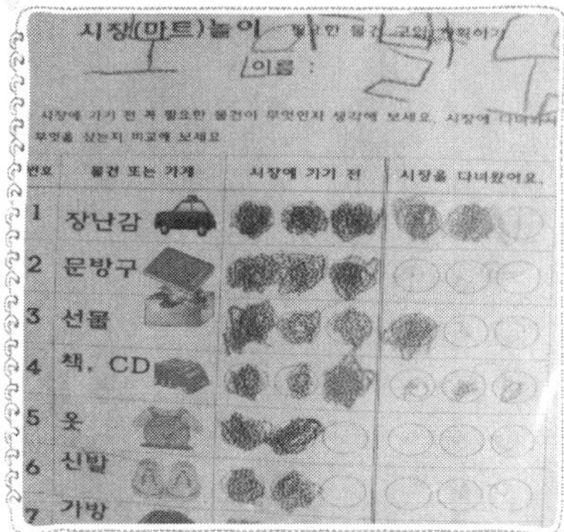

△ 시장놀이 계획하기</td><td>
△ 나의 놀이 계획하기</td></tr>
<tr><td>총 평</td><td colspan="2">▷ 비교적 고른 영역을 계획하고 놀이를 실행에 옮기는 편임. 다양한 흥미영역을 선택하여 실행하지만 대체로 쌓기영역과 조작영역을 선호하는 것으로 보임. 반면 음률영역이나 역할영역은 계획은 하였으나 놀이를 실행에 옮기지 않고 있다는 것을 확인할 수 있음. 비선호 놀이를 격려하는 교사 관심, 지원이 필요함</td></tr>
</table>

④ 놀이참여

<table>
<tr><th colspan="5">사회관계영역 포트폴리오 평가 - 놀이 참여</th></tr>
<tr><td>유아명</td><td colspan="2">○ ○ ○(만 세)</td><td>활동명</td><td>자유선택활동</td></tr>
<tr><td rowspan="2">평가 시기</td><td colspan="2">1차 : 20 . . .</td><td rowspan="2">평가 유형</td><td rowspan="2">평정척도/사진분석</td></tr>
<tr><td colspan="2">2차 : 20 . . .</td></tr>
<tr><td>내 용</td><td colspan="4">· 다른 사람과 더불어 생활하기 - 친구와 사이좋게 지내기 / 사회적 가치를 알고 지키기</td></tr>
<tr><td>평가 관점</td><td colspan="4">· 친구와 협력하며 놀이하는가?
· 다른 사람과 한 약속이나 공공규칙을 잘 지키는가?</td></tr>
<tr><th>항 목</th><th colspan="2">평 정 척 도</th><th>1차</th><th>2차</th></tr>
<tr><td rowspan="4">친구와 어울려 놀이 하기</td><td>1</td><td>혼자 놀이한다.</td><td></td><td></td></tr>
<tr><td>2</td><td>친구 옆에서 놀이하나 대화, 상호작용하지 않는다.</td><td>○</td><td></td></tr>
<tr><td>3</td><td>친구와 함께 놀이한다.</td><td></td><td>○</td></tr>
<tr><td>4</td><td>각자 역할을 맡고 협력하여 놀이한다.</td><td></td><td></td></tr>
<tr><td rowspan="3">새로운 놀이에 참여 하기</td><td>1</td><td>새로운 놀이에 관심을 보이지 않는다.</td><td></td><td></td></tr>
<tr><td>2</td><td>친구의 놀이를 관찰한 후 놀이에 참여한다.</td><td>○</td><td></td></tr>
<tr><td>3</td><td>놀이 방법을 교사에게 묻고 놀이한다.</td><td></td><td></td></tr>
</table>

	4	자기 주도적으로 놀이한다.		○
놀이 규칙 지키기	1	놀이 규칙을 지키지 않는다.	○	
	2	가끔 놀이 규칙을 지킨다.		
	3	대체로 놀이 규칙을 지킨다.		○
	4	언제나 놀이 규칙을 지킨다.		
사진 자료	 △ 여럿이 하는 협력놀이  △ 전체 유아가 참여하는 극놀이			
총 평	▷ 학기 초에는 같은 놀잇감을 가지고 옆에서 나란히 놀이하는 병행놀이의 모습을 자주 볼 수 있었으나 점차 옆에 있는 친구와 놀잇감을 주고받기도 하고 이야기도 나누면서 함께 놀이하는 모습을 보이기 시작함. 최근에는 친구에게 놀이를 제안하거나 놀이의 역할을 설정하기도 하는 등 변화된 모습을 보이고 있음			

⑤ 자아개념 검사

사회관계영역 포트폴리오 평가 - 자아개념 검사						
유아명	○ ○ ○(만 세)		활동명	자아개념 검사		
평가 시기	1차 : 20 . . .		평가 유형	개별면담		
	2차 : 20 . . .					
내 용	· 나를 알고 존중하기 - 나를 알고 소중히 여기기					
평가 관점	· 나에 대해 긍정적으로 생각하고 나를 소중하게 여기는가?					
항 목	개념 검사를 위한 질문		1차		2차	
			예	아니오	예	아니오
미래 모습	1	커서 훌륭한 사람이 될 것이다.	○		○	
	2	학교에 가서 공부를 잘할 것이다.	○		○	
나의	3	레고, 종이접기, 만들기 등 모두 잘한다.		○	○	

능력	4	똑똑하다.	○		○	
	5	엄마, 아빠는 내가 훌륭한 사람이 될 거라 생각한다.	○		○	
나의 몸	6	몸이 튼튼하다.	○		○	
	7	얼굴이 잘(예쁘게) 생겼다.	○			○
	8	내 키는 크지도 않고 작지도 않고 알맞다.	○		○	
	9	자전거타기, 그네타기, 미끄럼타기를 잘 한다.		○		○
나의 가족	10	우리 집은 재미있고 좋다.	○		○	
	11	엄마, 아빠는 나를 좋아한다.	○		○	
	12	엄마, 아빠는 이야기도 해 주시고 내 얘기도 잘 들어주신다.		○		○
	13	우리 가족은 서로 사이좋게 지낸다.	○		○	
	14	엄마, 아빠 말씀을 잘 듣는 아이이다.	○			○
또래 관계	15	친구가 많다.	○		○	
	16	친구들과 사이좋게 논다.	○		○	
	17	다른 친구를 울리지 않는다.	○		○	
	18	나를 때린 친구하고도 놀 수 있다.	○		○	
	19	선생님과 친구들은 나를 다 좋아한다.	○			○
총 평	▷ 1, 2차 면담 내용으로 보아 자신에 대한 생각이 대체로 긍정적이며 자아 존중감을 가지고 있으며 가족과 친구 관계도 긍정적으로 생각하고 있음					

5) 자연탐구영역

(1) 포트폴리오 평가 항목

영역 내용	평가 항목	3세	4세	5세	방법	자료
* 수학적 · 과학적 문제해결 능력	자연탐구 일화기록				관찰	
	식물관찰	○			관찰	작품분석
	동물관찰	○			관찰	작품분석
	요리활동	○			관찰	작품분석
* 탐구 태도	실험활동				관찰	사진
	견학활동	○			관찰	사진

* 인지적 흥미	수학 활동	수세기	○			검사	작품분석
		더하기				작품분석	작품분석
		빼기				작품분석	작품분석
		패턴 구성	○			작품분석	작품분석

(2) 포트폴리오 평가 사례

① 수세기

<table>
<tr><th colspan="5">자연탐구영역 포트폴리오 평가 - 수세기</th></tr>
<tr><td>유아명</td><td colspan="2">○ ○ ○(만 세)</td><td>활동명</td><td>자유선택활동</td></tr>
<tr><td rowspan="2">평가 시기</td><td colspan="2">1차 : 20 . . .</td><td rowspan="2">평가 유형</td><td rowspan="2">평정척도</td></tr>
<tr><td colspan="2">2차 : 20 . . .</td></tr>
<tr><td>내 용</td><td colspan="4">· 수학적 탐구하기 - 수와 연산의 기초개념 알아보기</td></tr>
<tr><td>평가 관점</td><td colspan="4">· 주변의 물체를 10까지 세고 숫자와 연결할 수 있는가?</td></tr>
<tr><td>항 목</td><td>단 계</td><td>평 정 척 도</td><td>1차</td><td>2차</td></tr>
<tr><td rowspan="7">평가 내용</td><td>1 단계</td><td>수세기를 할 수 있으나 숫자와 연결하지 못한다.</td><td></td><td></td></tr>
<tr><td>2 단계</td><td>1까지 수세기를 하고 숫자와 연결할 수 있다.</td><td></td><td></td></tr>
<tr><td>3 단계</td><td>3까지 수세기를 하고 숫자와 연결할 수 있다.</td><td></td><td></td></tr>
<tr><td>4 단계</td><td>5까지 수세기를 하고 숫자와 연결할 수 있다.</td><td>○</td><td></td></tr>
<tr><td>5 단계</td><td>7까지 수세기를 하고 숫자와 연결할 수 있다.</td><td></td><td></td></tr>
<tr><td>6 단계</td><td>10까지 수세기를 하고 숫자와 연결할 수 있다.</td><td></td><td>○</td></tr>
<tr><td>7 단계</td><td>11 이상의 수세기를 하고 숫자와 연결할 수 있다.</td><td></td><td></td></tr>
<tr><td>사진 자료</td><td colspan="4">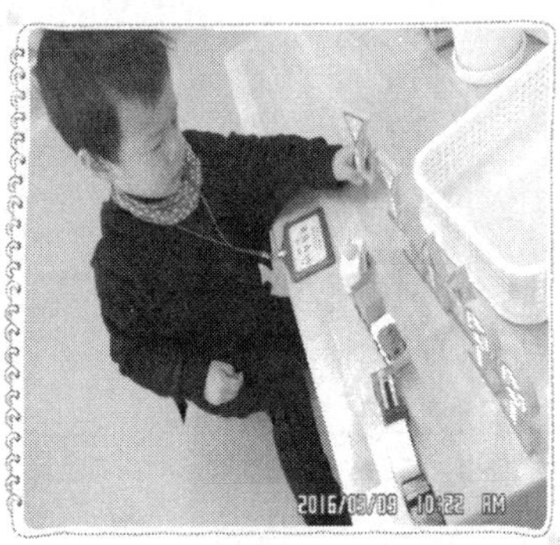
△ 늘어놓고 수세기하기

△ 수세기 후 수와 연결하기</td></tr>
</table>

총 평	▷ 1차 측정에서는 1~10까지의 수세기는 가능했으나 숫자와 연결하는 것에 어려움을 보였음. 이후 2차 측정의 결과에서는 20 이상의 수세기가 가능했으며 숫자와 연결하는 것에는 어려움이 있으나 10까지는 숫자와의 연결이 가능했음

② 패턴 구성하기

<table>
<tr><th colspan="5">자연탐구영역 포트폴리오 평가 - 패턴 구성하기</th></tr>
<tr><td>유아명</td><td>○ ○ ○(만 세)</td><td>활동명</td><td colspan="2">패턴구성하기</td></tr>
<tr><td rowspan="2">평가
시기</td><td>1차 : 20 . . .</td><td rowspan="2">평가
유형</td><td colspan="2" rowspan="2">체크리스트/작품분석</td></tr>
<tr><td>2차 : 20 . . .</td></tr>
<tr><td>내 용</td><td colspan="4">· 수학적 탐구하기 - 규칙성 이해하기</td></tr>
<tr><td>평가
관점</td><td colspan="4">· 패턴을 인식하는가?
· 제시된 패턴을 인식하고 따라 할 수 있는가?
· 스스로 패턴을 구성하고 이야기할 수 있는가?</td></tr>
<tr><td>항 목</td><td colspan="2">체크리스트</td><td>1차</td><td>2차</td></tr>
<tr><td rowspan="5">평가
내용</td><td colspan="2">패턴을 보고 제시된 그대로 따라 할 수 있는가?</td><td>○</td><td></td></tr>
<tr><td colspan="2">패턴을 보고 다음을 예측하거나 빠진 부분을 아는가?</td><td></td><td></td></tr>
<tr><td colspan="2">단순한 패턴을 스스로 구성할 수 있는가?</td><td></td><td>○</td></tr>
<tr><td colspan="2">복잡한 패턴을 스스로 구성할 수 있는가?</td><td></td><td></td></tr>
<tr><td colspan="2">자신이 구성한 패턴의 규칙을 말로 할 수 있는가?</td><td></td><td></td></tr>
<tr><td>사진
자료</td><td colspan="4">
△ 같은 패턴 구성하기

△ 카드 보고 찾아오기</td></tr>
<tr><td>총 평</td><td colspan="4">▷ 패턴의 의미를 이해하고 반복되는 모양, 수, 그림 등의 규칙성을 이해하고 그림이나 언어, 놀잇감 등으로 표현하는 활동에 어려움이 있음. 2차 측정에서는 단순 패턴을 이해하고 구성하거나 표현할 수 있으나 복잡해진 패턴의 규칙을 이해하고 설명하는 것, 단순 패턴을 구성해 보는 것까지는 여전히 어려움을 보임</td></tr>
</table>

③ 식물 관찰

<table>
<tr><th colspan="5">자연탐구영역 포트폴리오 평가 - 식물 관찰</th></tr>
<tr><td>유아명</td><td>○ ○ ○(만 세)</td><td>활동명</td><td colspan="2">식물 관찰하기</td></tr>
<tr><td rowspan="2">평가 시기</td><td>1차 : 20 . . .</td><td rowspan="2">평가 유형</td><td rowspan="2" colspan="2">체크리스트/사진</td></tr>
<tr><td>2차 : 20 . . .</td></tr>
<tr><td>내 용</td><td colspan="4">· 과학적 탐구하기 - 생명체와 자연환경 알아보기</td></tr>
<tr><td>평가 관점</td><td colspan="4">· 관심 있는 식물의 특성을 알아보는가?
· 식물이 살기 좋은 환경에 대하여 관심을 갖는가?</td></tr>
<tr><td>항 목</td><td colspan="2">체크리스트</td><td>1차</td><td>2차</td></tr>
<tr><td rowspan="4">평가 내용</td><td colspan="2">식물에 관심을 갖고 관찰한다.</td><td>○</td><td></td></tr>
<tr><td colspan="2">식물을 관찰하고 그 특징을 안다.</td><td></td><td></td></tr>
<tr><td colspan="2">관심 있는 식물의 특징에 대해 알아보고 비교해 본다.</td><td></td><td></td></tr>
<tr><td colspan="2">식물에 관심을 가지고 키운다.</td><td></td><td>○</td></tr>
<tr><td>사진 자료</td><td colspan="4">
△ 내가 키우는 화분

△ 우리 반 텃밭 가꾸기</td></tr>
<tr><td>총 평</td><td colspan="4">▷ 텃밭 식물에 관심을 가지고 성장 모습, 과정 등을 관찰하고 돌봄. 식물의 성장에 필요한 조건에 관심을 보이며 자신이 관찰하고 탐색한 내용을 글과 그림으로 표현하는 기록 활동에도 적극 참여하고 있음</td></tr>
</table>

④ 동물 관찰

<table>
<tr><th colspan="5">자연탐구영역 포트폴리오 평가 - 동물 관찰</th></tr>
<tr><td>유아명</td><td>○ ○ ○(만 세)</td><td>활동명</td><td colspan="2">동물 관찰하기</td></tr>
<tr><td rowspan="2">평가
시기</td><td>1차 : 20 . . .</td><td rowspan="2">평가
유형</td><td colspan="2" rowspan="2">평정척도/사진</td></tr>
<tr><td>2차 : 20 . . .</td></tr>
<tr><td>내 용</td><td colspan="4">· 과학적 탐구하기 - 생명체와 자연환경 알아보기</td></tr>
<tr><td>평가
관점</td><td colspan="4">· 관심 있는 동물의 특성을 알아보는가?
· 동물이 살기 좋은 환경에 대하여 관심을 갖는가?</td></tr>
<tr><td>항 목</td><td colspan="2">평 정 척 도</td><td>1차</td><td>2차</td></tr>
<tr><td rowspan="3">평가
내용</td><td colspan="2">동물에 대하여 관심을 보이지 않는다.</td><td></td><td></td></tr>
<tr><td colspan="2">동물 관찰에 참여하나 동물의 생김새나 특징에 대해 이야기하지 않고 단순히 동물 이미지만을 표상한다.</td><td>○</td><td></td></tr>
<tr><td colspan="2">동물의 생김새나 특징에 관심을 가지고 적극적으로 관찰에 참여하며 동물의 특징을 표상한다.</td><td></td><td>○</td></tr>
<tr><td>사진
자료</td><td colspan="4">
△ 물고기와 친해지기

△ 동물 먹이주기</td></tr>
<tr><td>총 평</td><td colspan="4">▷ 동물의 생김새, 움직임, 생활모습 등에 관심을 보이며 관찰하며 탐색함. 먹이주기 활동을 자신이 하고 싶어하며 관찰 과정에서 알게 된 내용을 글과 그림으로 표현하는 기록 활동에도 즐겁게 참여함</td></tr>
</table>

⑤ 요리활동

<table>
<tr><th colspan="5">자연탐구영역 포트폴리오 평가 - 요리 활동</th></tr>
<tr><td>유아명</td><td>○ ○ ○(만 세)</td><td>활동명</td><td colspan="2">요리활동</td></tr>
<tr><td>평가 시기</td><td>20 . . .</td><td>평가 유형</td><td colspan="2">체크리스트/작품 분석</td></tr>
<tr><td>내 용</td><td colspan="4">· 과학적 탐구하기 - 물체와 물질 알아보기 / 간단한 도구와 기계 활용하기</td></tr>
<tr><td>평가 관점</td><td colspan="4">· 주변 여러 가지 물질의 기본 특성을 아는가?
· 생활 속에서 간단한 도구와 기계를 활용하는가?</td></tr>
<tr><td rowspan="2">항 목</td><td rowspan="2" colspan="2">체크리스트</td><td colspan="2">확인</td></tr>
<tr><td>예</td><td>아니오</td></tr>
<tr><td rowspan="4">평가 내용</td><td colspan="2">요리활동에 관심과 흥미를 가지고 참여한다.</td><td>○</td><td></td></tr>
<tr><td colspan="2">요리재료와 도구를 적절히 사용한다.</td><td>○</td><td></td></tr>
<tr><td colspan="2">요리활동에 대한 이야기를 나눈다.</td><td>○</td><td></td></tr>
<tr><td colspan="2">안전하게 요리활동을 한다.</td><td>○</td><td></td></tr>
<tr><td rowspan="2">면담 내용</td><td colspan="2">교사 질문</td><td colspan="2">유아 대답</td></tr>
<tr><td colspan="2">· 가장 재미있었던 것은 무엇인가요?
· 가장 어려웠던 것은 어떤 것인가요?
· 전에 먹어 본 것과 오늘 만든 것을 비교하면 어떤가요?
· 요리활동을 하면서 새롭게 알게 된 것은 무엇인가?</td><td colspan="2">- 먹는 거요.
- 작게 썰어야 하는 게 힘들었어요.
- 그 때 먹었을 때도 맛있었어요. 지금도 맛있어요.
- 사과는 껍질을 벗겨서 시간이 오래 지나면 색깔이 변했어요.</td></tr>
<tr><td>사진 자료</td><td colspan="2">
△ 오이 썰어 준비하기</td><td colspan="2">
△ 내가 만든 간식</td></tr>
<tr><td>총 평</td><td colspan="4">▷ 유아들이 주도적으로 요리활동을 할 수 있는 환경이어서 모두 즐겁게 활동에 참여하였음. 요리활동은 특히나 평소에 지도되었던 손씻기, 차례 지키기, 안전하게 활동하기 등의 기본생활습관이 필요한 활동이라고 생각됨</td></tr>
</table>

⑥ 견학활동

<table>
<tr><th colspan="5">자연탐구영역 포트폴리오 평가 - 견학활동</th></tr>
<tr><td>유아명</td><td>○ ○ ○(만 세)</td><td>활동명</td><td colspan="2">견학(현장체험학습)</td></tr>
<tr><td>평가 시기</td><td>20 . . .</td><td>평가 유형</td><td colspan="2">체크리스트/사진</td></tr>
<tr><td>내 용</td><td colspan="4">· 탐구하는 태도 기르기 - 탐구과정 즐기기</td></tr>
<tr><td>평가 관점</td><td colspan="4">· 궁금한 점을 알아보는 탐구과정에 참여하고 즐기는가?</td></tr>
<tr><td rowspan="2">항 목</td><td colspan="2" rowspan="2">체크리스트</td><td colspan="2">확인</td></tr>
<tr><td>예</td><td>아니오</td></tr>
<tr><td rowspan="4">평가 내용</td><td colspan="2">견학 장소의 시설이나 환경에 흥미를 가지고 적극 탐색한다.</td><td>○</td><td></td></tr>
<tr><td colspan="2">견학 내용에 대하여 다양하게 질문한다.</td><td>○</td><td></td></tr>
<tr><td colspan="2">견학에 대하여 스스로 기록할 수 있다.</td><td></td><td>○</td></tr>
<tr><td colspan="2">견학과 관련된 사후활동에 흥미를 갖고 참여한다.</td><td>○</td><td></td></tr>
<tr><td rowspan="2">면담 내용</td><td colspan="2">질 문</td><td colspan="2">대 답</td></tr>
<tr><td colspan="2">· 가장 재미있었던 것은 무엇인가요?
· 가장 어려웠던 것은 어떤 것인가요?
· 견학 가보고 싶은 곳이 있나요?
· 견학을 통해 무엇을 알게 되었나요?</td><td colspan="2">– 연못에서 뭐 잡는 거요.
– 맷돌 돌리는 거요.
– ……
– 옛날 물건이요.</td></tr>
<tr><td>사진 자료</td><td colspan="4">
△ 물 속 생물 탐색하기

△ 옛날 물건 체험하기</td></tr>
<tr><td>총 평</td><td colspan="4">▷ 사전활동으로 현장학습 장소에 대하여 알아보기 위해 유아들과 인터넷으로 홈페이지를 방문, 유아들이 하게 될 체험, 경험에 대하여 이야기 나눔. 생각했던 것만큼의 다양한 정보를 얻을 수 없어 유아들의 궁금증이 커짐. 직접 현장체험을 통해 자신들이 궁금해 했던 문제를 해결할 수 있게 되어 좋았고 어려운 내용을 쉽게 설명해 주는 안내자(가이드)가 있어 도움이 됨</td></tr>
</table>

4. 3-5세 연령별 누리과정 평가도구(서울형)

진정한 유아교육은 유아에 대한 바른 이해가 선행될 때 비로소 이루어질 수 있는 것이기 때문에 유아의 발달수준에 대한 교사의 올바른 이해는 유아교육 계획의 출발점이 되어야 한다. 유아교육 평가는 유아의 전인적 성장 · 발달을 돕는 교육과정 계획 및 실행을 위해 유아교육 프로그램에 대한 평가와 유아 발달에 대한 평가가 함께 이루어져야 한다.

궁극적으로 유아교육 평가는 유아교육에 참여하는 모든 사람들, 즉 유아, 부모, 교사, 유아교육기관 종사자, 기타 관계자 등에게 도움을 주고 유아 개개인의 발달수준 및 행동 변화를 평가하는데 그 목적이 있다고 하겠다.

1) 연령별 누리과정 유아관찰척도

(1) 기본 구성

연령별 누리과정 유아관찰척도는 연령별 누리과정의 교육적 성취를 평가할 수 있는 평가도구의 일환으로서 교사의 관찰을 통해 유아가 연령별 누리과정을 통해 얼마나 발달하였는지 개인 내적 측면에서 살펴보고자 개발되었다.

본 관찰척도는 연령별 누리과정의 신체건강 · 운동, 의사소통, 사회관계, 예술경험, 자연탐구의 5개 영역에서 제시하고 있는 내용을 중심으로 3세 38문항, 4세 43문항, 5세 48개의 문항으로 구성되었다.

(2) 평정 방법 및 결과 활용

연령별 누리과정 유아관찰척도는 유아의 지식과 태도에 있어 발달적 차이를 '매우 우수'(4점), '우수'(3점), '부분적으로 미흡'(2점), '미흡'(1점)의 4단계로 구분하여 평가하는 4점 척도로 구성하였다. 유아관찰척도는 유아 간의 상대적인 비교가 아니며, 연령별 누리과정에 입각한 교육을 받은 유아의 교육적 성취와 개인 내 발달을 파악하기 위한 것이다.

연령별 누리과정 유아관찰척도는 연령별 누리과정을 실시하고 있는 유아교육기관의 각 반 담임교사가 평정할 수 있으며, 1학기 말과 2학기 말에 실시하는 것을 권장한다. 유아관찰척도를 실시함으로써 유아가 신체, 인지, 언어, 사회, 정서, 예술의 전반적인 발달 영역에서 유아 개인 내 발달의 정도와 양상을 파악할 수 있다. 또한 교사의 교육 활동 계획에 활용하거나, 부모 면담 시에 체계적이고 객관적인 자료로 활용할 수 있다.

(3) 활용 시 유의점

유아에 대한 정확한 관찰과 평정을 위하여 교사는 관찰도구의 문항들을 사전에 숙지하고 유아들의 일과 활동을 주의 깊고 민감하게 관찰하여야 하며, 해당 유아를 최소 1주일 이상 관찰하여 가장 대표적인 유아의 행동 특성을 파악하여 기록한다. 유아관찰척도는 교사가 관찰할 수 있는 유아의 행동 특성을 평정하는 도구이므로 교사는 일화기록, 유아의 작품 및 포트폴리오 등 여러 자료를 함께 고려하여 유아의 발달에 대해 파악하도록 한다. 교사는 유아가 발달의 속도에 유연성이 높다는 것을 고려하여 척도의 평가 결과를 통해 다른 유아와의 비교를 통한 상대적 위치를 확인하기보다는 유아의 개별적 발달의 특징을 파악하는데 사용하도록 한다.

2) 연령별 누리과정 평가도구 전산화 프로그램

(1) 활용 방법

전산화 프로그램은 연령별 누리과정 평가도구(연령별 누리과정 유아관찰척도, 연령별 누리과정 프로그램 평가척도)와 연계하여 결과를 산출할 수 있도록 개발되었다. 먼저 연령별 누리과정 유아관찰척도의 경우 관찰 후 그 결과를 전산화 프로그램에 입력하면 그래프와 해석본을 제공하여 유아의 개인 내 발달 결과를 누적, 비교하는 것이 가능하다. 이를 통해 각 유아의 강점과 약점을 파악하여 개별화된 교육을 도모하고자 개발되었다.

전산화 프로그램의 주요 기능 중 하나인 생활기록부 연계는 프로그램 내 생활기록부 양식이 탑재되어 입력 시 유아의 재원기간 동안 진급하더라도 지속적으로 유지되며 수정, 보완할 수 있다. 또한 유아관찰 결과의 내용이 생활기록부 발달평가에 반영된다. 그러므로 교사는 이를 바탕으로 연령별 누리과정 유아관찰척도 외의 다른 평가를 통해 도출된 결과를 함께 고려하여 종합적인 의견을 작성할 수 있다.

[그림 7-1] 3-5세 누리과정 평가도구 전산화 프로그램

(2) 활용 시 유의점

전산화 프로그램을 활용할 시에는 교사가 유아의 결과를 개인 간 비교하는 자료로 활용을 해서는 안 되며 개별 유아의 강점과 약점을 파악하는 용도로만

그래프 및 해석결과를 활용해야 함을 유의하도록 한다. 담임교사는 도출된 해석자료를 충분히 읽어 보고 각 유아의 특징이나 기록할 만한 사항을 영역란이나 총평란에 추가 기재 · 보완하여 출력하고 보관하도록 한다.

생활기록부의 각 연령별 발달 총평은 자동으로 가장 나중에 평가된 기록이 탑재되므로 이를 읽어 보고 수정, 편집하는 과정이 필수적이다. 특히 유아관찰척도만을 바탕으로 작성된 결과이므로 교사가 총체적인 의견을 추가, 수정, 보완하는 과정이 요구된다.

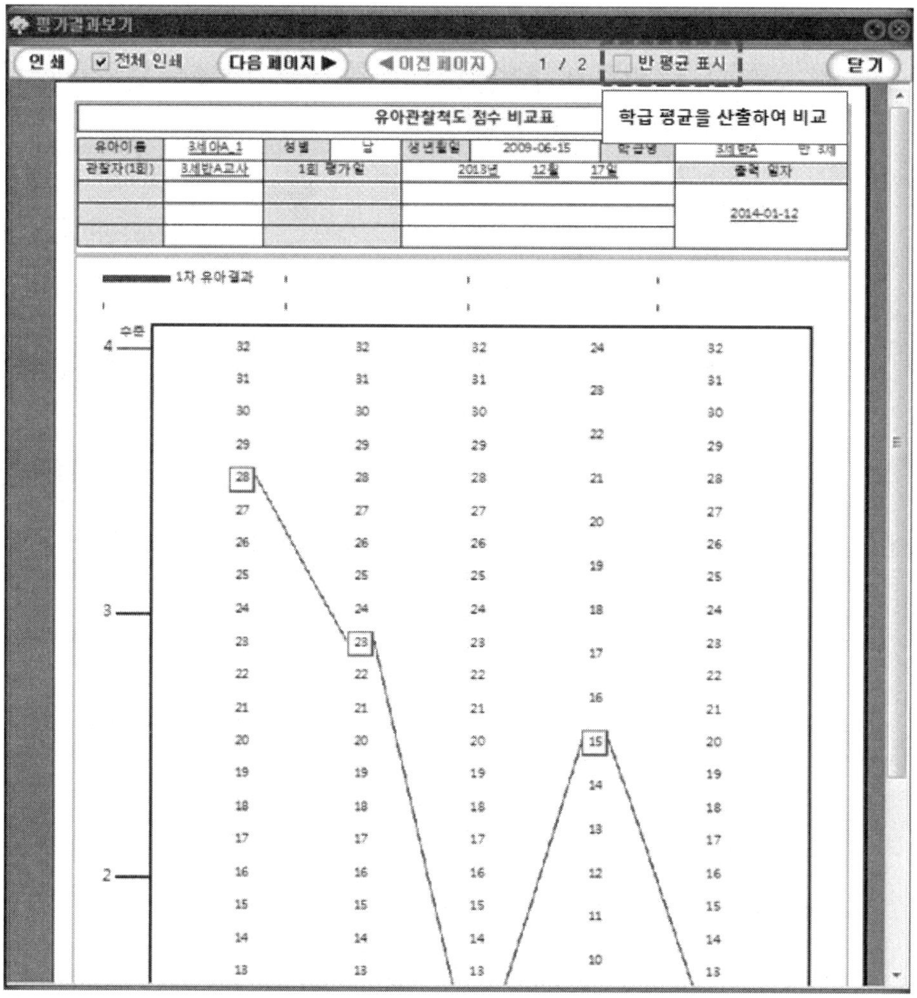

[그림 7-2] 전산화 프로그램 평가결과 그래프 분석

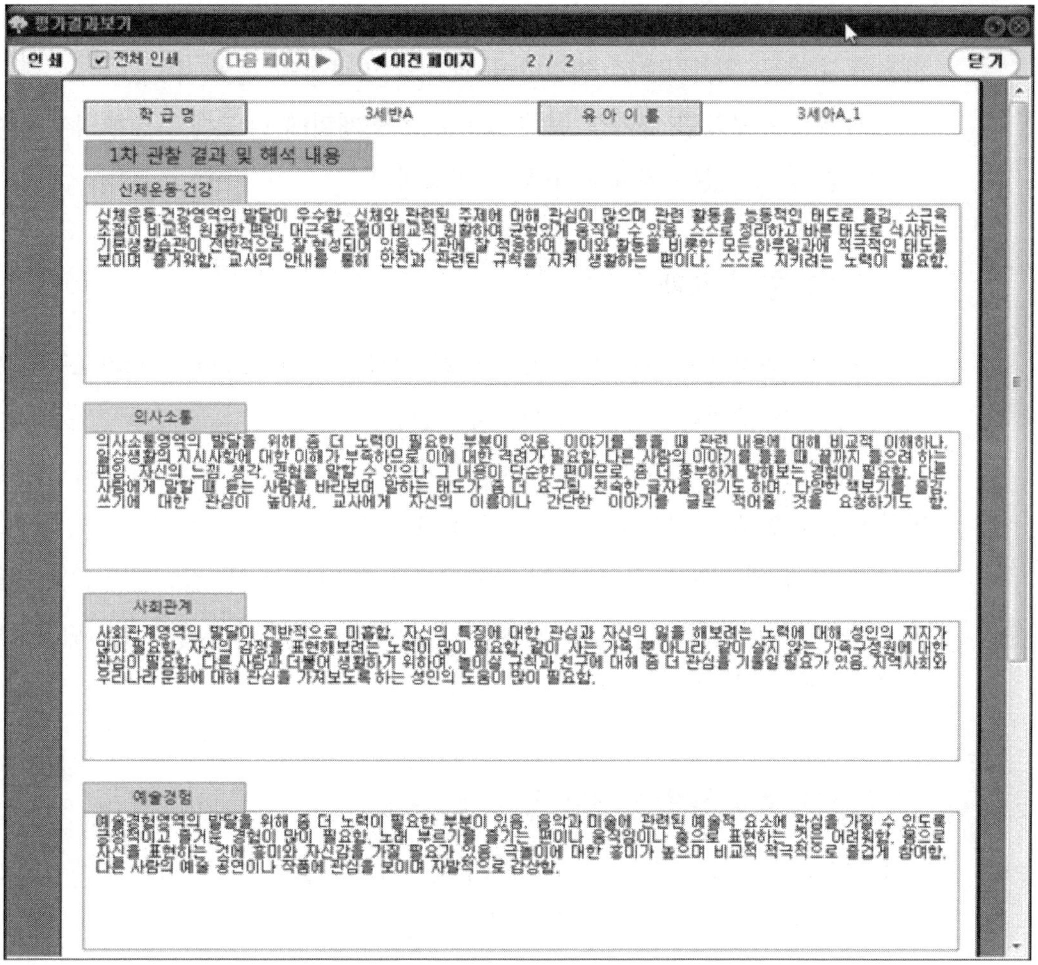

[그림 7-3] 전산화 프로그램 5개 영역 평가결과 해석본

3) 평가도구 활동에 따른 기대 효과

(1) 교육과정 적용 효과

① 3-5세 연령별 누리과정의 교육현장 적용에 대한 간접적인 평가로서 유아평가 결과를 활용할 수 있다.

② 3-5세 연령별 누리과정에 기초한 유아 평가도구를 통해 유치원에서 유아의 발달 상황을 자체적으로 관찰 가능하다.

③ 3-5세 연령별 누리과정에 기초한 평가도구 개발은 국가수준의 교육과정 적용과 평가를 유기적으로 연결하여 교육의 일관성을 높일 수 있다.

④ 3-5세 프로그램 평가를 통해 교육과정의 계획에 반영하고 실행의 과정을 모니터링 할 수 있는 자료로 활용이 가능하다.

(2) 교육 활용 효과

① 3-5세 연령별 누리과정에 기초한 활동자료를 함께 제공하여 평가도구 활용에 있어 높은 교과타당도를 기대할 수 있다.

② 장기적인 교육과정 계획을 통해서 이루어지는 연령별 누리과정에 기초한 활동자료를 통해 평가도구 적용 자체가 교사교육으로 활용될 수 있다.

③ 교사가 관찰한 내용을 통해 개별유아의 발달에 대해 전반적으로 이해할 수 있는 자료가 전산화되어 제공되며 이에 교사가 특징적인 내용을 추가함으로써 유아발달에 관한 풍부한 자료로 활용될 수 있다.

(3) 교사 현장 활용도 개선 효과

① 기존의 평가도구와 달리 점수의 의미를 해석한 결과가 전산화를 통해 산출되므로 활용이 용이하여 실제 현장 적용 가능성이 높다.

② 전산화를 통해 결과를 전국적으로 산출하여 비교할 수 있다.

③ 전산화를 통해 교사의 작업 시간 절약과 업무의 효율성을 높일 수 있다.

④ 전산화 프로그램 내 생활기록부 연계로 교사의 행정업무가 간소화될 수 있다.

(4) 부모에 대한 자료제공 효과

① 부모 면담 시 전문성을 가진 자료로 활용 가능하다.

② 자녀에 대한 부모의 이해를 높이고 가정과의 유기적인 연계를 돕는 자료로 활용 가능하다.

참고 문헌

교육과학기술부, 보건복지부(2013). 3-5세 연령별 누리과정: 교사용 지침서. 서울: 교육과학기술부, 보건복지부.

김경철, 김은정, 배예경(2008). 유치원 포트폴리오 평가 수행 과정에서 나타난 교사의 경험. 열린유아교육연구, 13(5), 327-348.

김경철, 이진희, 최미숙, 황윤세 공역(2008). 발달과 학습에 대한 유아평가. 서울: 학지사.

김이영 · 김태인 · 김현정 · 송명숙 · 이지민(2015). 아동관찰 및 행동연구. 파주: 정민사.

김지은(2008). 아동관찰 및 행동연구. 경기도 파주: 학현사.

김희진, 박은혜, 이지현(2011). 유아교육기관에서의 관찰. 서울: 창지사.

심미영(2005). 보육시설에서의 영·유아 평가에 대한 교사의 인식 및 실태. 성신여자대학교 교육대학원 석사학위논문.

심성경, 함은숙(2015). 유아교육기관 현장관찰 및 평가. 경기: 공동체.

3-5세 연령별 누리과정 유아평가 예시문(2012). 경기도유아교육진흥원.

안선희 · 문혁준 · 김양은 · 김영심 · 안효진 · 이경옥 · 신혜원(2015). 아동관찰 및 행동연구. 서울: 창지사.

양명희 · 임유경(2014). 유아행동 관찰 및 평가. 서울:학지사.

윤진주, 안진경, 김지영(2008). 유치원 교사의 교육과정 평가와 유아 평가에 대한 실태 및 개선 방안에 관한 연구. 한국생활과학지, 17(3), 413-423.

이미화, 엄지원, 정주영(2014). 영아보육 질 제고를 위한 평가도구 개발 및 활용방안. 서울: 육아정책연구소.

이미화, 이정림, 여종일, 김경미, 김명순, 이경옥, 이완정, 이정욱, 최일선, 최혜영(2014). 5세 누리과정 유아관찰척도. 서울: 육아정책연구소.

이미화, 정주영, 엄지원, 김희정, 김명순, 이경옥, 이완정, 이정욱, 최일선, 최혜영(2013). 3, 4세 누리과정 유아관찰척도개발. 서울: 육아정책연구소.

이미화, 정주영, 엄지원, 김희정, 김명순, 이경옥, 이완정, 이정욱, 최일선, 최혜영(2014). 3세 누리과정 유아관찰척도. 서울: 육아정책연구소.

이미화, 정주영, 엄지원, 김희정, 김명순, 이경옥, 이완정, 이정욱, 최일선, 최혜영(2014). 4세 누리과정 유아관찰척도. 서울: 육아정책연구소.

이성희, 박은혜(2012). 유치원 교사의 교육과정 계획 · 실행 · 평가에 나타난 실천적 지식 분석. 열린유아교육연구, 17(4), 319-353.

이숙재(1998). 개정 유아를 위한 놀이의 이론과 실제. 서울: 창지사.

이순형 외(2008). 아동관찰 및 행동연구. 서울: 학지사.

이은해, 이미리, 박소연(2006). 아동 연구방법의 이해. 서울: 학지사.

이진희(2006). 유아포트폴리오평가의 수집과정 및 활용: 한 미국 유아교육프로그램을 통한 사례연구. 아동교육, 5(2). 229-239.

장혜순, 박명숙, 최윤정, 손수민(2011). 현장 참여 및 관찰의 이론과 실제. 경기: 공동체.

전남련, 김재환, 이혜배(2007). 아동행동 연구 및 관찰평가. 서울: 창지사.

정혜영(2001). 포트폴리오평가가 유아의 인지적 · 정의적 발달 및 부모의 자녀 평가에 미치는 영향. 부산대학교 대학원 박사학위 논문.

조복희(2010). 아동연구의 방법. 경기: 교문사.

조복희(2015). 영아발달. 서울: 교육과학사.

조복희 · 곽혜경 · 김혜순 · 연미희 · 이영환 · 장혜자(2014). 유아발달. 서울: 교육과학사.

조은주(2011). 유치원 수업장학 컨설팅의 실제. 2011유치원 수업혁신컨설팅 장학지원단 연수교재.

최일선(2002). 한별유치원 만 5세반 교사의 유아평가 양상에 관한 문화기술적 연구. 이화여자대학교 대학원 박사학위 청구논문.

한국유아교육학회(2011). 유아교육백서: 2006년-2010년. 경기: 양서원.

황해익, 송연숙, 최혜진, 정혜영, 손원경(2009). 2007년 개정 유치원 교육과정에 따른 유아 포트폴리오 평가. 서울: 창지사.

부 록

1. 영아관찰척도
2. 유아관찰척도

1. 영아관찰척도 (이미화 외, 2014)

1) 0세반 「0-2세 보육과정에 기초한 영아관찰척도」

(1) 기본생활

관찰문항 (관찰요소)	척도				관찰 및 활동 사례
	1	2	3	4	
1-1. 몸이 깨끗해졌을 때 기분 좋은 반응을 한다. [위생에 대한 관심]					- 배변 후 몸 씻기를 하자고 하면 몸을 움직여 다가온다. - 배변 후 몸을 씻을 때 웃음, 옹알이 등 긍정적인 반응을 한다.
1-2. 다양한 음식에 적응한다. [식생활 적응]					- 우유나 모유를 자신의 양에 맞게 충분히 먹는다. - 다양한 재료의 이유식을 먹어 보려고 한다.
1-3. 편안한 일상생활을 한다. [일과 적응]					- 자신의 리듬에 맞게 개별적인 일상 활동(예 : 배변하기, 낮잠 자기 등)을 한다. - 놀잇감을 가지고 입에 넣거나 손으로 만지는 등 다양한 탐색과 놀이를 한다.
1-4. 위험한 상황을 알려주면 반응한다. [위험에 대한 반응]					- 책상이나 교구장에 올라가려고 할 때, 교사가 위험하다고 하면 행동을 잠깐 멈추거나 쳐다본다. - 책상이나 교구장에 올라가려고 할 때, 교사가 안전한 오르기 활동(예 : 기어오름대 놀이, 낮은 미끄럼틀 오르기)을 제안하면 전환하여 놀이할 수 있다.

(2) 신체운동 · 건강

관찰문항 (관찰요소)	척도 1	척도 2	척도 3	척도 4	관찰 및 활동 사례
2-1. 감각적 자극을 느끼고 반응할 수 있다. [감각 반응]					- 딸랑이를 흔들어 주었을 때 딸랑이 소리를 듣고, 들리는 방향으로 고개를 돌려 바라본다. - 손가락 인형으로 시각적 자극을 주면 손가락 인형을 보고, 움직임을 따라 손을 뻗어 인형을 만진다.
2-2. 감각기관으로 주변 환경을 탐색한다. [감각기관 활용]					- 눈에 보이는 사물을 손으로 만지고 입에 넣어 탐색한다. - 유모차를 타고 산책을 하거나 창문 밖으로 보이는 바깥풍경에 대해 이야기를 해 주면 바라보고 반응한다.
2-3. 자신의 신체에 관심을 갖는다. [신체 인식]					- 손, 발 등의 자신의 신체를 입에 넣어 보거나 바라본다. - 거울을 보며 영아의 신체 부위를 만져 주면 거울 속 자신의 모습을 본다.
2-4. 몸의 균형을 잡으려고 시도한다. [신체균형 시도]					- 몸을 뒤집어 엎드린 채 양 손을 바닥에 짚고 팔을 펴서 상체를 들어올린다. - 손을 잡거나 겨드랑이를 받혀 주면 다리에 힘을 주고 선다. - 걸음마대를 잡고 서서 거울 속 자신의 모습을 본다.
2-5. 대근육을 조절할 수 있다. [대근육 조절]					- 눕혀 주면 몸을 뒤집는다. - 엎드려 있다가 몸을 비틀어 일으켜 앉는다.
2-6. 소근육을 조절을 시도한다. [소근육 조절 시도, 눈과 손의 협응]					- 보이는 물체(예 : 모빌, 놀잇감)를 잡기 위해 손을 뻗는다. - 촉감 양말 블록을 손으로 쥔다. - 치발기를 손으로 잡아 입으로 가져간다.
2-7. 간단한 기본운동 동작을 시도한다. [운동동작 시도]					- 앞에 있는 목표물을 향해 배밀이를 하여 나아간다. - 딸랑이를 들고 팔을 뻗어 흔든다. - 기어서 터널을 통과한다. - 걸음마대나 벽을 잡고 걷는다.

(3) 의사소통

관찰문항 (관찰요소)	척도 1	척도 2	척도 3	척도 4	관찰 및 활동 사례
3-1. 익숙한 목소리를 듣고 반응할 수 있다. [목소리 인식]					- 교사의 목소리가 들리면 웃거나 쳐다본다. - 교사가 수건으로 얼굴을 가리고 말하면 수건을 쳐다보거나 수건을 내리려고 한다.
3-2. 운율이 있는 짧은 말에 반응한다. [듣기에 대한 반응]					- 교사가 영아를 재울 때, 자장가를 불러주면 반응한다. - 기저귀 갈이 시 노래를 들려주면 미소를 짓거나 교사를 쳐다본다.
3-3. 말하는 사람을 바라볼 수 있다. [눈맞춤]					- "○○이 까꿍~"이라고 말하면 쳐다본다. - 영아의 눈을 보고 말하면 말하는 사람을 쳐다본다.
3-4. 울음 외에 여러 가지 소리, 옹알이를 할 수 있다. [소리 표현 시도]					- 새로운 장난감을 꺼내 보여주면, 여러 가지 소리를 내거나 옹알이를 한다. - 놀이 하고 있는 놀잇감을 친구가 가지고 가면 여러 가지 소리를 내거나 옹알이를 한다. - 영아의 눈을 보고 말하면 여러 가지 소리를 내거나 옹알이를 한다.
3-5. 표정, 몸짓, 소리로 의사표현을 할 수 있다. [비언어적 표현 시도]					- 인사를 할 때, 손을 흔들거나 고개를 끄덕인다. - 그림책을 보면서 미소를 짓거나, 그림을 가리키거나, 소리를 낸다.
3-6. 다양한 감각책을 탐색할 수 있다. [책에 대한 관심]					- 촉감책을 보며 페이지를 넘기거나, 촉감 그림을 만져 보려고 한다. - 소리가 나는 책의 소리 나는 부분을 반복해서 누르거나, 두드리거나 만지려고 한다.

(4) 사회관계

관찰문항 (관찰요소)	척도				관찰 및 활동 사례
	1	2	3	4	
4-1. 자기 이름을 부르면 반응할 수 있다. [자기 인식]					– 자신의 이름이 들리면 고개를 돌려 바라본다. – 거울에 비친 자신의 모습에 관심을 갖는다.
4-2. 자신의 욕구와 감정을 소리와 몸짓으로 나타낼 수 있다. [욕구와 감정 표현]					– 찡그리는 표정이나 웃음소리로 좋고 싫음을 표현한다. – 자신의 행동이나 관심사를 보여주기 위해, 교사의 몸을 당기거나 어깨를 두드려 부른다.
4-3. 타인의 표정과 몸짓에 주의를 기울일 수 있다. [타인 인식]					– 음악에 맞춰 춤을 추는 친구의 모습에 관심 갖고 바라본다. – 교사가 손으로 가리키는 방향을 쳐다본다.
4-4. 양육자를 구별할 수 있다. [애착 형성]					– 친숙한 사람을 만나면, 미소지으며 반긴다. – 낯선 사람을 보고는 교사에게 기대며 경계심을 표현한다.
4-5. 자신의 담임교사를 안다. [집단 적응]					– 교사가 두 팔을 벌리면 영아는 손을 뻗어 안기며 반가움을 표현한다. – 울거나 불안해하다가 교사가 안아주면 울음을 그치고 편안해한다.

(5) 예술경험

관찰문항 (관찰요소)	척도				관찰 및 활동 사례
	1	2	3	4	
5-1. 주변 환경의 아름다움(예 : 소리, 움직임, 색, 모양 등)에 호기심을 가진다. [아름다움에 대한 호기심]					– 딸랑이 소리에 관심을 보인다. – 교사가 흔드는 스카프를 보며 손가락으로 가리킨다. – 사물의 색과 모양에 호기심을 가지고 쳐다보거나 만져 본다.
5-2. 리듬있는 노래에 소리나 움직임으로 반응할 수 있다. [노래에 대한 반응]					– 친근한 교사의 노래에 옹알이로 반응한다. – 음악이나 소리를 들을 때 몸을 움직인다.

5-3. 다양한 방법(예 : 소리, 표정, 움직임)으로 모방할 수 있다. [모방 행동]					- 교사가 노래를 불러 주면 "오~~~'소리를 내며 부르듯이 반응한다. - 교사가 손을 흔들면 영아도 따라서 손을 흔든다.
5-4. 일상생활에서 아름다움(예: 소리, 노래, 자연물, 사물 등)을 경험한다. [아름다움 경험]					- 친근한 목소리를 녹음해서 들려주면 그 소리에 귀를 기울인다. - 좋아하는 노래를 들려주면 웃으며 손뼉을 친다.

(6) 자연탐구

관찰문항 (관찰요소)	척도				관찰 및 활동 사례
	1	2	3	4	
6-1. 주변의 사물에 대해 관심을 보인다. [관심]					- 손목 딸랑이(예 : 방울 장갑 등)를 손에 끼우고 기저귀 갈이를 하면서 딸랑이 소리에 머리를 돌려 반응하며, 손으로 잡아보고 딸랑이를 입으로 넣고 빠는 등 관심을 보인다. - 움직이고 소리나는 놀잇감을 작동시키고, 움직임과 소리를 살펴보면서 동작이 멈추면 다시 작동을 시도한다.
6-2. '있다 없다'에 관심을 갖는다. [대상영속성]					- 기저귀를 갈면서 교사가 기저귀로 얼굴을 가렸다가 나타나게 하며 까꿍놀이를 하면, 영아는 교사 얼굴이 보였다 사라지는 것에 반응하며 즐거워한다. - 영아가 벽면에 붙은 가족사진 까꿍판을 열고 닫아본다. - 교사가 영아가 보는 앞에서 스카프 밑에 블록을 숨기고 없어진 블록을 찾아보도록 하면 찾아낸다.
6-3. 주변 사물의 모양을 지각한다. [모양 지각]					- 한 조각 자동차 손잡이 퍼즐의 손잡이를 잡고 퍼즐 모양조각을 탐색해 보고 판에 끼운다. - 걸음마대에 매달린 여러 가지 모양의 놀잇감을 살펴보면서 잡아보고 흔들어 보고 당겨 보면서 놀이한다.

6-4. 생활 주변의 자연물과 바람, 햇빛, 비 등을 감각으로 느낀다. [감각 지각]					- 교사가 다양한 재질의 종이를 흔들거나 손으로 구기면서 소리나 느낌을 느껴 보도록 하면 이에 반응한다. - 유모차에 앉아 산책을 하면서 유모차에 매달린 바람개비가 바람이 불 때 움직이는 모습을 살펴보고 바람을 느낀다.

2) 1세반 「0-2세 보육과정에 기초한 영아관찰척도」

(1) 기본생활

관찰문항 (관찰요소)	척도				관찰 및 활동 사례
	1	2	3	4	
1-1. 도움을 받아 몸 씻기를 시도한다. [위생 습관]					- 손을 씻어야 하는 시간에 거부 없이 교사의 도움받아 손을 씻는다. - 식사 후에는 이를 닦아야 함을 알고 칫솔을 가리키거나 세면대 앞으로 간다.
1-2. 음식을 골고루 먹는다. [식생활 적응]					- 간식 및 식사 시간에 제공되는 다양한 음식을 맛보려고 한다. - 새로 접하는 음식도 맛보려고 한다.
1-3. 하루 일과에 편안하게 참여한다. [일과 적응]					- 놀이 시간, 일상 활동 시간, 쉬고 낮잠 자는 시간이 대체로 규칙적이다. - 교사가 충분히 기다려 주면, 다음 일과로 옮겨가거나 다른 공간으로 가는 것을 힘들어하지 않는다.
1-4. 배변 의사를 표현할 수 있다. [배변훈련]					- 보육실에 비치된 이동식 변기나 화장실 변기를 만져 보거나 그 위에 앉아보려고 한다. - 배변을 하는 중이나 하고 난 후, 언어적(예 : 쉬, 응가라고 말하기 등), 비언어적(예 :얼굴 찌푸리기, 손으로 엉덩이 가리키기 등) 표현을 한다.
1-5. 놀잇감을 안전하게 사용한다. [놀이 안전]					- 놀잇감을 입에 넣고 놀이하나 삼키지는 않는다.

					– 놀고 난 놀잇감을 피하여 움직인다.
1-6. 위험한 상황을 알려주면 조심한다. [위험에 대한 반응]					– 책상이나 교구장에 올라가 앉거나 서 있을 때, 위험함을 알려주면 내려온다. – 미끄럼틀을 거꾸로 오르려고 할 때, 오르고 내려오는 방법을 알려주면 그대로 하려고 한다.

(2) 신체운동 · 건강

관찰문항 (관찰요소)	척도				관찰 및 활동 사례
	1	2	3	4	
2-1. 감각적 자극에 반응할 수 있다. [감각 반응]					– 과일을 만지고 냄새를 맡거나 맛을 보며 표정을 변화시킨다. – 따뜻하고 차가운 물 또는 얼음에 대해 이야기를 하며 제시해 주면 손으로 만져 보고 반응한다.
2-2. 감각기관으로 주변 환경을 탐색한다. [감각기관 활용]					– 실외놀이를 하며 여러 가지 꽃이나 나무, 나뭇잎을 보고 만져 보거나 냄새를 맡아본다. – 얼음이나 눈을 만져 보고 "차가워." 라고 말한다
2-3. 주요 신체부분의 움직임을 탐색한다. [동작 인식]					– 노래를 들으며 손과 발 등 신체를 움직여 본다. – 교사의 신체 움직임을 보고 모방하여 움직여 본다.
2-4. 안정된 자세를 유지하려고 시도한다. [신체균형 시도]					– 교사의 도움을 받아 낮은 계단이나 경사로를 오르고 내려본다. – 길게 연결된 벽돌블록 위를 오르고 내린다(걸어 본다). – 끌차를 태워 주면 손잡이를 잡고 앉아서 균형을 잡으려 시도한다.
2-5. 대근육을 조절할 수 있다. [대근육 조절]					– 스스로 앉고 일어서며 걷는다. – 교사를 모방하여 몸을 구부리거나 펴는 동작을 한다. – 걷거나 오르내리기 등을 통하여 이동한다.

관찰문항 (관찰요소)	1	2	3	4	관찰 및 활동 사례
2-6. 소근육을 조절해 본다. [소근육 조절, 눈과 손의 협응]					- 블록을 이용하여 간단한 구성놀이를 한다. - 자신의 양말을 벗어 서랍장을 열고 넣은 후, 닫는다. - 공을 잡고 굴려 본다.
2-7. 간단한 기본운동 동작을 할 수 있다. [운동 동작]					- 바닥의 모양길을 따라 걷는다. - 움직이는 놀잇감을 따라 걷는다. - 벽면의 가족사진이나 까꿍판을 보며 서 있는다. - 구성된 블록 길 위에 앉는다.
2-8. 실내 · 외 신체활동에 참여할 수 있다. [신체활동 참여, 자발성]					- 노래를 들으며 몸을 흔든다. - 공기 매트 위에서 몸을 움직인다. - 토끼 인형을 들고 깡충 뛰기를 한다. - 소리 나는 신발을 신고 걸어 다닌다. - 바깥에서 뛰기, 오르기, 낮은 곳에서 점프하기 등의 놀이를 한다.
2-9. 간단한 기구를 이용하여 신체활동을 시도한다. [조작운동 시도]					- 영아용 미끄럼틀을 올라가고 내려온다. - 끌차(밀차)를 이용하여 걸어 다닌다.

(3) 의사소통

관찰문항 (관찰요소)	척도				관찰 및 활동 사례
	1	2	3	4	
3-1. 자신의 이름과 친숙한 낱말에 반응할 수 있다. [이름, 낱말 인식]					- 비언어적 사인 없이 마주보기, 손짓하기 등의 소리로만 불리는 이름에 반응한다. - 신발, 가방, 옷 등 영아의 물건 위치를 물어 보는 말을 듣고, 해당되는 곳을 가리키거나 답한다.
3-2. 일상적 양육 경험과 관련된 말에 반응할 수 있다. [익숙한 문장 인식]					- "손씻자"라고 말하면 대답하거나 손을 씻으러 이동하는 등의 반응을 한다. - "기저귀 갈자"라고 말하면 대답하거나 교사에게 오는 등의 반응을 한다.
3-3. 운율이 있는 짧은 말을 관심 있게 듣는다. [듣기에 대한 관심]					- 교사의 간단한 노랫말 "○○이는 어디 있나"을 듣고 교사를 쳐다보거나 그 내용에 따라 친구를 손으로 가리킬 수 있다.

					– 교사의 익숙한 노랫말 "모두 제자리, 모두 제자리"을 듣고 교사를 쳐다보거나 놀잇감을 정리하는 움직임을 보인다.
3–4. 말하는 사람을 바라보며 듣는다. [주의집중]					– 짧은 동화를 들을 때 주의해서 듣거나 반응한다. – 교사의 익숙한 노랫말을 듣고 교사를 쳐다보거나 따라 부르려고 노력한다.
3–5. 여러 가지 말소리, 의미 있는 음절을 내 볼 수 있다. [발음시도]					– 그림책을 혼자 또는 교사와 보면서 "빠방 간다", "사과" 등 사물을 지칭하며 말한다. – "안녕", "바이" 등의 인사를 한다.
3–6. 교사의 말을 모방하여 발음할 수 있다. [발음모방]					– "빠방", "맘마", "코자" 등 놀이 중 교사가 하는 말을 듣고 따라하려고 노력한다. – 노랫말을 들으면서 또는 듣고 난 후, 끝 음절을 따라하려고 노력한다.
3–7. 표정, 몸짓, 말소리로 의사표현을 할 수 있다. [언어와 비언어적 표현 시도]					– 지칭하고 싶은 것이 있을 때, 손가락으로 가리키거나 명칭을 말한다. – 가지고 싶은 것이 있을 때, 손으로 가리키거나 쳐다보며 "주세요"라고 말한다.
3–8. 그림책, 사진, 환경 인쇄물에 관심을 보인다. [책에 대한 관심]					– 익숙한 환경 인쇄물 또는 가족사진을 보고 소리 내어 칭하거나 손가락으로 가리킨다. – 책장을 넘기며 스스로 그림책을 본다.
3–9. 읽어 주는 짧은 그림책에 관심을 가진다. [읽기에 대한 관심]					– 교사가 읽어 주는 그림책의 그림을 보고 가리키거나, 웃거나, 놀란 표정을 짓는 등의 반응을 보인다. – 다른 놀이를 하고 있다가 교사가 그림책을 읽어 주면 교사 옆으로 와서 그림책을 본다.
3–10. 끼적이기에 관심을 가진다. [끼적이기에 대한 관심]					– 낮은 책상이나 벽 또는 바닥에 제시되어 있는 큰 종이에 크레용으로 끼적이기를 한다.

(4) 사회관계

관찰문항 (관찰요소)	척도				관찰 및 활동 사례
	1	2	3	4	
4-1. 자신을 다른 사람과 구별하여 인식할 수 있다. [분리개별화]					– '00이의 코', '선생님의 코'를 손가락으로 가리키며 구분한다. – 거울 앞에서 몸을 움직이며, 거울 속 자신의 모습이 변화되는 것을 관찰한다.
4-2. 자기 이름과 친숙한 자신의 물건을 안다. [자기 인식]					– 자신의 물건에 대해 "나, 내꺼"라고 말하거나, 손으로 자신을 가리킨다. – 낮잠시간에 자신의 이불과 베개를 찾아서 눕는다.
4-3. 자신의 욕구와 감정을 말과 몸짓으로 나타낼 수 있다. [욕구와 감정 표현]					– 갖고 싶은 물건을 보고 말과 몸짓으로 "주세요"를 표현한다. – 놀이하다 넘어지면, 울먹이면서도 아픈 곳을 찾아 보여주며 위로받고자 한다.
4-4. 타인이 나타내는 여러 가지 감정에 주의를 기울일 수 있다. [타인의 감정 인식]					– 눈물 흘리는 모습의 그림을 보며 우는 표정을 지어 본다. – 친구의 다친 상처를 보며 표정을 살피고 위로해 준다.
4-5. 양육자에게 말과 행동으로 애정을 나타낼 수 있다. [애착 표현]					– 하원시간, 헤어졌던 가족을 만나면 반가워한다. – 스티커를 교사에게 붙여 주며 애정을 표현한다.
4-6. 자신이 속한 보육실과 담임교사를 안다. [집단 적응]					– 실외놀이 후, 자신의 보육실을 찾아간다. – 다른 장소로 이동할 때, 담임교사를 따라간다.
4-7. 도움받아 인사할 수 있고, 친숙한 물건의 자리를 안다. [사회적 가치 : 인사, 정리]					– 등원시간, 가족과 인사를 하고 안정적으로 헤어진다. – 신발장에 있는 자신의 사진을 찾아 신발을 넣는다.

(5) 예술경험

관찰문항 (관찰요소)	척도				관찰 및 활동 사례
	1	2	3	4	
5-1. 주변 환경의 아름다움(예: 소리, 움직임, 색, 모양 등)에 호기심을 가진다. [아름다움에 대한 호기심]					- 실외에 있는 나뭇잎이나 꽃의 흔들림에 호기심을 보인다. - 굴러가는 여러 가지 색깔 공에 관심을 보인다. - 모양이 다른 인형에 호기심을 가지고 만져 본다.
5-2. 노래를 부분적으로 따라 부르고, 리듬에 맞춰 소리를 낼 수 있다. [노래 모방, 리듬감]					- 잠자는 시간 중 잠들기 전에 반복되는 노래에서 아는 부분은 흥얼거리며 따라한다. - '머리 어깨 무릎 발' 같은 리듬 있는 노래의 후렴구를 따라 부른다. - 리듬에 맞춰 북을 친다. - 리듬 있는 음악을 들으며 마라카스를 흔든다.
5-3. 간단한 도구를 이용해 몸을 흔들며 움직일 수 있다. [움직임 표현, 도구 활용]					- 음악을 듣고 손과 발을 흔들며 좋아한다. - 영아 체조노래를 들으며 몸을 움직인다. - 음악을 들려주면 손목 방울을 흔들며 움직인다. - 탬버린을 잡고 흔들며 고갯짓을 한다.
5-4. 간단한 미술경험을 한다. [감각적 미술경험]					- 밀가루 반죽을 즐겁게 주무른다. - 큰 종이에 도장류 찍기를 즐긴다.
5-5. 모방행동을 즐긴다. [모방행동]					- 장난감 전화기를 귀에 대고 어른처럼 전화하는 흉내를 낸다. - 아기 인형을 엄마처럼 안고 있다.
5-6. 일상생활의 아름다움(예: 소리, 노래, 자연물, 사물 등)을 경험한다. [아름다움 경험]					- 좋아하는 노래를 들려주면 반복하여 듣는다. - 실외에서 나뭇잎과 꽃 감상하는 것을 즐긴다.

(6) 자연탐구

관찰문항 (관찰요소)	척도				관찰 및 활동 사례
	1	2	3	4	
6-1. 주변 사물에 관심을 보이고 탐색한다. [사물 탐색]					- 자동차 놀잇감을 굴려 보거나 바퀴가 달린 유모차나 끌차 등을 굴려 보면서 바퀴가 돌아가는 모습을 탐색한다. - 역할영역의 여러 가지 모자를 스스로 써 보고, 벗어 보고, 음식물 모형을 그릇에 담아 보기에 관심을 나타낸다.
6-2. '한 개'와 '여러 개'를 구별한다. [수량 인식]					- 여러 개 놓여있는 장난감 자동차를 보여주고, "선생님께 장난감 자동차 한 개만 주세요" 라고 영아에게 말하면 자동차 장난감 한 개를 집어 준다. - 간식을 먹을 때, 영아가 좋아하는 간식이 접시에 한 개 놓인 것과 여러 개 놓인 것을 안다.
6-3. 주변의 공간을 탐색한다. [탐색]					- 영아가 선호하는 놀잇감에 대해 이야기하면 걸어가서 가지고 온다. - 공이 움직이는 곳으로 가서 공을 잡아 다른 쪽으로 던지거나 발로 찬다.
6-4. 주변 사물의 모양에 관심을 갖는다. [모양 지각]					- 스폰지 블록을 위로 하나씩 쌓아 보고 무너뜨리기 놀이를 한다. 영아가 블록의 모양에 관심을 보인다. - 네모, 동그라미 구멍 안에 네모, 동그라미 퍼즐을 모양에 맞게 넣는다.
6-5. 주변 동식물의 모양, 소리, 움직임에 관심을 가진다. [동식물에 대한 관심]					- 동물 사진을 이용한 까꿍놀이판이나 그림책을 보며 교사가 동물의 움직임, 소리 등을 표현하면 관심을 가진다. - 교사가 나비가 날아가고 있는 것을 가리키면, 영아는 나비가 움직이는 방향을 본다.
6-6. 생활 주변의 자연물과 바람, 햇빛, 비 등을 감각으로 느낀다. [감각 지각]					- 바깥놀이터에서 모래놀이를 하며 모래를 손으로 만져 보고 모래를 그릇에 담고 쏟기를 반복한다. - 산책을 하면서 바람이 불어 나뭇잎이 떨어지자, 나뭇잎을 향해 손을 뻗으며 잡으려 한다.
6-7. 도움을 받아 생활도구를 탐색한다. [도구 탐색]					- 급 · 간식 시간에 숟가락이나 컵의 사용에 관심을 보이고 스스로 사용하고자 한다.

3) 2세반 「0-2세 보육과정에 기초한 영아관찰척도」

(1) 기본생활

관찰문항 (관찰요소)	척도 1	척도 2	척도 3	척도 4	관찰 및 활동 사례
1-1. 자신의 몸 씻기를 시도한다. [위생 습관]					– 일과 중 손씻기, 이닦기 시간을 알고 스스로 닦아보려고 한다. – 세면대 거울 앞 등에 붙여진 손씻기, 이닦기 순서 그림이나 사진을 보면서 또는 교사의 제안에 따라 순서대로 씻고 닦으려고 한다.
1-2. 도구를 사용하여 스스로 먹는다. [식습관 태도]					– 흘리기는 하지만 손 대신 숟가락, 포크 등 도구를 사용해서 음식을 먹는다. – 컵을 두 손으로 들어 물, 우유 등을 마신다.
1-3. 하루 일과에 규칙적으로 참여한다. [일과 적응]					– 놀이 활동 시간에 개별 놀이, 친구와의 놀이에 즐겁게 참여한다. – 개별적으로 미리 알려주면 정리 및 전이 시간을 힘들어하지 않는다.
1-4. 대 · 소변 조절이 가능하다. [배변훈련]					– 배변 욕구를 표현하며 스스로 화장실을 가려고 한다. – 보육실의 정해진 곳에서 배변을 하다가 점차 화장실에서 배변하려고 한다.
1-5. 질병에 대해 관심을 갖는다. [질병에 대한 관심]					– 일과 중에 힘이 들면 쉬는 공간에서 휴식을 취한다. – 몸이 아플 때 언어적(예 : '아파요"), 비언어적(예 : 놀이에 참여하지 않고 누워 있으려고 하는 등)으로 표현한다.
1-6. 놀이기구나 놀잇감을 안전하게 사용한다. [놀이 안전]					– 놀잇감을 사용 후, 밟아서 넘어지지 않도록 제자리에 정리한다. – 놀이 기구를 정해진 안전한 방법대로 사용한다(예 : 미끄럼틀 계단으로 오르기, 흔들말 손잡이 잡고 타기 등).

1-7. 교통수단의 위험을 알고 조심한다. [교통 안전]					- 등하원시, 차량에서 안전벨트를 착용한다. - 길을 건널 때, 횡단보도에서 건너는 것을 알고 차가 멈추기를 기다린다.
1-8. 위험한 물건과 상황을 알고 조심한다. [위험 대처]					- 실내 · 외 활동시 위험한 행동(예 : 장애물이 있는 곳에서 힘차게 뛰기, 미끄럼틀 내려오는 곳에 누워 있기 등)이 무엇인지 알고, 교사가 이야기하면 즉시 행동을 중지하거나, 위험한 행동을 하는 친구가 있음을 교사에게 알린다. - 교사가 길을 잃어 버리거나, 낯선 사람을 따라가는 등의 위험 상황에 대한 간단한 동화를 들려주면 동화 속 상황이 위험하다는 것을 안다. - 낯선 사람이 함께 가자고 하는 상황극을 제시하면 "안돼요", "싫어요"라고 외칠 수 있다.

(2) 신체운동 · 건강

관찰문항 (관찰요소)	척도				관찰 및 활동 사례
	1	2	3	4	
2-1. 감각적 차이에 반응을 한다. [감각 반응]					- 풀이나 밀가루 반죽을 손으로 만지고 주무르고 비벼 본다. - 소리가 다른 악기(예 : 마라카스, 북, 실로폰)를 반복적으로 두드리며 듣는다. - 서로 다른 색과 다른 모양의 놀잇감에서 내가 좋아하는 색과 모양을 선택한다.
2-2. 감각기관을 활용하여 주변 환경을 탐색한다. [감각기관 활용]					- 촉감길을 손으로 눌러 보고, 걸어 보고, 소리를 들어 본다. - 음식을 먹을 때 생김새를 보거나, 냄새를 맡거나, 맛을 음미하는 등의 반응을 보인다. - 비 온 후 산책을 하며 나뭇잎에 맺힌 물방울 만져 보고, 웅덩이 위를 걸어보며 비 온 후 주변 환경을 탐색한다.

2-3. 신체 각 부분의 움직임을 탐색하고, 기본적인 신체 명칭을 안다. [동작 인식, 기본 신체 명칭에 대한 지식]					– 교사가 이야기하는 신체부위를 손으로 가리킨다. – 자신의 신체부위를 가리키며 신체명칭을 말한다. – 신체부위 노래에 맞추어 팔, 다리, 엉덩이 등을 움직인다. – 거울을 보며 팔, 다리, 엉덩이 등 신체부위를 움직여 본다.
2-4. 몸의 균형을 잡을 수 있다. [신체 균형]					– 직선, 곡선 등 다양한 형태의 선 테이프 위를 두 팔을 벌려 균형을 잡으며 걷는다. – 흔들 말을 타며 몸을 앞뒤로 움직이거나 다리에 힘을 주며 균형을 잡는다. – 그네나 미끄럼틀을 타며 신체움직임을 조절하여 균형을 잡는다.
2-5. 대근육을 조절할 수 있다 [대근육 조절]					– 터널 속이나 줄 아래로 기어간다. – 일정거리에 서서 바구니 안에 콩주머니를 던져 본다. – 세발자전거 타기 등의 다양한 활동을 해 본다.
2-6. 소근육을 조절할 수 있다. [소근육 조절, 눈과 손의 협응]					– 숟가락, 국자, 집게 등으로 물건을 들거나 옮긴다. – 나무못으로 망치질을 한다. – 밀가루 반죽이나 종이를 가위로 자른다.
2-7. 기본운동 동작을 할 수 있다. [운동동작]					– 복도의 계단을 오르내린다. – 동물 흉내를 내며 기어 보고, 걸어 보고, 뛰어 본다. – 교사를 따라 제자리에서 몸을 움직여 보며 스트레칭이나 체조를 한다.
2-8. 실내 · 외 신체활동에 참여할 수 있다. [신체활동 참여, 자발성]					– 음악에 맞추어 뛰고, 흔들며 몸을 움직인다. – 스스로 미끄럼틀, 자동차 등의 놀이기구를 타려고 시도한다. – 실내 · 외에서 걷기, 점프하기, 달리기 등의 활동을 한다. – 실외활동에서 나뭇잎과 같은 자연물을 모으거나, 만져 보고, 밟아 보고, 뿌려 보는 등의 활동을 시도한다.

2-9. 간단한 기구를 이용하여 신체활동을 할 수 있다. [조작운동]					- 미끄럼틀을 타거나 미끄럼틀 위에 공을 굴려 본다. - 훌라후프 안에 '들어갔다 나왔다'를 반복한다. - 자동차를 타거나 자동차를 밀어 준다. - 공이나 콩주머니를 이용하여 던져보기, 굴려보기, 받아보기 등의 활동을 한다.

(3) 의사소통

관찰문항 (관찰요소)	척도				관찰 및 활동 사례
	1	2	3	4	
3-1. 다양한 말소리를 듣고 차이를 이해할 수 있다 [말소리 구분]					- 익숙한 노랫말을 이용해 목소리를 크고 작게 바꾸어서 부르면, 목소리에 귀를 기울이고 비슷한 크기의 목소리로 따라 하기 위해 흉내낸다. - 녹음된 엄마, 아빠, 할머니, 교사, 친구의 말소리를 듣고, 누구의 말소리인지 이야기한다.
3-2. 일상생활과 관련된 친숙한 낱말과 짧은 문장을 듣고 이해할 수 있다 [낱말이해, 문장이해]					- 실외 놀이나 동네 산책에서 보았던 일상생활 속의 물건, 사람, 자연물의 이름에 대해 말하는 것을 듣고 반응한다. - "나비처럼 날아 보자", "리본막대를 흔들자"라고 교사가 요구하는 간단한 신체표현을 할 수 있다. - 식사 및 간식, 낮잠 준비, 배변, 놀이시간 등의 일과 중 반복되는 대화에서 "바깥놀이 가자", "도와줄까요" 등의 교사의 질문이나 말에 반응한다.
3-3. 짧은 이야기와 노랫말 등을 즐겁게 듣는다. [듣기에 대한 관심]					- 교사가 그림책을 읽어 주거나 대화할 때 그림책의 내용이나 교사의 이야기를 주의 깊게 듣는다. - 노래를 듣고 미소를 지으며 따라서 흥얼거린다.

3-4. 말하는 사람을 바라보며 관심 있게 듣는다. [주의집중]					- 교사의 간단한 지시를 듣고 고개를 끄덕이거나 지시에 맞게 수행한다. - 간단한 손유희나 노랫말을 보거나 듣고 따라 한다.
3-5. 친숙한 낱말을 발음할 수 있다. [발음 표현]					- 교사를 부를 때 "선생님"이라고 말한다. - 할아버지, 할머니 그림이나 사진을 보고 "할아버지", "할머니"라고 말할 수 있다.
3-6. 일상생활과 관련된 친숙한 간단한 문장을 말할 수 있다. [표현 시도]					- (목이 마를 때 교사에게)"선생님 물 주세요"라고 말한다. - (간식 혹은 식사 시간에 음식을 더 먹고 싶을 때) "선생님 이거 더 주세요"라고 말한다.
3-7. 자신의 요구를 표정, 몸짓, 말로 표현할 수 있다. [표현시도, 자발성]					- 자신이 만들거나 끼적인 것을 다른 사람에게 보여주고 싶을 때, 해당하는 것을 가리키며 "이것 봐요", "내가 했어요" 등으로 말한다. - 도움이 필요한 경우 "선생님 잘 안돼요. 도와주세요" 등으로 말하며 도움을 청한다. - 원하지 않는 것을 해야 할 때 찡그린 얼굴을 하고 "싫어(요)", "안해(요)" 등으로 말한다.
3-8. 상대방을 바라보며 말을 주고받는다. [대화 순서 인식]					- 장난감 전화기를 사용하여 서로 말을 주고받는다. - 그림책의 그림 또는 내용에 대해 교사와 영아가 서로 말을 주고받는다.
3-9. 그림책, 친숙한 그림과 환경 인쇄물에 관심을 가지고 읽는 흉내를 낸다. [읽기에 대한 관심, 읽기에 대한 모방 능력]					- 그림책을 혼자 보거나, 교사에게 읽어 달라고 도움을 청한다. - 교사가 읽어 주었던 그림책의 표지를 보여주면 글자를 읽는 것처럼 제목을 말한다. - 교사가 읽어 주었던 그림책을 보며 글자를 읽는 것처럼 기억나는 내용을 말한다(예 : "옛날에 공주가 살았어요. 공주는 왕자를 만났어요. 행복하게 살았어요" 등).

3-10. 의도적으로 끼적인다. [끼적이기에 대한 의도성]					- 끼적이기를 하면서 또는 끼적이기를 한 후, "엄마에요", "자동차에요" 등으로 작품에 대해 명명하기를 한다. - 끼적이기를 하면서 작품에 대해 "자동차가 가고 있어", "비가 내려요" 등으로 설명을 한다.

(4) 사회관계

관찰문항 (관찰요소)	척도				관찰 및 활동 사례
	1	2	3	4	
4-1. 자신과 다른 사람을 구별할 수 있다. [분리개별화]					- 나와 친구들의 사진을 관찰하고, 이름을 불러 주면 알맞게 찾는다. - 친구의 컵을 알고, 찾아서 전해 준다.
4-2. 자기 것을 알고, 좋아하는 것을 선택할 수 있다. [자기 인식]					- 좋아하는 그림책을 선택하여 읽는다. - 여러 개의 색종이 중에서 자신이 좋아하는 색을 골라서 놀이한다.
4-3. 자신의 여러 가지 감정을 말과 행동으로 표현할 수 있다. [욕구와 감정 표현]					- 친구가 놀잇감을 가져가자, 표정과 말로 속상한 기분을 표현한다. - 시도한 것을 성공하고 나서 손뼉을 치며 기쁨을 표현한다.
4-4. 타인의 감정을 인식하고 반응할 수 있다. [타인의 감정 인식]					- 병원놀이 중에 환자(예 : 교사, 친구, 인형 등)의 아픈 곳을 찾아 치료하며 위로해 준다. - 여러 가지 표정 사진을 보며, 그 느낌을 말이나 행동으로 맞게 표현한다. - 친구나 교사가 요청할 때 자신의 놀잇감을 나누어 준다.
4-5. 가족 구성원에게 말과 행동으로 애정을 나타낼 수 있다. [애착 표현]					- 가족사진을 보고 누구인지 짚어 보며, 가족과 함께한 일상적인 일들을 간단한 문장으로 말한다. - 가족에게 줄 편지나 선물을 만드는 과정에서 가족에 대한 애정을 말이나 그림으로 표현한다.
4-6. 친구에게 관심을 보이며, 병행하여 놀이한다. [친구 인식]					- 좋아하는 친구에게 손을 잡거나 안아 주는 등 애정을 표현한다. - 친구들이 놀이하는 것에 관심을 보이며, 비슷한 놀잇감으로 놀이한다.

4-7. 자신이 속한 보육실과 담임교사를 안다. [집단 적응]					– 자신이 속한 반의 친구와 교사 사진을 보며 누구인지 구분한다. – 교사, 친구와의 하루일과에 어려움 없이 참여한다.
4-8. 물건을 정리할 수 있고, 자기 순서를 기다린다. [사회적 가치: 정리, 순서]					– 흥미영역 교구장의 사진을 보며 놀잇감을 바르게 정리한다. – 미끄럼틀을 타기 위해 순서를 기다린다.
4-9. 만나면 인사하고, 간단한 약속을 할 수 있다. [사회적 가치: 인사, 약속]					– 만나고 헤어질 때 성인의 도움을 받아 간단하게 인사할 수 있다. – 사인펜을 사용한 뒤에는 뚜껑을 덮기로 약속하고 지키려 한다.

(5) 예술경험

관찰문항 (관찰요소)	척도				관찰 및 활동 사례
	1	2	3	4	
5-1. 주변 환경의 아름다움(예: 소리, 움직임, 색, 모양 등)을 탐색할 수 있다. [아름다움 탐색]					– 스카프를 흔들면서 움직임에 따라 눈으로 쫓거나 고개짓을 한다. – 비 오는 것을 바라보며, 빗소리나 모양에 대해 관심을 표현한다.
5-2. 친근한 노래를 따라 부르고 간단한 리듬과 소리를 만들 수 있다. [노래 표현, 리듬 및 소리 표현]					– 낮잠 시 들려주는 반복되는 노래에 따라 흥얼거리거나 따라 부른다. – 아는 노래를 부르다가 노래에 맞춰 마라카스를 흔든다. – 친근한 노래가 들리면, 손뼉치기 또는 발을 굴러 소리를 낸다. – 탈것류 장난감을 가지고 놀면서 바퀴를 굴려 소리를 내다가 점차 리듬감있는 소리를 낸다(예 : 칙칙 폭폭, 부릉부릉).
5-3. 노래 또는 리듬에 맞추거나 간단한 도구를 활용하여 몸으로 표현할 수 있다. [신체 표현, 도구 활용]					– 익숙한 노래에 맞춰 가사에 맞는 행동으로 표현한다. – 노래의 리듬대로 엉덩이를 씰룩거린다. – 음악을 들려주면, 막대나 손수건 등을 흔들고 뱅글뱅글 돌며 움직인다. – 스카프를 흔들며 그 움직임에 따라 몸을 좌우 또는 상하로 움직인다.

5-4. 간단한 도구와 재료를 이용하여 자발적으로 그리거나 만들 수 있다. [자발적 그리기, 도구 활용]					- 종이나 이젤에 끼적이기를 즐긴다. - 교사에게 자신이 원하는 재료를 달라고 요구하고, 꺼내 주면 집중하여 놀이한다. - 안전가위로 색종이를 자르는 흉내를 낸다. - 종이에 풀로 칠을 하거나, 색테이프를 떼어 원하는 곳에 붙일 수 있다.
5-5. 모방행동과 상상놀이를 즐긴다. [모방행동, 상상놀이]					- 인형에게 주사를 놓거나, 청진기를 귀에 꼽고 진찰하는 의사 흉내를 낸다. - 거울을 보며 화장품으로 화장을 하면서 엄마가 화장하는 흉내를 낸다. - 바구니에 물건을 담아 마트 가는 놀이를 좋아한다. - 블록으로 간단한 집을 만들어 인형에게 우유를 먹이고, 잠을 재우는 놀이를 즐긴다
5-6. 예술적 환경의 아름다움(예: 자연이나 생활의 소리, 음악과 춤, 자신과 친구의 표현과 작품 등)에 관심을 가지고 즐긴다. [즐기는 태도, 심미감]					- 친근한 노래, 자연의 소리 등을 녹음해서 들려주면 귀를 기울이며 반복해서 듣기를 즐긴다. - 좋아하는 음악이 들리면 하던 일을 멈추고 몸을 흔들다, 음악이 멈추면 다시 반복하기를 요구한다. - 보육실과 주변의 환경구성이 바뀌면 알아차리고 말로 표현한다. - 게시된 자신과 친구의 미술작품을 관심 있게 바라본다. - 친구가 음악에 따라 몸으로 표현하는 것을 서서 바라보다 따라 해 본다.

(6) 자연탐구

관찰문항 (관찰요소)	척도				관찰 및 활동 사례
	1	2	3	4	
6-1. 주변 사물과 자연 세계에 호기심을 나타내고 탐색하기를 즐긴다. [호기심, 탐색]					- 익숙한 보육실 안에서 새로 바뀐 놀잇감, 책, 환경구성 등을 알아낸다. - 실외에 나가 꽃이 핀 것을 보며 호기심을 나타내고, 다른 꽃들도 찾아본다.

					– 밀가루 반죽을 손으로 주무르거나 손가락으로 떼어 담으며 탐색하다가 손바닥으로 밀어 길죽하게 만들어 보는 등 계속해서 같은 놀이를 반복하며 즐긴다. – 다양한 느낌의 종이(예 : 습자지, 신문지 등)를 반복하여 찢고, 뭉치는 놀이를 한다.
6–2. 많고 적음을 구별하고 세 개 가량의 수 이름을 말할 수 있다. [수량 인식, 수 이름 인식]					– 숟가락으로 열매를 옮겨 보고, 그릇에 담아 보면서 "많다, 적다"를 말한다. – 역할영역에서 바구니 안의 과일 모형을 그릇에 담아 보면서 두 개의 그릇 중 더 많은 과일이 담긴 접시를 구별한다. – 쌓기영역에서 자동차를 나란히 늘어놓고 하나, 둘, 셋 수 이름을 말하면서 손가락으로 가리켜 본다. – 구슬의 모양에 따라 구슬을 분류해 보고, 막대에 구슬을 끼워 본 후 빼면서 세 개 가량의 구슬을 수 이름을 말하며 세어본다.
6–3. 나를 중심으로 익숙한 위치, 장소를 안다. [위치와 장소 인식]					– 양말, 옷, 신발 등을 벗어 자신의 장에 넣는다. – 일과에 따라 식당, 실내외놀이터, 화장실 등으로 이동할 때, 교사의 특별한 안내가 없어도 방향을 알고 움직인다.
6–4. 주변 사물의 모양과 크기에 관심을 가진다. [모양과 크기에 대한 관심]					– 쌓기영역에서 종이벽돌 블록을 이용해 폐쇄공간을 만들어 아기인형 침대를 만들어 놀이한다. – 모양과 크기의 준거로 구분된 2~3 조각 퍼즐을 방향과 위치 등을 바꾸어 가며 맞춘다.
6–5. 주변 사물의 같고 다름에 따라 구분한다. [차이 지각]					– 색깔 돋보기로 사물을 보면서 동일한 색의 다양한 사물을 찾아 "노란색, 빨간색." 등을 말한다. – 여러 개 중에서 자신의 물건(예 : 칫솔, 양치컵, 신발 등)을 찾아내거나 자신 것과 같은 다른 친구의 물건을 구분한다.

6-6. 주변 동식물의 모양, 소리, 움직임에 관심을 가진다. [특성 인식]					- 바깥놀이터에서 놀이하거나 산책을 할 때 주변의 풀, 꽃, 나무 등을 들여다 보면서 냄새, 색깔 등을 살펴보고 관심을 나타낸다. - 동물의 특성을 나타내는 일부분(예 : 나비 날개, 거북이 등, 동물 발자국, 코끼리 코)을 접했을 때, 움직임이나 소리를 표현한다.
6-7. 생활 주변의 자연물과 날씨 등을 감각으로 느낀다. [감각 지각]					- 모래놀이터에서 모래의 촉감을 느껴보고, 손가락 사이로 모래가 빠져나가는 모습, 물을 뿌려 젖은 모래가 뭉쳐지는 모습, 모양 틀에 찍히는 모습 등에 관심을 갖는다. - 감각놀이대에 담긴 물에 다양한 놀잇감을 빠뜨려 보거나 손을 담구고 참방거리며 놀이를 지속한다. - 비 오는 날 창가에서 비오는 모습을 바라보면서 창문에 떨어지는 빗방울을 쳐다보며 관심을 갖는다. - 실외에 나갔을 때 "더워(추워), 구름이다(햇님이다)" 등 날씨와 관련된 어휘를 사용하거나 반응한다.
6-8. 생활 속에서 간단한 도구에 관심을 가지고 사용한다. [흥미, 자발성]					- 역할영역에서 머리빗을 이용해 머리를 빗고 머리핀, 헤어롤 등을 이용해 꾸미는 놀이를 한다. - 엄마, 아빠가 사용하는 물건으로 용도를 회상하며 흉내놀이를 한다. - 미술영역에서 테이프, 풀 등을 이용해 자발적으로 모양종이, 조각천 등을 붙이는 놀이를 한다. - 트럭이나 버켓에 모래를 담을 때, 영아가 숟가락이나 모래삽 등을 직접 찾아 와서 활용한다.

2. 유아관찰척도 (이미화 외, 2014)

1) 3세 누리과정 유아관찰척도

유아 기록지(3세)

기관명 : 교사명 :

학급명 : 작성일 :

유아정보	이름:	생년월일:
	성별:	기타:

신체운동 · 건강영역						
평가문항	1학기			2학기		
	1	2	3	1	2	3
1- 1. 감각적 차이에 관심을 보인다.						
1- 2. 신체의 명칭을 알고 움직임에 관심을 갖는다.						
1- 3. 자신의 신체적 특성을 긍정적으로 인식한다.						
1- 4. 몸의 균형을 유지하고 신체 각 부분의 움직임을 조절해 본다.						
1- 5. 소근육을 조절해 본다.						
1- 6. 기본운동 동작을 한다.						
1- 7. 신체활동이나 바깥놀이에 참여한다.						
1- 8. 운동기구나 시설을 스스로 이용한다.						
1- 9. 자신의 몸과 주변을 깨끗이 한다.						
1-10. 음식을 골고루 먹는다.						
1-11. 바른 태도로 식사한다.						
1-12. 건강한 생활을 한다.						
1-13. 놀이기구, 놀잇감, 놀이장소, 미디어를 안전하게 사용한다.						
1-14. 기본교통수칙과 교통수단의 안전한 이용법을 알고, 경험한다.						
1-15. 위험한 상황에 대처하거나 도움을 요청하는 방법을 안다.						
총점						

의사소통영역						
평가문항	1학기			2학기		
	1	2	3	1	2	3
2- 1. 일상생활과 관련된 친숙한 낱말과 문장을 듣고 이해한다.						
2- 2. 다른 사람의 이야기를 관심 있게 듣는다.						
2- 3. 동요, 동시, 동화를 다양한 방법으로 듣고 즐긴다.						
2- 4. 말하는 사람을 바라보며 듣는다.						
2- 5. 새로운 낱말에 관심을 가지며 간단한 문장으로 말한다.						
2- 6. 자신의 느낌, 생각, 경험을 말한다.						
2- 7. 상대방을 바라보며 말하며 바르고 고운 말을 사용한다.						
2- 8. 글자 읽기에 관심을 가진다.						
2- 9. 책에 흥미를 보이며 책의 그림을 단서로 내용을 추측한다.						
2-10. 글자쓰기에 관심을 보인다.						
총점						

사회관계영역						
평가문항	1학기			2학기		
	1	2	3	1	2	3
3- 1. 자신의 특성이나 서로의 차이에 관심을 갖는다.						
3- 2. 나의 일을 선택할 수 있다.						
3- 3. 자기감정을 알고 타인의 감정에 관심을 나타낸다.						
3- 4. 자기감정을 조절한다.						
3- 5. 가족의 화목한 일상을 나타낸다.						
3- 6. 가족 구성원을 알고 나의 일을 안다.						
3- 7. 친구와 함께 놀고 의견의 차이를 수용한다.						
3- 8. 주변 사람에게 친밀감을 나타낸다.						
3- 9. 다른 사람의 소유물을 존중한다.						
3-10. 일상에서 지켜야 할 약속과 규칙을 안다.						
3-11. 우리 동네의 이름을 알고 동네 사람들에 대해 관심을 나타낸다.						
3-12. 우리나라의 상징, 전통놀이나 풍습에 관심을 나타낸다.						
총점						

예술경험영역						
평가문항	1학기			2학기		
	1	2	3	1	2	3
4- 1. 음악적 요소에 대하여 관심을 갖는다.						
4- 2. 움직임과 춤 요소에 대하여 관심을 갖는다.						
4- 3. 미술적 요소에 대하여 관심을 갖는다.						
4- 4. 간단한 노래를 듣고 따라 부른다.						
4- 5. 간단한 리듬이나 노래를 리듬악기로 표현한다.						
4- 6. 도구를 활용하여 움직임이나 춤을 표현한다.						
4- 7. 미술활동에 참여하며 미술재료와 도구를 사용한다.						
4- 8. 일상생활 경험 관련 극놀이 표현을 즐긴다.						
4- 9. 예술활동에 참여하고 즐긴다.						
4-10. 다양한 예술표현에 관심을 갖는다.						
4-11. 자신의 예술표현에 관심을 갖는다.						
4-12. 전통예술에 관심을 갖는다.						
총점						

자연탐구영역						
평가문항	1학기			2학기		
	1	2	3	1	2	3
5- 1. 주변 사물과 자연세계에 대해 호기심을 가진다.						
5- 2. 궁금한 점을 알아보는 과정에 흥미를 가진다.						
5- 3. 물체를 세어서 5까지의 수량을 안다.						
5- 4. 나를 중심으로 앞, 뒤, 옆, 위, 아래를 안다.						
5- 5. 물체의 모양에 관심을 가진다.						
5- 6. 두 물체의 길이와 크기를 비교할 수 있다.						
5- 7. 반복되는 규칙성에 관심을 가진다.						
5- 8. 같은 것끼리 짝짓기를 한다.						
5- 9. 친숙한 물체와 물질의 특성에 관심을 가진다.						
5-10. 자신의 출생과 성장이나 주변 동식물에 관심을 가진다.						
5-11. 생명체를 소중히 여긴다.						
5-12. 자연물과 자연 현상에 관심을 가진다.						
5-13. 간단한 도구와 기계의 편리함에 관심을 가진다.						
총점						

유아행동 기록지

<table>
<tr><th colspan="2" rowspan="2"></th><th colspan="2">평가내용</th></tr>
<tr><th>1학기</th><th>2학기</th></tr>
<tr><td rowspan="5">누리과정
영역</td><td>신체운동 ·
건강</td><td></td><td></td></tr>
<tr><td>의사소통</td><td></td><td></td></tr>
<tr><td>사회관계</td><td></td><td></td></tr>
<tr><td>예술경험</td><td></td><td></td></tr>
<tr><td>자연탐구</td><td></td><td></td></tr>
<tr><td>기타의견
및
특이사항</td><td colspan="3">•
•
•
•
•</td></tr>
</table>

※ 유아행동 기록지는 KICCE 누리과정 유아관찰척도의 평정 내용과는 별개로 서술형으로 교사가 각 영역에 대해 자유롭게 서술하는 양식입니다.

2) 4세 누리과정 유아관찰척도

유아 기록지(4세)

기관명 : 교사명 :
학급명 : 작성일 :

유아정보	이름:	생년월일:
	성별:	기타:

신체운동 · 건강영역						
평가문항	1학기			2학기		
	1	2	3	1	2	3
1– 1. 감각적 차이를 구분한다.						
1– 2. 신체의 명칭과 기능을 알고 움직인다.						
1– 3. 자신의 신체적 특성이나 다른 사람과의 차이를 긍정적으로 이해한다.						
1– 4. 균형감과 조절능력을 보이며 대근육을 조절한다.						
1– 5. 눈과 손을 협응하여 소근육을 조절해 본다.						
1– 6. 이동운동과 제자리운동을 한다.						
1– 7. 적극적이고 지속적으로 신체활동이나 바깥놀이에 참여한다.						
1– 8. 운동기구나 시설을 이용한 신체활동을 한다.						
1– 9. 자신의 몸과 주변을 깨끗이 한다.						
1–10. 몸에 좋은 음식에 관심을 갖고 골고루 먹는다.						
1–11. 식사예절을 알고 바른 자세로 식사한다.						
1–12. 건강하고 청결한 일상생활을 한다.						
1–13. 놀이기구, 놀잇감, 놀이장소, 미디어를 안전하게 사용한다.						
1–14. 기본교통수칙과 교통수단의 안전한 이용법을 알고 지킨다.						
1–15. 위험한 상황에 대처하거나 도움을 요청하는 방법을 알고 실천한다.						
총점						

의사소통영역						
평가문항	1학기			2학기		
	1	2	3	1	2	3
2- 1. 일상생활과 관련된 새로운 낱말과 문장을 듣고 이해한다.						
2- 2. 이야기를 듣고 간단한 질문에 대답하고 궁금한 것을 질문한다.						
2- 3. 동요, 동시, 동화 듣기를 즐기며 우리말의 재미를 느낀다.						
2- 4. 다른 사람의 이야기를 주의 깊게 듣는다.						
2- 5. 다양한 낱말을 사용하여 간단한 문장을 말한다.						
2- 6. 자신의 느낌, 생각, 경험을 간단한 단어나 문장으로 말한다.						
2- 7. 관심 있는 주제에 대해 함께 이야기를 나누고 간단한 이야기를 지어 말한다.						
2- 8. 듣는 사람의 생각과 느낌을 고려하여 차례를 지켜 말한다.						
2- 9. 주변에서 친숙한 글자를 찾아보고 읽어 주는 글의 내용에 관심을 가진다.						
2-10. 책에 흥미를 보이며 책의 그림을 단서로 내용을 이해한다.						
2-11. 글자쓰기에 관심을 가지고 글자와 비슷한 형태로 표현한다.						
2-12. 쓰기 도구에 관심을 가지고 사용해 본다.						
총점						

사회관계영역						
평가문항	1학기			2학기		
	1	2	3	1	2	3
3- 1. 자신의 특성을 소중히 여기고 서로의 차이를 인식한다.						
3- 2. 나의 일을 시도해 볼 수 있다.						
3- 3. 자기감정을 표현하고 타인의 감정을 안다.						
3- 4. 자기감정을 조절한다.						
3- 5. 가족의 화목한 일상과 가족을 아끼는 마음을 나타낸다.						
3- 6. 가족 구성원의 역할을 알고, 나의 일을 실천한다.						

3- 7. 친구와 협동하며 놀고, 도움을 받아 갈등을 해결할 수 있다.						
3- 8. 주변 사람과 협력하며 친밀감을 나타낸다.						
3- 9. 정직하며 서로의 차이를 존중할 줄 안다.						
3-10. 예의 바르게 행동하고, 약속과 공공규칙을 지킨다.						
3-11. 자연보호와 자원절약을 실천한다.						
3-12. 우리 동네의 특징과 동네 사람들의 직업에 대해 알고, 돈이 필요한 이유를 안다.						
3-13. 우리나라의 상징과 전통놀이나 풍습에 관심과 자부심을 보인다.						
3-14. 세계 여러 나라, 다른 인종과 문화에 대해 관심을 나타낸다.						
총점						

예술경험영역						
평가문항	1학기			2학기		
	1	2	3	1	2	3
4- 1. 음악적 요소에 대하여 자발적이고 지속적으로 관심을 갖는다.						
4- 2. 움직임과 춤 요소에 대하여 자발적이고 지속적으로 관심을 갖는다.						
4- 3. 미술적 요소에 대하여 자발적이고 지속적으로 관심을 보인다.						
4- 4. 생각이나 느낌을 노래로 표현하며 부른다.						
4- 5. 리듬악기로 연주하고 간단한 리듬이나 노래를 즉흥적으로 만든다.						
4- 6. 도구를 활용하여 자유롭게 표현하고 움직임이나 춤을 다양하게 표현한다.						
4- 7. 다양한 재료와 도구를 사용하여 미술활동에 참여한다.						
4- 8. 소품을 활용하여 역할과 상황을 극놀이 표현으로 즐긴다.						
4- 9. 예술활동을 통합하여 표현하는 것을 즐긴다.						
4-10. 다양한 예술표현을 즐긴다.						
4-11. 자신과 타인의 예술표현을 존중한다.						
4-12. 전통예술에 자발적이고 지속적인 관심을 갖는다.						
총점						

자연탐구영역						
평가문항	1학기			2학기		
	1	2	3	1	2	3
5- 1. 주변 사물과 자연세계에 대해 지속적으로 호기심을 갖는다.						
5- 2. 궁금한 점을 알아보는 탐구과정에 관심을 가지고 참여한다.						
5- 3. 일상생활의 문제를 해결하는 과정에 탐색, 관찰의 방법을 활용한다 등을 활용한다.						
5- 4. 물체를 세어서 10까지의 수량을 안다.						
5- 5. 위치와 방향을 여러 가지 방법으로 나타낼 수 있다.						
5- 6. 기본도형의 특성을 알고, 도형을 합하거나 나눌 수 있다.						
5- 7. 두 물체의 길이, 크기, 무게를 비교할 수 있다.						
5- 8. 반복되는 규칙성을 인식하고 모방한다.						
5- 9. 간단하게 필요한 자료나 정보를 수집하고 한 가지 기준으로 분류한다.						
5-10. 친숙한 물체와 물질의 기본적 특성을 알고, 물체와 물질을 여러 가지 방법으로 변화시킬 수 있다.						
5-11. 자신의 출생과 성장이나 관심 있는 동식물의 특성을 알아본다.						
5-12. 생명체를 소중히 여기는 마음을 가지고, 생명체가 살기 좋은 환경에 대해 관심을 가진다.						
5-13. 자연물의 특성과 변화를 알아보고 자연현상의 변화에 관심을 가진다.						
5-14. 간단한 도구와 기계의 편리함에 관심을 갖고 활용한다.						
총점						

유아행동 기록지

		평가내용	
		1학기	2학기
누리과정 영역	신체운동 · 건강		
	의사소통		
	사회관계		
	예술경험		
	자연탐구		
기타의견 및 특이사항	• • • • •		

※ 유아행동 기록지는 KICCE 누리과정 유아관찰척도의 평정 내용과는 별개로 서술형으로 교사가 각 영역에 대해 자유롭게 서술하는 양식입니다.

3) 5세 누리과정 유아관찰척도

유아 기록지(5세)

기관명 :　　　　　　　　　　　　　　　　　　교사명 :
학급명 :　　　　　　　　　　　　　　　　　　작성일 :

유아정보	이름:	생년월일:
	성별:	기타:

신체운동 · 건강영역						
평가문항	1학기			2학기		
	1	2	3	1	2	3
1- 1. 감각으로 대상이나 사물을 구분한다.						
1- 2. 신체의 명칭과 기능을 알고 활용하여 움직인다.						
1- 3. 자신의 신체적 특성이나 다른 사람과의 신체적 능력 차이를 긍정적으로 이해한다.						
1- 4. 신체 각 부분을 협응하여 신체균형을 유지한다.						
1- 5. 도구를 사용하여 소근육 활동을 수행하고 소근육을 협응한다.						
1- 6. 숙달된 이동운동과 제자리운동을 스스로 한다.						
1- 7. 자발적이고 지속적으로 신체활동이나 바깥놀이에 참여한다.						
1- 8. 운동기구나 시설을 자유롭게 이용하여 신체활동을 한다.						
1- 9. 자신의 몸과 주변을 자발적으로 깨끗이 한다.						
1-10. 몸에 좋은 음식에 관심을 갖고 적당량의 음식을 골고루 먹는다.						
1-11. 음식을 소중히 여기고 바른 태도로 식사한다.						
1-12. 건강하고 청결한 일상생활을 한다.						
1-13. 놀이기구, 놀잇감, 놀이장소, 미디어를 스스로 안전하게 사용한다.						
1-14. 기본교통수칙과 교통수단의 안전한 이용법을 알고 적극적으로 실천한다.						
1-15. 위험한 상황에 대처하거나 도움을 요청하는 방법을 알고 실천한다.						
총점						

의사소통영역						
평가문항	1학기			2학기		
	1	2	3	1	2	3
2- 1. 비슷한 발음을 듣고 구별하며 문장을 듣고 뜻을 이해한다.						
2- 2. 이야기를 듣고 이해하며 궁금한 것에 대해 질문한다.						
2- 3. 동요, 동시, 동화를 듣고 이해하며 우리말의 재미를 느낀다.						
2- 4. 다른 사람의 이야기를 끝까지 주의 깊게 듣는다.						
2- 5. 정확한 발음으로 말하고 다양한 낱말과 문장을 상황에 맞게 말한다.						
2- 6. 자신의 느낌, 생각, 경험을 적절한 낱말과 문장으로 말한다.						
2- 7. 주제를 정하여 함께 이야기를 나누고 이야기지어 말하기를 즐긴다.						
2- 8. 바르고 고운 말을 때와 장소, 대상에 알맞게 사용한다.						
2- 9. 주변에서 친숙한 글자를 찾아 읽어 보고, 읽어 주는 글의 내용에 관심을 갖고 읽는다.						
2-10. 책보는 것을 즐기고 내용을 이해하며 궁금한 것을 찾는다.						
2-11. 자신의 느낌, 생각, 경험을 글자와 비슷한 형태나 글자로 표현한다.						
2-12. 쓰기 도구의 바른 사용법을 알고 사용한다.						
총점						

사회관계영역						
평가문항	1학기			2학기		
	1	2	3	1	2	3
3- 1. 자신의 특성을 소중히 여기고 서로의 차이를 존중한다.						
3- 2. 나의 일을 추진해 볼 수 있다.						
3- 3. 상황에 맞게 감정을 표현하고 타인의 감정에 공감한다.						
3- 4. 자기 감정을 상황에 맞게 조절한다.						

평가문항	1학기 1	1학기 2	1학기 3	2학기 1	2학기 2	2학기 3
3- 5. 가족의 화목한 일상을 나타내고 가족의 의미와 소중한 이유를 안다.						
3- 6. 다양한 가족구조에 대해 알고, 가족이 서로 돕고 있다.						
3- 7. 친구와 협동하며 놀고, 스스로 갈등을 해결할 수 있다.						
3- 8. 주변 사람과 협력하며 친밀감을 나타낸다.						
3- 9. 정직하며 상대를 배려할 줄 알다.						
3-10. 약속과 공공규칙을 지키고 예의바르게 행동한다.						
3-11. 자연보호와 자원절약을 실천한다.						
3-12. 우리 동네의 특징에 대해 알고, 다양한 직업과 돈의 쓰임에 대해 안다.						
3-13. 우리나라의 상징에 대해 예절을 지키며, 우리문화의 특징에 관심과 자부심을 보인다.						
3-14. 세계가 협력해야 함을 알고, 다른 인종과 문화를 존중한다.						
총점						

예술경험영역						
평가문항	1학기			2학기		
	1	2	3	1	2	3
4- 1. 음악적 요소를 자발적으로 탐색하고 변화를 시도한다.						
4- 2. 움직임과 춤 요소를 자발적으로 탐색하고 변화를 시도한다.						
4- 3. 미술적 요소를 자발적으로 탐색하고 변화를 시도한다.						
4- 4. 생각이나 느낌에 리듬을 붙여 노래로 표현하며 즐겨 부른다.						
4- 5. 리듬이나 음악을 리듬악기로 표현하고, 연주하고 즉흥적으로 만든다.						
4- 6. 움직임이나 춤 표현을 즐기며 창의적으로 표현한다.						
4- 7. 다양한 재료와 도구를 사용하여 미술표현을 즐기며 협동적인 활동에 참여한다.						
4- 8. 극놀이 도구를 다양하고 적절하게 활용하고 극놀이 표현을 즐긴다.						
4- 9. 음악, 움직임과 춤, 미술, 극놀이를 통합적이고 창의적으로 표현하며 즐긴다.						

4-10. 다양한 예술표현을 즐긴다.						
4-11. 자신과 타인의 예술표현을 존중한다.						
4-12. 전통예술에 자발적이고 지속적인 관심을 가지고 친숙해진다.						
총점						

자연탐구영역						
평가문항	1학기			2학기		
	1	2	3	1	2	3
5- 1. 주변 사물과 자연세계에 대해 지속적으로 호기심을 갖고 알고자 한다.						
5- 2. 탐구과정에 즐겁게 참여하고 자신과 다른 생각에 관심을 가진다.						
5- 3. 일상생활의 문제를 해결하는 과정에 기본적인 탐구기술(관찰, 분류, 비교, 예측 등)을 활용한다.						
5- 4. 물체를 세어서 20까지의 물체의 수량을 안다.						
5- 5. 구체물을 가지고 더하기와 빼기를 한다.						
5- 6. 위치와 방향을 여러 가지 방법으로 나타내고, 보는 위치에 따라 물체가 다르게 보이는 것을 안다.						
5- 7. 기본도형의 공통점과 차이점을 인식하고, 도형을 합하거나 나눌 수 있다.						
5- 8. 길이, 크기, 무게의 속성을 비교하여 순서짓고, 임의 단위를 사용하여 길이를 측정한다.						
5- 9. 반복되는 규칙을 알고 다음에 올 것을 예측하며, 스스로 규칙을 만든다.						
5-10. 필요한 정보나 자료를 수집하고 분류하여 그래프로 나타낸다.						
5-11. 주변의 여러 가지 물체와 물질의 기본 특성을 알고 여러 가지 방법으로 변화시킬 수 있다.						
5-12. 자신과 주변사람, 그리고 관심 있는 동 · 식물의 특성과 성장과정을 알아본다.						
5-13. 생명체를 소중히 여기고 생명체가 살기 좋은 녹색환경에 대해 안다.						
5-14. 자연물의 특성과 자연 현상의 변화에 대해 알아본다.						
5-15. 도구와 기계에 관심을 가지며 장 · 단점을 알고 활용한다.						
총점						

유아행동 기록지

<table>
<tr><th colspan="2" rowspan="2"></th><th colspan="2">평가내용</th></tr>
<tr><th>1학기</th><th>2학기</th></tr>
<tr><td rowspan="5">누리과정
영역</td><td>신체운동 ·
건강</td><td></td><td></td></tr>
<tr><td>의사소통</td><td></td><td></td></tr>
<tr><td>사회관계</td><td></td><td></td></tr>
<tr><td>예술경험</td><td></td><td></td></tr>
<tr><td>자연탐구</td><td></td><td></td></tr>
<tr><td>기타의견
및
특이사항</td><td colspan="3">•
•
•
•
•</td></tr>
</table>

※ 유아행동 기록지는 KICCE 누리과정 유아관찰척도의 평정 내용과는 별개로 서술형으로 교사가 각 영역에 대해 자유롭게 서술하는 양식입니다.

저자 소개

✍ 연미희

미국 오레곤 주립대학교 대학원 교육학석사학위(유아교육전공)
경희대학교 대학원 박사학위(아동학 전공)
현, 명지전문대학교 유아교육과 교수

✍ 한은경

한국교원대학교 교육대학원 석사학위(유아교육 전공)
성신여자대학교 대학원 박사과정 수료(유아교육 전공)
현, 공립단설 고양오금유치원 교사

아동관찰 및 행동연구

초판발행 2017년 2월 15일
재판발행 2020년 3월 5일

2020. 3.

저 자 연미희 · 한은경
발행인 김현태
발행처 태영출판사

주 소 (08371) 서울 구로구 디지털로31길 90, 115-1601
전 화 02 · 839-3757, 839-3752
팩 스 02 · 837-3754
등 록 2005년 5월 30일 제12-421호
홈페이지 http://www.taeyeongbook.co.kr
E-mail tys2005@hanmail.net
ISBN 978-89-6302-210-9 93370
정 가 15,000원

NAVER 태영출판사

* 잘못 만들어진 책은 교환해 드립니다.